Saira Shah

Die Tochter des Geschichtenerzählers

Saira Shah

Die Tochter des Geschichtenerzählers

Meine Heimkehr nach Afghanistan

Aus dem Englischen
von Elke Hosfeld und
Andrea Ott

Goldmann Verlag

Die englische Originalausgabe erscheint 2003 unter dem Titel »The Storyteller's Daughter« bei Penguin, London.

Die Übersetzung von Kapitel 1–9 besorgte Andrea Ott, von Kapitel 10–21 Elke Hosfeld.

Umwelthinweis:
Dieses Buch und der Schutzumschlag wurden auf chlorfrei gebleichtem Papier gedruckt. Die Einschrumpffolie (zum Schutz vor Verschmutzung) ist aus umweltfreundlicher und recyclingfähiger PE-Folie.

1. Auflage

Satz: DTP im Verlag
Druck und Bindung: GGP Media, Pößneck
Printed in Germany
ISBN 3-442-30988-3
www.goldmann-verlag.de

PROLOG

Das Märchen vom Sand

Ein kleiner Fluss, in den fernen Bergen entsprungen, kam schließlich an eine sandige Wüste. Das Flüsschen versuchte dieses Hindernis zu nehmen, so wie es alle anderen genommen hatte, doch wie schwungvoll es sein Wasser auch in den Sand schickte, es versickerte.

Es glaubte fest, dass ihm beschieden war, diese Wüste zu überqueren, aber wie sollte es das bewerkstelligen?

Da erklang mit einem Mal eine Stimme aus den Sanddünen: »Der Wind weht über die Wüste. Lass zu, dass dich der Wind aufnimmt, und er wird dich in seinen Armen hinübertragen.« Das aber wollte der kleine Fluss nicht. Er fürchtete, sein wahres Wesen zu verlieren. Und wenn er es einmal verloren hätte, wer verbürgte ihm, dass er es je wiedergewinnen würde?

Da sprach die Stimme aus dem Sand: »Du kannst nicht immer der Fluss bleiben, der du heute bist. Wenn du dem Wind gestattest, dich mitzunehmen, wird das Wichtigste an dir mitgetragen und wieder einen Bach bilden.«

Als der kleine Fluss dies vernahm, hörte er in seinen Gedanken etwas wie ein Echo. Dunkel erinnerte er sich eines

Zustandes, da er oder ein Teil von ihm vom Wind getragen worden war. Und so ließ er seinen Dunst in die weit geöffneten Arme einer Brise emporsteigen, und die hob ihn sanft über die Wüste hinweg und ließ ihn viele Meilen entfernt als Regen auf einen Berggipfel niederfallen.

Und gerade weil er gezweifelt hatte, behielt der Fluss dieses Erlebnis genau in Erinnerung. »Ja«, dachte er, »jetzt habe ich mein wahres Wesen gefunden.«

Aus dem Sand jedoch flüsterte es: »Wir wissen darum, weil wir es jeden Tag miterleben und weil wir, die Dünen, von der Wüste bis an die Berge reichen.«

Und deshalb heißt es: Der Weg, den das Leben nehmen muss, ist in Sand geschrieben.

ERSTES BUCH

Der Garten

Kapitel Eins

Ich bin drei Jahre alt. Ich sitze auf dem Schoß meines Vaters. Er erzählt mir von einem zaubrischen Ort, dem Märchenland, das man im Traum betritt. Springbrunnen in Mosaikbecken versprühen diamantene Tropfen. Bunte Vögel singen in fruchtschweren Obstgärten. Die Granatäpfel bersten, und ihr Inneres ist rubinrot. Es gibt Obst im Überfluss, so dass sogar die Ziegen mit Melonen gefüttert werden. Das Wasser hat magische Kräfte: Man stopft sich bis zum Platzen mit köstlich duftendem Pilau voll, dann geht man an den Bach und trinkt – und schon kann man wieder eine Mahlzeit essen.

An drei Rändern des Plateaus ragen majestätische, schneebedeckte Berge empor. Von der vierten blickt man in ein sonniges Tal, wo sich in der Ferne eine schimmernde Stadt mit prächtigen Häusern und Minaretten ausbreitet. Und nun kommt das Beste an dieser Geschichte: Sie ist wahr.

Der Garten liegt in Paghman, wo meine Familie neunhundert Jahre lang ihren Wohnsitz hatte. Die wie ein Juwel funkelnde Stadt, auf die man blickt, ist Kabul, die Hauptstadt Afghanistans. Die Bewohner Paghmans nennen die Hauptstadt *Kabul Jan*, geliebtes Kabul. Auch wir nennen sie so, denn wir gehören dorthin.

Was immer sein mag, was immer dir andere erzählen:

Dieser Garten, dieses Land sind deine Wurzeln. Dort kommst du in Wahrheit her. Bewahr dies in deinem Herzen, Saira Jan. Vergiss es nie.

Jeder erwachsene Mensch in England hätte mir sagen können, dass dies eines Exilanten Märchen vom verlorenen Paradies war, der Ort, von dem er träumt und an den er nie mehr zurückkehren kann. Aber schon damals hätte ich das nicht akzeptiert. Schon damals hatte ich genug vom Orient in mich aufgesogen, um zu spüren, dass ich dorthin gehörte. Und zu viel vom Westen, um nicht zu versuchen, die Wahrheit dieses Traums zu beweisen.

Mein Vater wusste, was Geschichten wert sind; er war Schriftsteller. Meine Eltern hatten sich die idyllische Landschaft Kent ausgesucht, um ihre Kinder großzuziehen, aber sie ließen nicht zu, dass wir unsere afghanische Herkunft vergaßen.

In meiner Kindheit pflegte mein Vater von Zeit zu Zeit wie ein Wirbelsturm in die Küche zu fahren. Jedes westlich-planmäßige Vorgehen schmolz rasch dahin angesichts der Inspiration des Ostens. Die Gewürzdosen stürzten aus ihrem hübschen Buchenholzregal und spieen haufenweise buntes Pulver auf die Arbeitsplatte. Alle Pfannen wurden in Dienst genommen und zusätzliche von Freunden und Nachbarn ausgeliehen. Der große alte Herd stieß keuchend exotische Dämpfe aus – *saffran, zeera, gashneesh* –, und ihr Duft ist mir bis heute so vertraut wie mein eigener Atem.

Inmitten dieses Chaos herrschte mein Vater, der Alchimist. Wie so viele Exilanten war er päpstlicher als der Papst, wenn es darum ging, Traditionen, Bräuche und Gerichte seines Landes zu bewahren. Doch statt Blei in Gold zu verwandeln, versetzte mein Vater mit seiner Kunst unsere englische Küche in die entlegensten Regionen des Hindukusch.

Wir Kinder waren die Zauberlehrlinge, wir hackten Zwiebeln, spalteten Kardamomkapseln und knabberten die herausfallenden duftenden, schwarzen Samen. Wir zerdrückten Knoblauch und schälten Tomaten. Er zeigte uns, wie man Safran einweicht, Joghurt entwässert und Reis kocht, bis er *dana-dar* war, körnig, das heißt bis zu dem Punkt, wo er in drei oder vier vollkommene, runde Körner zerfällt, wenn man ihn zwischen den Fingern reibt.

In der Küche wurde die *Afghaniyat* meines Vaters, seine Verbundenheit mit der alten Heimat, am deutlichsten sichtbar. Die Liebe zu Pilau ist für die Afghanen ebenso charakteristisch wie die Vorliebe der Italiener für Spaghetti. Amir Habibullah, ein früherer Herrscher Afghanistans, pflegte mittags eine riesige Mahlzeit aus Pilau, Fleischklößchen und Sauce zu verschlingen und anschließend seine Höflinge zu fragen: »Und, meine Herren und lieben Freunde, was gibt es heute Abend?« Wir haben gelernt, dass wir mindestens dreimal so viel Pilau zubereiten müssen, wie vermutlich gegessen wird. Weniger wäre ehrenrührig und widerspräche dem afghanischen Charakter. Berühmt ist der Wutausbruch meines Ururgroßvaters: »Wie kannst du es wagen, mich um einen *kleinen* Gefallen zu bitten?«

Wenn mein Vater dann irgendwann vor einer unerwarteten Katastrophe stand – matschiger Reis oder ein überkochender Topf, der die Herdplatte in eine klebrige Sauerei verwandelte –, dann rief er: »In Afghanistan hatten wir für so was Köche!«

Er erklärte immer mit afghanischer Übertreibung: »Wir machen ein *Shahi*-Pilau, ein Pilau für Könige. Dieses Rezept wird in unserer Familie weitergereicht, seit es am Hof unserer Vorfahren für bis zu viertausend Gäste zubereitet wurde. Es ist besser als jedes Pilau, das ihr heute in einem afghanischen Haus vorgesetzt bekämt.«

Bei einer denkwürdigen Gelegenheit entdeckte mein Vater die künstliche Lebensmittelfarbe Tartrazine. Sofort wurde eine Pilau-Kocherei anberaumt. Wie ein Zauberkünstler, der einen besonders effektvollen Trick vorführt, zeigte er uns, wie schon ein winziger Teelöffel einen riesigen Kessel Pilau giftgelb verfärbte. Wir waren entsprechend beeindruckt. Von diesem Augenblick an hatte der traditionelle Safran ausgedient und wurde durch diese betörende Substanz ersetzt.

Jahre später erkannte ich, dass die afghanischen Gerichte, die mir mein Vater beigebracht hatte, ein kleines bisschen vom Original abwichen. Die Methode, den vorgekochten Reis im Backofen fertig garen zu lassen, war seine eigene Erfindung. Auch stellte sich heraus, dass das Entwässern des Joghurts in einem Mullsäckchen nur der erste Schritt eines komplizierten Vorgangs war. Da ranziges Schaffett in Kent nur schwer zu bekommen war, ersetzte er es durch Butter. Kümmel empfand er als indische Unsitte. Und so ging es weiter.

Doch trotz der abweichenden Methoden und sogar Zutaten waren die fertigen Gerichte meines Vaters im Geschmack von den Originalen nicht zu unterscheiden. Ihre wesentlichen Eigenschaften hatte er weitergeben, auch wenn Einzelheiten auf der Strecke geblieben waren.

Bei diesen Kochorgien spielten wir ein wunderbares Spiel.

Wir planten einen Familienausflug nach Afghanistan, das immer irgendwo ganz in der Nähe zu liegen schien: Wie wir nach Paghman zurückkehren, durch die Gärten schlendern, unser altes Haus aufsuchen und die Verwandten begrüßen würden, die wir noch nie gesehen hatten. Wenn wir in den Bergen von Paghman ankämen, würden die Männer in die Luft schießen – keine Angst, das sei nur die afghanische Art, Gäste willkommen zu heißen und zu feiern. Sie würden uns unter Jauchzen und Hurrarufen auf ihren Schultern tragen, und am Abend gäbe es ein Pilau, das selbst die großen Feste am Hofe unserer Vorfahren in den Schatten stellen würde.

Der familiäre Hintergrund meiner Mutter – es waren indische Parsen – spielte kaum eine Rolle. Mein Vater dagegen war rein afghanischer Herkunft. Jahrelang reichte die bloße Erwähnung der Rückkehr, um uns Kinder in einen Begeisterungstaumel zu versetzen. Das war so viel verlockender als unser prosaisches Leben in Kent, wo sich alles nur um den klapprigen Landrover der Familie und unser Haustier, den Labrador Honey, drehte.

»Nehmen wir den Landrover mit?«, fragte mein Bruder Tahir.

»Wir werden einen ganzen Wagenpark mitnehmen«, antwortete mein Vater großartig.

»Können wir Honey auch mitnehmen?«, meldete sich meine Schwester Safia.

Es entstand eine peinliche Pause. Selbst mein Vater schreckte in seinen hochfliegenden Tagträumereien vor dem Gedanken zurück, Afghanen ein so unreines Tier wie einen Hund als geliebtes Familienmitglied vorzustellen.

Als ich fünfzehn war, fiel die Sowjetunion in Afghanistan

ein und besetzte das Land. Bei einer großen Pilaukocherei kurz danach sprach ich eine Befürchtung aus, die ich schon seit einiger Zeit hegte: Wie konnte mein Vater erwarten, dass wir Kinder echte Afghanen waren, wenn wir außerhalb einer afghanischen Gemeinschaft aufgewachsen waren? Wenn wir nach Hause zurückkehrten, wären wir dann nicht Ausländer, Fremde im eigenen Land? Ich erwartete, ja erhoffte wahrscheinlich die beruhigende Schilderung unserer triumphalen und unmittelbar bevorstehenden Rückkehr nach Paghman. Sie kam nicht. Mein Vater blickte müde und traurig drein. Seine Antwort erschreckte mich: »Ich habe euch Geschichten gegeben, die ein Volk ersetzen. Sie sind euer Volk.«

»Aber Geschichten können doch nicht Erfahrung ersetzen.«

Er griff nach einem Päckchen getrockneter Zwiebeln. »Geschichten sind wie diese Zwiebeln, gleichsam getrocknete Erfahrung. Sie sind nicht die eigentliche Erfahrung, aber sie sind besser als nichts. Über eine Geschichte denkst du immer wieder nach, und dadurch wird sie zu etwas anderem.« Er schüttete heißes Wasser auf die Zwiebeln. »Es ist keine frische Zwiebel, keine unmittelbare Erfahrung, aber sie hilft dir, den Geruch wiederzuerkennen. Was du also vielleicht für bloße Bruchstücke von Sagen und Legenden hältst, birgt in sich alles, was du über Afghanen wissen musst.«

»Wenn ich achtzehn bin, fahre ich selbst hin und schau es mir an«, sagte ich und setzte schlau hinzu: »Das sind dann vielleicht unmittelbare Erfahrungen, die mir helfen, erwachsen zu werden.«

Mein Vater, eben noch mitgerissen von der Kraft seiner eigenen Metapher, wurde nun plötzlich zu einem Mann, dessen Tochter in einem Alter war, in dem man für Eindrücke besonders empfänglich ist, und dessen Land in einen mörderischen Krieg verwickelt war.

»Wenn du stattdessen erst ein bisschen erwachsen werden wolltest«, schnaubte er, »begreifst du vielleicht, dass du gar nicht hinfahren musst.«

Ich bin nun sechsunddreißig Jahre alt und habe Afghanistan noch nie im Frieden erlebt. Ich ersticke unter der Burka, dem hellblauen Schleier, der mit einer Kappe auf meinem Kopf beginnt. Er bedeckt Gesicht, Körper, Arme und Beine und ist lang genug, um mich in meinen schmutzigen Plastiksandalen zum Stolpern zu bringen. Ein gehäkeltes Gitter verdunkelt mir den Blick. Ein Rost aus schwarzen Schatten unterteilt Bäume, Felder und die weiße Straße draußen. Es ist wie der Blick aus einer Gefängniszelle.

Ich habe jetzt seit vier Stunden kaum Luft bekommen, und bis Kabul dauert es noch einmal acht. Ich fühle das fast unwiderstehliche Bedürfnis, irgendetwas zu tun, koste es, was es wolle, nur um zu atmen, einfach zu atmen. Wie soll ich das beschreiben? Ich will die Burka wegreißen, so wie sich ein Ertrinkender verzweifelt an seinen Retter klammert, um Luft schnappen zu können. Aber ich kann nicht. Nur sie schützt mich vor dem Zorn der Taliban. Schon die Burka vorne anzuheben, wäre ein Verbrechen, das mit Peitschenhieben bestraft wird.

Im Auto kramt der Taxifahrer vor uns in einem Geheimfach und zieht eine Kassette hervor. Das ist ein gutes Zeichen: Musik ist verboten. Man hatte mir gesagt, wir bekämen ein sicheres Auto mit einem bekannten Fahrer, aber als es schließlich so weit war, mussten wir ins nächstbeste Taxi springen. Wenn der Taxifahrer in unserer Gegenwart Musik hört, können wir einander vielleicht vertrauen. Wir sind Verschwörer. Vielleicht verrät er uns nicht.

Der Rekorder plärrt afghanische Popmusik, Lieder von Liebenden und Geliebten. Die Taliban verabscheuen solche Texte. Der Refrain lautet: »Jan, Jan …«, und mich überflutet ein jähes Glücksgefühl. Es ist verrückt: In zehn Minuten könnte ich tot sein. Aber ich kann nicht anders. Wir fahren nach Kabul, ins geliebte Kabul.

Auf den ersten Blick bin ich eine Journalistin, die für *Channel Four Television* einen Dokumentarfilm über das von den Taliban beherrschte Afghanistan dreht, Titel: »Unter dem Schleier«. Doch jetzt habe ich mich vom Team getrennt und reise verdeckt mit RAWA, der Revolutionären Vereinigung der Frauen Afghanistans. Nicht einmal meine Begleiter ahnen, dass das für mich kein normaler Job ist, dass dieser besondere Auftrag mit den Pilau-Kochorgien meiner Kindheit begann, mit der Legende von der verlorenen Heimat und vor allem mit dem Zaubergarten, von dem mir mein Vater all die Jahre erzählt hat. Es ist eine Suche nach der eigenen Identität – und ein Beweis für die Macht eines Mythos.

Wir sind soeben illegal über die Grenze in das von den Taliban beherrschte Afghanistan gefahren. Wenn ich als westliche Frau aufgegriffen werde, kann ich ins Gefängnis geworfen und der Spionage angeklagt werden. Wenn die Taliban hinter meine Familiengeschichte kommen und in mir eine Afghanin sehen, droht mir die gleiche Gefahr wie den afghanischen Frauen, die mir helfen: Folter, eine Kugel in den

Kopf oder einfach das Verschwinden in Pul-i-Charki, Kabuls berüchtigtem politischem Gefängnis. Die Frauen gehen dieses Risiko ein, weil sie zu einer Organisation gehören, die den Taliban Widerstand leistet. Ihre Aktivitäten – geheime Schulen und Krankenhäuser für Frauen – sind schon so umstürzlerisch, dass sie dafür getötet werden können.

Meiner Reisegefährtin neben mir ist schlecht. Sie hat eine Plastiktüte in der Hand und erbricht sich, ohne die Burka anzuheben.

Sie brauche ich nicht zu fragen, was sie hier tut. Mich muss ich fragen.

Jahrelang bewahrte mein Vater in der Geheimkammer mit den Kostbarkeiten auch einen staubigen Ordner auf, der zwei Papiere enthielt. Das erste war die brüchige Eigentumsurkunde für unseren Besitz in Paghman. Das andere war unser Stammbaum; er ging weiter zurück als bis zum Propheten Mohammed, zweitausend Jahre, in eine Zeit, in der meine Familie von Afghanistan noch nicht einmal gehört hatte.

Die Eigentumsurkunde war das Papier nicht mehr wert, auf dem sie geschrieben stand. Wer in Afghanistan nicht vor Ort ist, um sein Eigentum zu verteidigen, macht sich am besten darauf gefasst, es mit dem Gewehr zurückzuerobern. Und was unseren Stammbaum anging, so brauchten wir kein Papier, das uns sagte, wer wir waren. Mein Vater und vor ihm sein Vater hatten dafür gesorgt, dass unsere Herkunft in unsere Herzen eingraviert war.

Unsere Familie leitet sich von Fatima her, der Tochter des Propheten Mohammed. Der Mann, der zu Lebzeiten eine der großen monotheistischen Religionen begründet und die zerstrittenen Stämme Arabiens geeint hatte und der unvergleichliche Reichtümer hätte anhäufen können, starb in Armut. Seine letzten Worte auf dem Sterbebett lauteten: »Ich kann euch nichts vermachen als meine Familie.« Seither werden seine Nachkommen in der gesamten muslimischen Welt verehrt. Sie sind berechtigt, den Ehrentitel *Sayed* zu tragen.

Mein Großvater war der Meinung, dass Ahnen etwas sind, dessen man sich würdig erweisen muss, nichts, womit man sich brüstet. Als alter Mann sah er mit seinen schwerlidrigen, etwas mongolischen Augen, der Adlernase und dem riesigen Persianerhut aus wie ein unergründlicher Weiser aus einer Mogulenminiatur. Ich weiß noch, wie mir diese verehrungswürdige Gestalt einen Witz erzählte: »Ein Maultier wurde einmal gefragt: ›Was bist denn du für ein Geschöpf?‹ Und es antwortete: ›Nun ja, meine Mutter war ein Pferd.‹«

Der alte Mann lachte, ihm gefiel die Pointe, und ich lachte auch, obwohl ich sie nicht recht verstand. »Begreifst du? Es war nur ein Maultier, doch es brüstete sich damit, dass es von einem Pferd abstammte. Du siehst also, Saira Jan, es ist nicht so wichtig, wer deine Vorfahren waren. Wichtiger ist, was du selbst geworden bist.«

Der Islam, den ich in mich aufsog, war eine tolerante Philosophie, die einen ermutigte, eine bestimmte Einstellung zum Leben zu wählen. Der Koran, den wir studierten, lehrte: »Es gibt keinen Zwang in der Religion.« Der Prophet, dem wir folgten, sagte: »Der wahre heilige Krieger kämpft mit sich selbst.«

Viele der Sprüche des Propheten, mit denen ich aufgezogen wurde, stammen aus einer Sammlung des afghanischen

Gelehrten Baghawi von Herat. In der orthodoxen muslimischen Welt steht sie im Schatten des gewaltigen Werks des Imam Bukhari. Bukhari hatte sich die Aufgabe gestellt, die Aussprüche und überlieferten Grundsätze des Propheten wörtlich zu bewahren – ein Akt frommer Wortklauberei. Er prüfte 600 000 Sprüche, von denen er nur etwa 5000 als unbestreitbar authentisch gelten ließ.

Baghawis Sammlung dagegen versteht sich eher als Mittel zum Zweck. Sie war bei den klassischen persischen Dichtern hoch angesehen und wird in den mystischen Bruderschaften der Derwische bis zum heutigen Tag benützt. Die Sprüche sind um ihrer Aussage willen aufgenommen worden. Der Unterschied zwischen diesen beiden großen islamischen Gestalten ist die Frage, was einem wichtiger ist: die wörtliche oder die spirituelle Aussage.

Wahrscheinlich weil Afghanen in Tunbridge Wells dünn gesät waren, stellte mein Vater für uns einen iranischen Koranlehrer an. Wir mochten ihn nicht. Als es um das Heilige Wort Gottes ging, fand er Auswendiglernen wichtiger als Verstehen. Er ohrfeigte meine sechsjährige Schwester, weil sie sich die geheimnisvollen Verse aus dem Koran, die »Nische fürs Licht«, auf arabisch nicht merken konnte:

Allah ist das Licht der Himmel und der Erde.
Das Gleichnis Seines Lichts ist wie eine Nische, worin sich eine Lampe befindet.
Die Lampe ist in einem Glas. Das Glas ist gleichsam ein glitzernder Stern –
angezündet von einem gesegneten Baum, einem Ölbaum,

weder vom Osten noch vom Westen,
dessen Öl beinahe leuchten würde, auch wenn das
Feuer ihn nicht berührte.
Licht über Licht!

Außerhalb unserer geodätischen Kuppel mit toleranter muslimischer Kultur veränderte sich die islamische Welt. Schon ein paar Jahre vor der iranischen Revolution ließ sich unser Koranlehrer von den Gedanken des Ayatollah Khomeini faszinieren. Er wurde eilends entlassen und kehrte schließlich in den Iran zurück, um dort eine Religionsschule zu besuchen. Als ihn das Verlangen nach einer islamischen Revolution hinreichend aufgewühlt hatte, kam er zu dem Schluss, er sei zu einem bestimmten Zweck in unser Haus geschickt worden, nämlich um Zeuge zu werden, in welche Verderbtheit und Sünde unser Zweig der Prophetenfamilie versunken sei. Er drohte, nach England zurückzukehren und meinen Vater umzubringen. Eine Zeit lang mussten wir an den dichten Lorbeerbüschen der Auffahrt sehr schnell vorbeifahren, für den Fall, dass unser ehemaliger Koranlehrer dort lauerte, um seine Drohung wahr zu machen.

Welchen untragbaren religiösen Überzeugungen war er in unserem Haus begegnet? Welche Lehren fand er so schädlich für die Seelen der Gläubigen? Vielleicht Baghawis Sprüche des Propheten, die einem ans Herz legten, lieber selbst zu denken, als sich kritiklos Äußerlichkeiten zu unterwerfen:

»Eine Stunde Unterricht ist besser als eine ganze Nacht
Gebet.«
»Vertrau auf Gott, aber binde vorher dein Kamel fest.«

»Die Tinte des Gelehrten ist heiliger als das Blut des Märtyrers.«

»Ihr bittet mich, die Ungläubigen zu verfluchen, aber ich bin nicht gekommen zu verfluchen.«

»Ich befehle euch, jedem Unterdrückten zu helfen, sei er Muslim oder nicht.«

»Frauen sind die Zwillingsschwestern der Männer.«

Das sind die Werte, mit denen ich aufgewachsen bin.

Das war der Islam, den ich bereitwillig unterstützte.

Nun habe ich eine Welt betreten, wo es mir verboten ist, mein Gesicht zu zeigen, mir die Fingernägel zu lackieren oder einen Drachen steigen zu lassen. Den islamischen Rechtsgelehrten ist nichts zu trivial für ein Verbot. Selbst Papiertüten sind untersagt – das Papier, aus dem sie geklebt sind, könnte ja zufällig den Namen Allahs tragen, und der liefe damit Gefahr, besudelt zu werden. Gerade an den Kleinigkeiten liegt Allah sehr viel. Ernsthaft wird erörtert, welches die richtige islamische Methode ist, um Homosexualität zu bestrafen: eine Mauer über dem Schuldigen einstürzen zu lassen oder ihn vom höchsten Minarett zu werfen.

Nichts ist erlaubt, was nicht vom Koran ausdrücklich gutgeheißen wird oder als Handlungsweise des Propheten überliefert ist. Alles andere muss sich einer Prüfung durch die Gottesgelehrten unterziehen. In einem akribischen Verfahren aus Vergleichen und theologischen Debatten entscheiden sie, was erlaubt und was verboten ist. Das Ministerium zur Förderung der Tugend und Bekämpfung des Lasters, die gefürchtete Religionspolizei, führt ihre Erlasse durch.

Das 21. Jahrhundert stellt den Glauben vor ständig neue Herausforderungen. Fernsehen und Video sind verboten, Tonbandkassetten dagegen könnten Koranverse enthalten. Sie müssen nur zerstört werden, wenn Musik darauf ist. Instrumentalmusik ist nicht erlaubt, einfache fromme Gesänge jedoch schon.

Zigaretten sind zugelassen, aber auf manchen Zigarettenpackungen sind Frauen abgebildet. Diese sind verboten. Größte Sorgfalt wird darauf verwendet, die Abbildung der menschlichen Gestalt zu verhindern. Passfotos stellen hier ein Dilemma dar. So wurde entschieden, dass Köpfe und Schultern von Männern zum Zwecke der Identifikation gezeigt werden dürfen. Aufnahmen von der ganzen Person sind ungesetzlich.

Viel steht auf dem Spiel: Dies ist das Modell eines perfekten islamischen Staates. Die Moral muss über jeden Tadel erhaben sein. Frauen müssen beschützt werden, und dazu sperrt man sie am besten im Haus ein. Ohne die Begleitung eines männlichen Verwandten dürfen sie nicht hinaus. Und selbst dann müssen sie sich mit der Burka vollständig verhüllen, um die Männer nicht in Versuchung zu führen. Mädchen über neun sind vom Schulunterricht ausgeschlossen. Frauen ist die Ausübung fast aller Berufe untersagt.

Der Sufismus, die philosophische Überlieferung meiner Vorfahren, wurde in den Untergrund getrieben. Die Taliban missbilligen die Anschauung, spirituelle Inhalte seien wichtiger als bestimmte Praktiken.

Meine Vorfahren waren der Ansicht, der Koran offenbare sich in sieben Schichten, erst in äußeren, wörtlichen Deutungen und dann in immer tieferen mystischen Ebenen. Ihre

Vorstellung, man könne zwar durch die Scharia, das religiöse Gesetz, Erhabenheit erlangen, aber der Prophet weise einem inneren Kreis von Schülern auch einen esoterischen Weg, wird jetzt als Ketzerei angesehen.

Die Grenze am Fuß des Khyberpasses wird von Talibanposten kontrolliert. Durch das Burkagitter sehe ich sie patrouillieren. Sie tragen die typischen schwarzen Turbane aus Kandahar, dem Ursprungsort ihrer Bewegung. Wir müssen die Grenze zu Fuß überqueren, unter ihren Blicken. Das Tragen der Burka ist eine Kunst, die zu erlernen ich noch nicht Zeit genug gehabt habe, und bei dem Versuch, aus dem Auto zu klettern, stolpere ich. Ich weiß sehr wohl, dass ich zu selbstsicher gehe, eben wie eine Frau aus dem Westen – oder wie ein Mann. Ich bemühe mich, angemessen unterwürfig auszusehen. Ich ziehe die Schultern hoch und versuche, sogar meine Gedanken auszulöschen.

Wir sind zu dritt. Ein Mann und eine Frau allein könnten Verdacht erregen; die Taliban könnten einen Beweis verlangen, dass wir verheiratet oder verwandt sind. Aber ein Mann mit zwei verschleierten Frauen, die ein paar Schritte hinter ihm gehen, ist ein zu alltäglicher Anblick, um verdächtig zu sein.

Ich habe meine gefälschte Geschichte gut einstudiert, und wenn ich angehalten und befragt werde, kann ich die Antworten wie am Schnürchen hersagen. Ich heiße Fatima. Ich komme aus der Stadt Ghasni im Süden. Ich bin afghanischer Flüchtling und kehre zurück, um meine Familie in Kabul zu besuchen, weil meine Schwester heiratet. Ich spreche Persisch. Ich kann kein Paschtu, die Sprache der Taliban.

Aber niemand hält mich an. Die Taliban lächeln nicht und

blicken auch nicht finster, als wir vorbeigehen. Sie schauen mich nicht einmal an. Ich brauche keine Dokumente. Ich bin nur eine Anmerkung auf den Papieren meines männlichen Begleiters. Als Frau habe ich aufgehört zu existieren. Die Burka ist mein Pass, meine Tarnkappe.

Mir kommt der Gedanke, dass ich das mein ganzes Leben gemacht habe: Das Rohmaterial einer Kultur benützen, um sie zu unterwandern. Obwohl ich, seit ich erwachsen bin, dem Traum einer nationalen Identität nachjage, fühle ich mich nicht einem Land verbunden, nicht einmal einem Stamm, sondern bestimmten Werten.

In mir leben zwei Menschen. Sie vertragen sich nicht, wie ein Paar, das kaum miteinander spricht. Meine westliche Seite ist ein feinfühliger, liberaler, bürgerlicher Pazifist. Meine afghanische Seite kann ich nur als beutegierigen Raubritter beschreiben. Er weidet sich am Blutvergießen, rühmt sich der Gefahr und fürchtet sich nie.

1842 wurden fast fünftausend Soldaten, die gesamte Kabul-Truppe der britischen Armee, von einer Horde Afghanen in Stücke gehackt. Auch die zwölftausend Menschen, die dem Heer folgten, unbewaffnete, unschuldige Zivilisten, wurden niedergemetzelt. Ein einziger Mann konnte sich, demütigenderweise auf einem Esel, in Sicherheit bringen. Der erschöpfte Dr. Brydon war der einzige überlebende Vertreter der britischen Besatzer Afghanistans. Durch seine Rückkehr erfuhr eine verblüffte Welt, dass ein ganzes britisches Heer vernichtet worden war. Diese Katastrophe inspirierte die Afghanen zu einem hämischen Kampflied:

Doktor brydon, khar-i lang-ash
Ham quwad dar khak-i mast

Doktor Brydon auf dem Esel,
Unsre Erde birgt sein Heer.

Ich wuchs auf voller Bewunderung für ein Massaker, das ich, wenn es sich heute ereignete, bestimmt als barbarischen Akt verurteilen würde. Das Lied hatte eine eingängige Melodie, und ich summte es immer beim Korbballtraining in der Schule. Es war keine politische Aussage, mir war die Ironie meiner Situation nicht bewusst. Doch wenn die britische Staatsangehörigkeit nach dem Kriterium vergeben würde, auf welcher Seite man steht, würde ich den Test wahrscheinlich nicht bestehen.

Meine eigene Identität wurde weniger von meinem Pass oder meiner Geburtsurkunde geprägt als von Mythen und Legenden. Die meisten davon enthielten Lehren aus der Geschichte.

Die vielfältigen Züge des afghanischen Volkes tragen die Spuren zahlloser einfallender Heere: die helle Haut der türkischen Horden, die Schlitzaugen der Mongolen, das blonde Haar von Alexanders Männern und die Hakennasen der Araber. Nur wenige Invasoren waren an dieser öden Wegkreuzung mitten in Asien interessiert, wo, wie die Afghanen sagen, Gott nach der Erschaffung der Welt lachend den Unrat abgeladen hat. Die meisten wollten weiter nach Süden, sie träumten von dem grenzenlosen Reichtum, warmen Wasser und verführerischen, weichen Bauch Indiens.

Statt kriegsmüde zu werden, stellten die Afghanen selbst

Heere auf und begannen zu erobern und zu plündern. Der große afghanische Herrscher Mahmud von Ghasna fiel mehr als siebzehn Mal in Indien ein. Der afghanische König Babur, selbst ein Nachkomme der mongolischen Eindringlinge, eroberte 1526 Delhi und herrschte als erster Mogulenkaiser über Indien. Zwei Jahrhunderte später gehörten zum afghanischen Reich der Durrani das heutige Afghanistan, große Teile Pakistans und Teile des Iran.

Diese stürmische Geschichte nachzuerzählen war eine wichtige Aufgabe. Es mochte sich vielleicht einmal als lebensrettend erweisen, wenn man den Ruf der Afghanen, sie seien unberechenbar, gestärkt und vermehrt hatte.

Als sich Ende des 19. Jahrhunderts am Hof von König Abdul Rahman Khan britischer Besuch angesagt hatte, plünderte er seine Verließe und ließ verurteilte Gefangene als Höflinge verkleiden. Während der Audienz täuschte er einen Wutanfall vor und schnalzte mit den Fingern. Ohne mit der Wimper zu zucken, gab der Hauptmann der Palastwache seinen Männern einen Befehl, sie legten an und feuerten, und ein Dutzend kostbar gekleideter Gestalten fiel tot zu Boden.

»Sie sind ein grausamer Mann«, keuchte ein entsetzter britischer Offizier.

»Ich herrsche eben über ein wildes Volk«, erwiderte der König.

Diese Haltung mag vielleicht angemessen sein, um in den wilden Bergen des Hindukusch zu überleben, für ein Leben im grünen Tunbridge Wells war sie jedoch ausnehmend unpassend. Heute sehe ich, dass sich meine Familie in mancher Hinsicht den örtlichen Gegebenheiten einfach verweigert hat. Es hat Jahre gedauert, bis ich nicht mehr glaubte,

Meeresfrüchte seien giftig und ich würde auf der Stelle davon sterben. (Afghanistan liegt weitab vom Meer, die Straßen sind schlecht und Kühlmöglichkeiten gibt es nicht.) Ähnlich ging es mir auch mit meiner anerzogenen Unfähigkeit, Angst zu zeigen.

Angst kann man sich nicht leisten in einem Land, in dem Jahrhunderte von Krieg zu der Einstellung führten: Mut ist kein Luxus. Vor allem den Tod darf man nicht fürchten, denn in den Bergen kommt der Tod zu plötzlich und zu oft, als dass man in Furcht vor ihm leben kann. Als Kind habe ich mich vor der Dunkelheit gefürchtet. Da erzählte mir mein Vater folgende Geschichte:

Es war einmal ein Löwe, der sah Furcht erregend aus, war aber nicht besonders klug. Eines Tages ging er ans Wasser, um zu trinken. Da sah er, wie ihm aus dem Wasserloch ein anderer Löwe entgegenstarrte. Der Löwe knurrte, aber da bekam er von dem anderen ein so wildes Knurren zu hören, dass er zurücksprang. Wieder näherte er sich dem Tümpel und brüllte ungeheuerlich, um seinen Widersacher zu erschrecken und zu verjagen. Doch der andere Löwe brüllte so wütend zurück, dass der Löwe schreckliche Angst bekam. Einen ganzen Tag lang blieb er in der Nähe des Wassers, wurde immer durstiger und bekam immer mehr Angst. Jedes Mal, wenn er zu trinken versuchte, war da der andere Löwe. Endlich wurde der Durst stärker als die Angst, und in seiner Verzweiflung tauchte er den Kopf ins Wasser. Im Nu verschwand der andere Löwe – der ja nur sein Spiegelbild gewesen war –, und der echte Löwe konnte ungehindert und in langen Zügen das köstliche, kühle, klare Wasser trinken.

Das bedeutet: Fürchte dich nie vor dem, was du nicht verstehst. Afghanen haben keine Angst, Saira Jan. Fürchte dich nie.

Nun lebe ich seit Tagen schon in Angst. Es ist nicht die berauschende Angst meiner Vorfahren, das Gebrüll der Schlacht, der Adrenalinstoß, der einen zum Kampf anspornt. Eine Angst wie diese habe ich noch nie erlebt: langsame, zäh einsickernde Angst, wie Kälte in den Knochen, wie Zahnweh. Mein Herz flackert. Meine Stimme zittert. Ich bewege mich ungeschickt. Diese Angst zermürbt mich. Ich fühle mich so minderwertig und geschwächt, als wäre ich gleichzeitig unterkühlt, durchnässt, unterernährt und müde. Die Angst haust in mir und geht nicht mehr weg.

Ich schaue in die Gesichter meiner Begleiter und weiß, dass ich nicht allein bin. Die Angst ist in das Lebensgefüge von Kabul eingesickert. Die Menschen, die in den Ruinen der Hauptstadt leben, haben den Kampf vor vielen Jahren aufgegeben, sogar den Kampf ums Überleben. Niemand isst richtig. Die Kinder haben riesige Geschwüre. Wenn ich mich danach erkundige, zucken die Leute mit den Achseln, alle Kinder haben sie.

Wir fahren in eine geheime Mädchenschule. Der Weg ist schlammig, und wir haben Angst. Ich verachte mich dafür. Wir kommen an ein normales, ehemals gutbürgerliches Haus. Die Lehrerin beeindruckt mich. In ihren Augen liegt Stolz und eine glimmende Wut. Sie hat früher an einer höheren Schule unterrichtet. Als die Taliban an die Macht kamen, wurde sie entlassen, weil sie eine Frau war.

Die Lehrerin zieht die Tüllgardinen in ihrem Wohnzimmer zu. Sie trägt einen Chiffonschal und hat sich die Lippen herausfordernd rot geschminkt. Sie lächelt, doch die Wut schwindet nie aus ihrem Blick. Sie ist ihr näher als die Halsschlagader, wie es im Koran heißt. Die Wut über das, was hier geschieht, ist ein Teil ihrer selbst geworden.

Die Schülerinnen kommen in Zweier- und Dreiergrüppchen, dadurch ziehen sie keine Aufmerksamkeit auf sich. Selbst die kleinsten Mädchen tragen eine Burka. Im Kabul der Taliban ist das Verhüllungsgebot ein Segen. Sie treten schweigend ein und lassen ihre Schleier auf den Boden gleiten. Nach längerem Aufenthalt in dieser Stadt ist es ein Schock, so viele unverhüllte weibliche Gesichter zu sehen. Sie sehen aus wie aufgereihte, zum Licht gewandte Blumen.

Ich hatte kein Interview geplant, aber die Lehrerin möchte reden. Sie möchte, dass die Welt erfährt, was hier vor sich geht.

Ob ich wisse, dass siebzig Prozent der Lehrer in Kabul Frauen gewesen seien? Also werde nicht nur den Mädchen eine Schulbildung vorenthalten, sondern auch vielen Jungen. Wenn die Taliban diese Klasse entdeckten, würde jede hier im Zimmer, auch die Kinder, ausgepeitscht und ins Gefängnis geworfen werden.

Ich frage mich: Würde ich meine Tochter in die Schule schicken, wenn sie Gefahr liefe, im Gefängnis zu landen? Neunzig Prozent der afghanischen Frauen sind Analphabeten. Wie trifft man eine Entscheidung zwischen einer Gegenwart mit Gefängnis und einer Zukunft ohne Hoffnung?

Vor ein paar Wochen fuhr ich durch diese Straßen mit einem Mann vom Taliban-Geheimdienst. Es war ein offizieller Besuch mit Visum. Allein in seinem Stadtteil hatte er dreihundert Spitzel. Ein Nachbar spioniert den anderen aus.

Freund und Feind sind nicht zu unterscheiden. Er sagte, seine Hauptaufgabe sei es, die Mitglieder der politischen Opposition aufzuspüren und auszurotten. Das heißt: Die Lehrerin und meine Begleiter von RAWA. Das heißt: auch mich.

Ich spüre, wie das Feuer der Wut, das unter meiner kalten Angst schwelt, in mir immer stärker wird. Die Taliban sind nicht nur Unterdrücker. Sie haben alle Tugenden, die ich in meiner Kindheit und Jugend für typisch afghanisch gehalten habe, zum Verschwinden gebracht: Hochherzigkeit, Mut, grenzenloses Selbstvertrauen und vor allem einen Sinn für Humor.

Kapitel Zwei

Wenn ich als Kind je einer Erinnerungshilfe an die charakteristischen Eigenschaften des afghanischen Volkes bedurfte, brauchte ich mich nur an meinen berühmten Ahnherrn zu halten, den Mystiker und Stammesfürsten Jan Fishan Khan.

Bis heute habe ich sein Porträt vor Augen, das alles beherrschend in unserem Wohnzimmer hing. Auf dem Bild trägt er sein berühmtes vogelköpfiges Schwert, aber nicht die diamantenbesetzte Rüstung, mit der er sich auf dem Schlachtfeld gebrüstet haben soll. Er hat einen schwarzen Vollbart und trägt einen herrlichen Turban, und die Augen mit den schweren Lidern und die Adlernase schlagen in den Zügen mancher Familienmitglieder bis auf den heutigen Tag durch.

Sein wirklicher Name war Sayed Mohammed Khan, Sohn des Sayed Kutubuddin Khan von Paghman. Seine Name Jan Fishan verband zwei Gedanken, einen mystischen und einen weltlichen. Jan Fishan bedeutet: »Der das Leben opfert«. Als Kriegsherr hatte der Khan oft Gelegenheit, das Leben seiner Feinde zu opfern. Doch der Name stammt aus einem Sufi-Vers und meint die Hingabe des Bittenden an Gott:

Gar dast dehad hazar jan-am
Dar pai mubarakat fishan-am

Und hätt' ich tausend Leben,
Ich würd' sie alle dir zu Füßen legen.

Obwohl er jeden über die Klinge springen ließ, der seine Ehre verletzt hatte, zeigte der Leben opfernde Khan manchmal eine unerwartete Demut. Einer seiner Leitsätze lautete: »Ich bin so oft besser behandelt worden, als ich es verdient hätte, und habe mich nicht beklagt, warum soll ich immer protestieren, wenn ich schlechter behandelt werde?«

Jan Fishan war der Letzte in unserer Familie, der den Titel *Shah-saz*, Königsmacher, trug. Er war ein unabhängiger Stammesfürst, der Hof hielt und ein stehendes Heer hatte. Da Paghman strategisch günstig auf den Höhen über der Hauptstadt lag, konnten seine Truppen hinunterstürmen und die Stadt überfallen, wann immer es ihnen passte. Aus dem Mund der Männer von Paghman hatte der Kosename Kabul Jan – geliebtes Kabul – daher einen etwas finsteren Beiklang.

Einige Jahre vor ihrem unseligen Einmarsch nach Afghanistan 1839 versuchten die Briten Jan Fishan einzuschüchtern, damit er sich mit ihnen verbündete. Sie luden ihn nach Indien zu einer Militärparade ein. Um die eindrucksvollen Leistungen der schweren Geschütze zu unterstreichen, rief der britische Offizier, der den Khan begleitete, jedes Mal, wenn ein Artilleriegeschoss abgefeuert wurde: »Hah! Verteufelt guter Schuss! Haben Sie gesehen? Ins Ziel getroffen!«

Ein wenig später lud Jan Fishan die Briten in seine Festung nach Paghman ein, um ihnen seine legendären Pferde vorzuführen. Zu jener Zeit gab es in ganz Afghanistan keinen Stall, der es mit dem seinen aufnehmen konnte.

»Na so was! Sie fressen Gras«, rief Jan Fishan, als sie sich einer Gruppe von Pferden auf der Koppel näherten. Die Briten waren verblüfft, bestätigten jedoch höflich, dass dies in der Tat der Fall sei.

»Schauen Sie nur den Knecht an! Er striegelt das Pferd!«, rief der Khan. Ein anderes Pferd trabte vorbei, und der gefürchtete Kriegsherr schrie: »Bei Allah, es kann laufen! Es kann tatsächlich laufen!« Die Briten fragten sich, ob ihr Gastgeber womöglich verrückt geworden sei.

Als sie sich verabschiedeten, sagte Jan Fishan lächelnd: »Sie sehen, meine Herren, dass nicht nur Sie Geschütze haben, die ins Ziel treffen – wozu sie schließlich gemacht worden sind –, sondern dass auch ich von Dingen umgeben bin, die so funktionieren, wie sie sollen. Aber eins habe ich von Ihnen gelernt: Darüber in Begeisterung zu geraten.«

Die Gründe, deretwegen unsere Familie die Zaubergärten von Paghman und die Zitadelle, die den Vorfahren über viele Generationen so teuer gewesen war, verlassen hatte, waren in geheimnisvolles Dunkel gehüllt. Es dauerte Jahre, bis ich danach zu fragen wagte. Ich hatte immer den Verdacht gehabt, dass es einen dunklen Punkt in unserer Geschichte gab, dass uns eine schreckliche Familienerbsünde aus dem Paradies vertrieben und für immer zu Nomaden gemacht hatte.

»Das ist eine lange Geschichte«, sagte mein Vater, aber wenn er gehofft hatte, mich dadurch abzuwimmeln, hatte er sich getäuscht. Ich liebte lange Geschichten. »Sie zieht sich über Generationen hin«, sagte er, aber das sollte mir nur recht sein. Ich hatte jede Menge Zeit. »Na gut«, sagte er schließlich. »Du bist wohl alt genug, um es zu erfahren.«

Legenden sind nun mal Legenden. Ich glaube, die Geschichte, die er mir erzählt hat, enthält den Geist der Geschehnisse, und wenn die etwas kitschigen Fakten nicht stimmen, kann ich nichts dafür. Und so wurde die Geschichte an mich weitergegeben:

Unser berühmter Ahnherr Jan Fishan Khan hat uns vor vielen Jahren höchstpersönlich auf den Weg gebracht, dem wir seither folgen. Er war vor die Wahl gestellt zwischen den Interessen seines Landes und privatem Pflichtgefühl. Und das geschah so.

Jan Fishan war, wie wir wissen, ein Königsmacher. Er war durch Heirat versippt mit einem ehemaligen König Afghanistans, Schah Shujah. Der Kerl war willensschwach, eitel und unvorsichtig, aber was sollte man machen? Familienbande waren unantastbar. Schah Shuja lebte seit Jahren in Britisch-Indien im Exil. Er erhielt sogar eine finanzielle Zuwendung von der Regierung.

Wenn Afghanistan nicht von außen bedroht wird, verschwindet das nationale Interesse hinter den Stammesbegehrlichkeiten. Die afghanische Geschichte nahm ihren gewöhnlichen turbulenten Verlauf. Ein König setzte den anderen ab, wobei die rivalisierenden Stammesfürsten verschiedene Kandidaten für den Thron unterstützten. Oft verlief es blutig. Eine verbreitete, relativ gnädige Methode, einen Thronanwärter auszuschließen, war, ihm die Augen auszustechen. Nach dem Gesetz durfte ein Blinder nicht regieren.

Um 1839 war Schah Shujah fast in Vergessenheit geraten. Da begannen die Briten, die nach einem Grund suchten, in Afghanistan einzufallen, den leicht zu beeindruckenden ehemaligen König zu umschmeicheln. Ihre Armee sei unbesiegbar. Ob er ihnen nicht erlauben wolle, ihm seinen Thron zurückzuerobern?

Die Briten hatten natürlich jahrelang versucht, Jan Fishan auf ihre Seite zu ziehen. Aber alles vergeblich, immer wieder hatte er sie ausgetrickst. Doch mit Schah Shujah hatten sie seine Achillesferse gefunden. Als der frühere König schließlich die Hilfe der britischen Streitmacht annahm, gestattete die Familienehre Jan Fishan nicht, das einmarschierende Heer von seinem Horst in Paghman aus anzugreifen.

Die britischen Truppen brachten Schah Shujah bis nach Kabul. Ihre Anwesenheit stellte sicher, dass er nie mehr sein würde als eine verhasste Marionette. Die wilden Stämme aus den Grenzgebieten machten nur mit, weil man ihnen gewaltige Belohnungen versprochen hatte. Törichterweise zahlten die Briten nicht alles, und der daraus erwachsende Aufruhr mauserte sich bald zu einer Volkserhebung. *Afghaniyat*, das Nationalgefühl, erwachte und verdrängte die Stammesfehden. Als Jan Fishan sich immer noch weigerte, gegen seinen Verwandten Schah Shujah Partei zu ergreifen, wurde er als Verräter betrachtet.

Ende 1842 erlebte die britische Armee eine der schlimmsten Katastrophen ihrer Geschichte: den Rückzug aus Kabul. Rührenderweise glaubte der britische Kommandeur General Elphinstone noch immer den afghanischen Versprechungen eines Waffenstillstands, selbst dann noch, als die Grenzstämme auf den Bergpässen Tag für Tag seine Truppen wegputzten. Wölfe und menschliche Räuber zerrissen die Toten und Verwundeten, die einfach im Schnee liegen blieben. Die Gefolgschaft des Heeres, darunter Tausende von Frauen und Kindern aus Britisch-Indien, verhungerten, erfroren oder wurden in Stücke gehackt.

Am fünften Tag des britischen Rückzugs erbot sich plötzlich Akbar Khan, der blutrünstige, heimtückische Anführer ihrer afghanischen Peiniger, die Hand voll überlebender englischer Frauen und Kinder in Schutzhaft zu nehmen. Nach der Familiensaga hat Jan Fishan Khan die letzten Überbleibsel seines Ansehens genutzt, um diesen kleinen Gnadenakt zustande zu bringen. Er wurde belohnt mit einer kurzen Notiz im Tagebuch von Lady Sale, einer der geretteten Frauen.

Jan Fishan bezahlte teuer dafür, dass er die Vaterlandsliebe der privaten Ehre geopfert hatte. Für den Rest seiner Tage warf man ihm vor, mit der verhassten ungläubigen Besatzungsmacht kollaboriert zu haben. Nach all den Jahren hatte ich also entdeckt, worin die geheime Familienschmach bestand: Statt bei dem Massaker und der wilden Flucht der Briten Partei zu ergreifen, hatte mein Ahnherr lieber versucht, das Leben von Frauen und Kindern zu retten.

Jan Fishan hielt es für ratsam, Afghanistan für eine Weile zu verlassen – allerdings war er zu mächtig, als dass man ihn für immer hätte verbannen können.

Dass ich diese Geschichte noch nie gehört hatte, war sicher ein Zeichen dafür, dass die Wunden auch nach anderthalb Jahrhunderten noch nicht verheilt waren. Doch dann schockierte mich mein Vater mit der Bemerkung: »Natürlich sind wir auf diese Weise davongekommen. Wir brauchten diese Schande, um aus dem Nationalstaat ausbrechen zu können.«

Als Jan Fishan Khan Afghanistan verließ, nahm er sein Heer mit. Sie marschierten nach Süden, weit hinein nach Britisch-Indien. Hier würden die todesmutigen Krieger bestimmt genug zum Kämpfen und Plündern finden.

Einige Jahre später machten die Briten dem Khan ein Angebot, das vielleicht nur Afghanen ernst nehmen konnten. Das Rote Fort in Delhi war in die Hände indischer Rebellen gefallen. Wenn er mit seinen Männern eine Bresche in die Befestigung schlagen und Delhi zurück erobern könnte, bekäme Jan Fishan Khan die Stadt zur Belohnung.

Das war ein Köder, dem der Leben opfernde Khan nicht widerstehen konnte. Jan Fishan versprach feierlich, er werde das Fort erstürmen, was immer es ihn kosten werde. Er führte seine Männer an den Fuß der ungeheueren Wälle aus der Zeit der Mogulenkaiser. Sie galten als uneinnehmbar. Doch als der Khan hinaufspähte, entdeckte er eine winzige Bresche in den Verteidigungsanlagen. Wenn ein einzelner mutiger Mann es schaffte, an den steilen Mauern bis zu einem bestimmten Punkt hochzuklettern, war ihnen der Sieg gewiss. Diese Ehre wollte Jan Fishan seinem ältesten Sohn zuteil werden lassen.

Der Junge war noch nicht auf halber Höhe, als ihn die Verteidiger des Forts entdeckten. Sie feuerten, und Jan Fishan schaute ausdruckslos zu, wie der Leichnam seines Erstgeborenen in den Staub fiel. Dann erteilte der Stammesfürst dem zweiten Sohn seinen Segen und schickte ihn hinauf. Minuten später gesellte sich der Leichnam des Jungen zu dem seines Bruders. Den ganzen blutgetränkten Tag hindurch ging es so weiter. Jan Fishan Khan schickte seine sechs Söhne einen nach dem anderen los, um die Mauern zu erklimmen, und einen nach dem anderen sandte er in den Tod. Als keiner mehr übrig war, sprach der alte Kriegsherr seine Gebete, band sich das Schwert auf den Rücken und kletterte selbst die Mauer hoch. Bei diesem siebten Versuch lächelte Allah auf unsere Familie herab und gestattete dem Khan, die Verteidigungsanlagen des Forts zu durchbrechen.

Wenn mein Vater diese Geschichte erzählte – was er sehr oft tat –, zeigte er stets nur größte Bewunderung für das Verhalten des Khans. Mein Bruder, meine Schwester und ich jedoch kämpften mit gemischten Gefühlen. Unsere britische Erziehung hatte uns verweichlicht. Wir konnten Jan Fishan Khan nie ganz vergeben, dass er seine Söhne zuerst hinaufgeschickt hatte.

Damit hätten wir wohl die Feuerprobe für *Afghaniyat* nicht bestanden. Unser Werte-Begriff war zu westlich. Der Khan und seine Söhne betrachteten den Tod nur als eine weitere Etappe auf ihrem Weg. Jeder musste zu der für ihn festgesetzten Stunde sterben, und ohne die Hilfe Allahs gab es keinen Erfolg. Jan Fishan Khan hatte bei der Eroberung des Forts seine Ehre aufs Spiel gesetzt. Für eben diese Ehre hatte er bereits seinen guten Ruf geopfert. Es gibt Wichtigeres als Familie oder Besitz, sogar Wichtigeres als Leben.

Wie wir Kinder uns schon denken konnten, wollten die Briten ihr Versprechen, Delhi einem ungehobelten afghanischen Clanchef zu überlassen, nicht halten.

Jan Fishan Khan setzte sich mit seinen Kriegern vor die Tore Delhis, der Stadt, deren roter Staub das Blut seiner Söhne aufgesaugt hatte und über die er zu herrschen gehofft hatte. Er griff nicht an, ging aber auch nicht weg. Er und seine Männer weigerten sich einfach abzuziehen, ehe sie ein eigenes Königreich bekommen hatten.

Das führte für kurze Zeit zu einer kleinen politischen Störung. Wütende Depeschen flogen zwischen den britisch-indischen Obrigkeiten hin und her, bis ein Kompromiss gefunden war. Jan Fishan Khan wurde Nabob von Sardhana, einer Provinz in Nordindien. Er heiratete eine junge Frau und bekam neue Söhne, von denen wir abstammen.

Eine Erinnerung meines Vaters hat sich mir tief eingeprägt und jahrelang zugesetzt. Er hat mir die Geschichte erzählt, als ich noch sehr klein war, und sie existiert in meinem Kopf wie vermutlich auch in seinem als eine Art deutlicher Schnappschuss: isoliert, unerklärlich, getränkt von der übersatten Farbe früher Erinnerung.

Mein Vater ist ein sehr kleines Kind, etwa zwei oder drei Jahre alt. In unseren Ländereien in Indien sitzt er auf dem Rücken eines prächtig aufgeputzten Elefanten. Unter den trampelnden Elefantenfüßen und so weit das Augen reicht erstrecken sich üppige Zuckerrohrplantagen. Gebückte Gestalten – verkrüppelt und deformiert durch generationenlange Unterernährung – schneiden das Rohr in der gleißenden Sonne. Während das Kind ihnen zuschaut, wird ihm zum ersten Mal bewusst, dass auch dies menschliche Wesen sind. Sein Großvater sitzt mit ihm auf dem Elefanten. Der alte Mann liest die Gedanken des Kindes und beantwortet dessen unausgesprochene Frage: »Ja, wir unterdrücken diese Menschen. Und denk an meine Worte: Auch wenn sie dir jetzt schwach und hilflos wie dünne Zweige vorkommen, werden sie sich eines Tage erheben und uns völlig vernichten.«

Ich hielt das für eine wahrheitsgetreue Erinnerung. Dann entdeckte ich Jahre später fast die gleiche Geschichte im Werk eines der großen klassischen persischen Dichter, des Scheich Saadi von Schiras. Jetzt bin ich nicht mehr sicher, ob mein Vater wirklich auf diesem Elefanten saß und über die endlose Ebene starrte. Aber wegen dieses Bildes werde ich Saadis Worte nie vergessen. Die Geschichten, die wir weitererzählen, enthalten die Botschaft, die wir bewahrt wissen wollen.

»Hüte dich vor dem Seufzer aus einem verwundeten Herzen«, sagte Saadi. »Der Rauch aus den Herzen der Unterdrückten kann die Welt verändern.«

Jahr für Jahr pflanzten wir Zuckerrohr auf dem Land, das uns die Briten in Sardhana gegeben hatten. Diese Feldfrucht laugt den Boden aus, aber es schien niemanden zu kümmern, dass die Erde bald unfruchtbar sein würde. Es war ja nicht unser Land. Es war nicht unser Volk. Die afghanischen Raubritter hatten ihre alte Einstellung nicht aufgegeben.

Drei Generationen lang besaßen wir Ländereien in Indien wie auch in Afghanistan. Als dann die Welt sich in Nationen gliederte, stellten wir fest, dass wir Grenzen überschreiten mussten. Seither sind wir Nomaden.

Die Zeit hat meine Familie endlich eingeholt. Ich bin nicht mehr allein. Vier Millionen afghanische Flüchtlinge sind seit zwei Jahrzehnten aus ihrer Heimat vertrieben worden. Eine ganze Generation ist außerhalb Afghanistans aufgewachsen. Sie haben niemals ihre afghanische Identität verloren, weil ihnen nie eine andere angeboten wurde. Durch schmerzhafte Erfahrungen haben sie den Wert einer Familienlegende schätzen gelernt.

Wer eine Familienlegende hat, kann auf seine Herkunft stolz sein. Auf einen Fetzen Zelt in einem Flüchtlingslager mitten in der pakistanischen Wüste kann niemand stolz sein. Wer eine Familienlegende hat, kann den Kopf auch dann noch hoch tragen, wenn ihn die ärmlichsten Einheimischen einen schmutzigen Afghanen nennen und ihm vorwerfen, er nehme ihnen die Arbeit weg. Er kann solchen Leuten mit einer Fabel des großen afghanischen Dichters Dschalaluddin Rumi antworten: »Einst landete der Falke eines Königs zwischen Eulen. Sie schrien ihn wütend an. Da erwiderte er: ›Ach, ihr Narren, ihr glaubt, ich will euch euer Nest wegnehmen! Dabei ist mein Platz auf der Hand eines Königs!‹«

Ich besuche ein afghanisches Flüchtlingslager in Pakistan, wenige Tage vor meiner verdeckten Reise mit RAWA nach Kabul. Riesige Backsteinbrennöfen speien giftige Rauchschwaden in die Luft. Erst waren die Flüchtlinge da, dann entstanden die Brennöfen, weil man sich billige Arbeitskräfte versprach, Sklaven, die nicht weglaufen konnten. Wer heute das Lager betritt, für den gibt es kein Entkommen. Ihm bleibt nichts anderes übrig, als die beißende, verschmutzte Luft einzuatmen.

Das erinnert mich an Scheich Saadis Worte: »Die Tyrannei auf Erden fing ganz klein an. Jeder fügte nur ein bisschen hinzu, bis sie ihre jetzige Größe erreicht hat.« In den letzten zwanzig Jahren haben alle nur ein wenig zur Tyrannei hier beigetragen, und jetzt ist der Ort eine Hölle auf Erden.

Jeder beutet das Elend dieser Menschen aus, auch ich. Ich bin mit einem Kamerateam hier, und wir bleiben stehen, um mit einem kleinen Jungen zu reden, der Wasser und Staub mischt, um Lehm zu bekommen. Er kippt ihn in Formen, die er zum Brennen aufeinander stapelt. Er ist zu jung für eine so schwere Arbeit. Seine Knochen geben noch nach. Das Heben und Schleppen verkrümmt seinen Körper und führt zu lebenslanger Behinderung.

Er arbeitet, um seine Familie zu ernähren: zwölf Stunden Plackerei für ein paar Pennies am Tag. Seine Eltern haben ihn abgeschrieben. Solange er arbeitet, können seine jüngeren Brüder zur Schule gehen, und vielleicht können eines Tages wenigstens sie dieser Hölle entkommen. Ich spreche mit einem leibhaftigen Menschenopfer.

Der Junge und seine Familie sind gerade erst aus Afghanistan gekommen. Ehe ich mich versehe, hat er mir in einer langen, verwickelten Geschichte erzählt, wie die Taliban in sein Dorf kamen. Die Männer hatten in den Weinstöcken gewütet und dort die Tochter seines Nachbarn erspäht. Zum Spaß schossen sie eine Panzerfaustgranate auf sie ab. Er hat gesehen, wie ihr die Gedärme aus dem Leib quollen.

Das Kind hat eindeutig Gräueltaten miterlebt. Aber manche Einzelheiten widersprechen einander. Der Regisseur will die Geschichte noch einmal hören. Beim zweiten Mal vergisst der Junge die Eingeweide. Genau die braucht der Regisseur. Beim dritten Mal kommt alles in einem aufgeregten Schwall heraus, viel zu schnell. So geht es weiter. Ich halte es nicht mehr aus, doch ich bin zu feig, ich sage nichts. Ich nehme mir vor, beim nächsten Mal einzuschreiten. Aber ich tue es nicht, ich frage weiter.

Endlich sagt der Junge: »Die Taliban waren im Weinberg und haben dort ein junges Mädchen erschossen. Die Mutter kam, weinte und rief: ›Oh, meine Tochter, bei Allah, wärst du doch nicht tot!‹ Sie wusch die Leiche und zog ihr die besten Kleider an, und die ganze Zeit betete sie zu Allah. Da machte das Mädchen die Augen auf und lebte. Die Mutter küsste sie immer wieder. Das Mädchen wurde noch am selben Tag verheiratet, und es gab ein fröhliches Fest.«

Mir treten die Tränen in die Augen, als der Junge fertig ist, denn diese Geschichte erzählt mir alles, was ich über die Macht des Mythos wissen muss – und sagt mir, dass auch ich zur Tyrannei beigetragen und ihm zu viel aufgebürdet habe.

In den Lagern sind alle gesellschaftlichen Schichten Afghanistans wild durcheinander gemischt. Ein paar Meter neben diesem Opfer der Taliban steht das Haus eines Taliban-Kommandeurs. Er hat seine aufgerissenen Augen mit schwarzem Kajal umrandet, und als ich ihm gegenüberstehe, kichert er vor barbarischer Aufregung bei dem Gedanken an Kampf. Sein kastanienbraunes Haar ist lang und gewellt und, da er gerade Urlaub von der Front hat, erstaunlich sauber. Er ist vierundzwanzig Jahre alt. Er kämpft, seit er elf ist. Sein Job ist der Krieg in Afghanistan, aber sein Zuhause ist hier, in diesem staubigen Lager in Pakistan. Er gehört zu Afghanistans verlorener Generation, den Erwachsenen, die noch nie Frieden erlebt haben. Es ist der heilige Monat Ramadan, deshalb ist seine Schar aus den Bergen heruntergekommen, um sich auszuruhen und zu erholen. Diese Kampfgruppe aus Allahs Miliz tritt jedoch das islamische Gesetz mit Füßen, indem sie im Fastenmonat Hasch raucht. Wenn seine Männer nicht einmal muslimische Grundregeln befolgen, warum kämpfen sie dann für Puristen wie die Taliban? Der Kommandeur zuckt die Achseln. Früher hat er gegen die Taliban gekämpft, da gehörte er zu der Truppe von Ahmad Shah Massud. Dann haben ihm die Taliban modernere Waffen angeboten, wenn er für sie kämpfen würde, und so hat er die Seiten gewechselt. Geändert hat sich nichts. Sie greifen den Befehlshaber auf dem nächsten Berg an. So haben sie es immer gemacht. Irgendwer hat sie dafür immer mit Geld und Waffen versorgt.

Der Kommandeur hat Souvenirs: Fotos, auf denen er und seine Männer vor einem Angriff mit ihren Waffen posieren. Alle lächeln, als seien sie in Urlaub. Seine eigene Familie wurde getötet, als er noch ein Kind war. Jetzt sind diese Männer seine Familie. Er zeigt auf einen Jungen von zehn oder elf Jahren – ungefähr so alt wie der kleine Ziegelformer, der zusehen musste, wie seine Nachbarin im Weinberg erschossen wurde. Dieser Junge wird sich ihnen anschließen. Es ist Zeit. Wenn der Ramadan vorbei ist, geht er mit den Männern in die Berge hinauf und lernt, wie man Krieg führt.

Ich blicke mich in dem kahlen Raum um und versuche, einen Sinn in dem zu finden, was wie der reine Wahnsinn aussieht. In der Ecke steht ein Ghettoblaster. Der Kommandeur schiebt eine Kassette hinein, und das Geräusch schweren Artilleriefeuers erfüllt die Luft. Er sagt: »Ich nehme meine Schlachten immer auf, dann kann ich sie später zur Erholung abspielen, und mein Name wird überleben.«

Zwischen den Explosionen hört man auf dem Band die Schreie der Verwundeten. Er zeigt auf das Kind, das bald an diesen Kämpfen teilnehmen wird. Es ist die Lieblingsschlacht des Kommandeurs, weil in ihr der Vater des Kindes den Märtyrertod erlitten hat. Das Band erinnert ihn daran, dass sein Freund jetzt im Paradies ist. Ich frage ihn, was er machen würde, wenn Frieden wäre. Er wirkt bestürzt. Der Gedanke an Frieden ist ihm noch nie gekommen. Wenn es Frieden gäbe, würden sie alle arbeitslos.

Ist das die Kultur, die man mich bewundern gelehrt hat? Oder hat sich der afghanische Charakter so sehr verändert? Waren die sagenhaften Kämpfe, für die ich so schwärmte, nur die Grausamkeiten eines anderen Zeitalters, verkleidet als

historische Siege? Während ich mich mit diesem beunruhigenden Gedanken herumschlage, lassen sie die Haschpfeife kreisen, lauschen der Musik der Schlacht und lächeln beim Gedanken an den Märtyrertod.
Noch am selben Tag spreche ich mit einer Gruppe von Waisenkindern. Der Rauch aus ihren Herzen steigt auf und vermischt sich mit dem Qualm der Brennöfen.

»… Ich bin neun Jahre alt. Ich habe mich im Backofen versteckt, als die Taliban kamen. Ich konnte sie sehen, aber sie haben mich nicht gesehen. Sie gingen zu meinem Vater und sagten: ›Gib uns Geld, sonst bringen wir dich um.‹ Er sagte: ›Ich bin nur ein armer Ladenbesitzer, wo soll ich so viel Geld hernehmen?‹ Da haben ihn die Taliban erschossen. Ich hörte, wie sie sagten: ›Wir nehmen diese Uhr und diese Weste und verkaufen sie, das bringt ein bisschen Geld.‹ Im Flur standen unsere Stiefel. Sie sagten: »›Für die kriegen wir auch ein paar Pennies …‹«

»… Ich bin fünf Jahre alt. Ich heiße Shams. Mein Vater hat die Schafe gehütet, und die Taliban kamen, und er legte sich schlafen. Die Taliban haben ihn umgebracht, weil er ein Hazara war …«

»… Ich bin einer Gruppe von Taliban begegnet. Mein Haarschnitt hat ihnen nicht gefallen, sie fanden ihn zu westlich. Sie hatten Hunde dabei, und die haben sie auf mich gehetzt. Ich rannte ins Haus meines Onkels, und er nahm sein Gewehr und hat die Hunde erschossen. Da wurden die Taliban wütend und haben meinen Onkel erschossen …«

»… Meine Freundin und ich gingen spazieren. Die Taliban sagten zu ihr: ›Du trägst weiße Schuhe, und weiß ist die Farbe unserer Flagge. Du hast also unsere Flagge beleidigt.‹ Sie haben sie geschlagen …«

Einst versprach der Prophet, die Gebete von dreierlei Menschen würden erhört werden: das Gebet eines Vaters, das eines Wallfahrers und das eines Unterdrückten.

Die Luft ist schwarz von Unterdrückung. Wenn es hier schon so schlimm ist, wie viel schlimmer wird es erst werden, wenn ich in ein paar Tagen zu meinem gefährlichsten Auftrag aufbreche und verdeckt ins Kabul der Taliban reise? Ich denke: Wer lehrt diese Kinder, worum sie beten sollen? Welche Rache werden sie suchen, wenn sie erwachsen sind? Dieser Ort wird eines Tages explodieren. Auf irgendeine Weise wird er explodieren.

Kapitel Drei

Wenn ich Maryam anschaue, meine Führerin in Kabul, sehe ich mich selbst als junges Mädchen. Sie ist gebildet, kosmopolitisch und wie ich außerhalb Afghanistans geboren und aufgewachsen. Sie wäre schockiert, wenn man ihr sagen würde, sie sei deshalb keine richtige Afghanin.

Wie ich in ihrem Alter, liebt Maryam den Mythos ihrer Heimat so sehr, dass sie unbedingt wissen muss, ob das wirkliche Afghanistan seinem unglaublichen Idealbild entspricht. Außerdem will sie beweisen, dass auch sie diesem Mythos gerecht werden kann. Aus diesem Grund ist Maryam der Untergrundorganisation RAWA beigetreten, der Revolutionary Association of the Women of Afghanistan. Die hat sie aus der Sicherheit ihres Flüchtlingslagers in Pakistan geholt und in das von den Taliban besetzte Kabul geschickt, damit sie dort heimlich arbeitet. Maryam will für ihre Sache alles riskieren. »Stellt mich auf die Probe«, sagt sie. »Ich bin bereit für den Märtyrertod.« Unbewusst übernimmt sie damit die Haltung ihrer Todfeinde, der anderen jungen afghanischen Idealisten: der islamistischen Radikalen.

Ihr Mut ist beschämend. In den letzten vier Monaten hat dieses schüchterne, wohlerzogene Mädchen eine Videokamera unter der Burka versteckt, um das Leben in der besetzten Stadt zu filmen.

Ich habe mich ihr angeschlossen, und nun wollen wir unseren bisher ehrgeizigsten Plan verwirklichen: heimlich in den von den Taliban kontrollierten Frauenkrankenhäusern filmen. Erst baten wir einen uns wohlgesonnenen Arzt, uns einzuschleusen. Kein Glück. Alle haben Angst. Uns bleibt nichts übrig, als die Talibanwache am Tor zu passieren und so zu tun, als besuchten wir eine Patientin.

Ich habe die Kamera in einer Tasche. Das Objektiv schimmert wie ein Juwel, wie ein brennendes Auge. Der Talibanposten starrt genau in die Linse. Ich lasse meine schuldbewussten Gedanken immer kleiner werden, bis sie schließlich verschwinden wie der kleine schwarze Punkt auf dem Fernsehbildschirm, wenn man ausschaltet. Die Wachen werden nichts Verdächtiges bei mir finden. Ich denke: »Durch!«

Die Stationen sind verdreckt. Die meisten weiblichen Ärzte sind geflohen, und unter den Taliban dürfen männliche Ärzte keine weiblichen Patienten behandeln. Für die kranken Frauen hier gibt es keine Medikamente und kaum ärztliche Versorgung. Wenn ihre Verwandten ihnen nicht täglich etwas zu essen bringen, müssen sie hungern.

In dem Bereich, in dem nur Frauen zugelassen sind, müssen wir unsere Burka ablegen. Wir fühlen uns wie preisgegeben. Man hat uns gesagt, dass überall Talibanspione sind. Ich filme, und Maryam führt die Gespräche. Es ist katastrophal. Sie verströmt Schuldbewusstsein. Sie stottert, spricht mit hoher, aufgeregter Stimme. Wir hetzen nervös durch die Stationen. Es bleibt keine Zeit für längere, ruhige Einstellungen.

Langsam wird mir bewusst, dass ich mir im Lauf der Jahre eine Fähigkeit angeeignet habe, über die ich bisher noch nie nachgedacht und die ich ganz bestimmt noch nie in

Worte gefasst habe. Ich ziehe Maryam in einen dunklen Winkel im Flur und bringe ihr in drei Minuten alles bei, was ich im Lauf des Lebens über die Fähigkeit, sich unsichtbar zu machen, gelernt habe. Wie ich mich zurückziehe, sogar die Gedanken auf eine Winzigkeit zusammenschrumpfen lasse und mir dann einen Punkt suche, weit weg von dem, wo ich gerade bin, und darin verschwinde. Und es gibt noch eine zweite Methode: Man kann verschwinden, indem man als jemand anderer auftritt, so unerschrocken und selbstsicher, dass niemand auf die Idee kommt, man tue etwas Unrechtes.

Wir wählen diesen zweiten Weg. Wir bleiben an jedem Bett stehen und reden. Wir übertreiben maßlos. Laut beklagen wir, dass unsere angebliche Verwandte nicht mehr da ist. Das sei mal wieder typisch, dass sie uns nicht gesagt habe, dass sie schon wieder gesund sei! Schauen Sie nur, was wir ihr für Obst mitgebracht haben – wollen Sie was davon? Allah belohnt die Freigebigen! Wir strahlen Selbstvertrauen aus, wir haben alles Recht der Welt, hier zu sein. Unser Selbstvertrauen kommt von innen. Wir bestehen darauf, zu unseren Bedingungen empfangen zu werden. Die Möglichkeit, geschnappt zu werden, kommt in unserem Weltbild nicht vor.

Maryam ist fantastisch. Sie hat sofort begriffen. Ich erröte vor Freude, weil ich weiß, dass ich ihr etwas gezeigt habe, was sie für den Rest ihres Lebens brauchen kann. Im Grunde habe ich erst als Frau im Orient gelernt, wie vorteilhaft Unsichtbarkeit sein kann.

Mit der Burka kann ich mich gut durch Kabul bewegen. In den Straßen wimmelt es von Gespenstern, verschleierten blauen Frauengestalten. Alles, was man von ihnen sieht, sind ihre ausgestreckten Hände. Sie dürfen nicht arbeiten, um sich ihren Lebensunterhalt zu verdienen, aber sie dürfen – welch makabre Ironie – betteln gehen.

Ich komme in eine Straße, in der Händler Brocken von verschimmeltem Brot als Tierfutter verkaufen. Eine Frau lässt einiges davon langsam und prüfend durch ihre Hand gleiten. Sie sucht die Brotkanten mit dem wenigsten Schimmel aus. Nachdem sie eine Hand voll gekauft hat, lädt sie meine RAWA-Führerin und mich zu sich nach Hause ein. Als wir hinter ihr hergehen, mache ich mir im Geiste ein Bild von ihr: Jung und zerbrechlich – ihre Hände sind lang, und ihr Gang ist anmutig. Aber als sie ihren Schleier ablegt, sehe ich, dass ich mich getäuscht habe. Nichts an ihr ist schön. Sie ist alt, verhärmt und resigniert. Sie lebt unter einer Plane, die sie zwischen zwei bröckelnde Mauern gespannt hat. Regen pladdert auf ihre sieben großäugigen Kinder, auf die einzige, uringetränkte Matratze und auf uns.

Sie pustet den schlimmsten Schimmel vom Brot und beginnt es zu zerstoßen. Die Kinder schauen ihr aus der vergleichsweise trockensten Ecke zu. An meiner Videokamera zeigen sie keinerlei Interesse. Regungslos starren sie auf die rhythmischen Bewegungen der Mutter, die ihr Essen zerstößt.

Während sie das tut, spricht sie. Ihre Stimme ist ein monotones, fast gelangweiltes Jammern, die ewige Leier einer Bettlerin. Ihr Mann ist krank und kann nicht arbeiten, um sie zu ernähren. Früher war sie Putzfrau in einem Krankenhaus, aber die Taliban haben die Putzfrauen entlassen. Nun muss sie betteln. Es reicht nicht zum Leben. Neuerdings schickt sie auch ihre älteste Tochter hinaus. Sie ist zehn Jahre alt. Jetzt kommt zum ersten Mal Leben in ihre Stimme: »Stellen Sie sich vor, wie man sich als Mutter fühlt, wenn man die Tochter betteln lässt.«

Wenn man an die Fundamente der Gesellschaft rührt, stürzt das ganze Gefüge ein. Die Frauen waren die Ziegel am Fuß des Gebäudes. Kein Wunder, dass die Stadt jetzt nur noch ein Schutthaufen ist.

Mit meiner Reise nach Kabul folge ich den Spuren meiner schottischen Großmutter Bobo. Sie war erst sechzehn, als sie dem Zauber des Ostens verfiel. Bei einem Empfang der Edinburgh University begegnete sie einem jungen Medizinstudenten. Es war der Sirdar Ikbal Ali Shah, der Sohn eines afghanischen Stammesfürsten. Als sie dieser unglaublich romantischen Gestalt einen Teller mit Sahnetörtchen anbot, warf er ihr einen hochmütigen Blick zu und erklärte: »Wir Männer aus den Bergen haben keine Zeit für Süßigkeiten!« Bobo verliebte sich auf der Stelle. Sie war ja selbst eine Hochländerin und erzählte ihm von ihren eigenen Bergen und Schluchten in Schottland. Das Paar brannte durch, noch ehe sie siebzehn war.

Bobos Vater sprach nie mehr ein Wort mit ihr. Der Vater des Sirdar fragte telegrafisch, ob sie bereit sei, Muslimin zu werden, und ob sie, wenn nötig, eine Festung verteidigen könne. Als die Antwort auf beide Fragen Ja lautete, gab der alte Mann der Verbindung seinen Segen.

Meine Großmutter hatte Glück. Die Vorhersagen ihrer Freundinnen, sie werde sich gewiss bald im Harem eines arabischen Scheichs wiederfinden, bestätigten sich nicht. Ich besitze ein Buch mit ihren Erinnerungen, und mehr als ein halbes Jahrhundert später ist das Kabul, das sie beschreibt, so frisch und bezaubernd wie eine erste Liebe.

In Paghman, auf den Höhen, »blühten im Sommer in den Gärten zahllose Blumen und verwandelten jedes Haus in ein kleines Paradies. Es gab keine eingrenzenden Mauern, und wer vorüberging, kam an jedem Garten in den Genuss einer Blumenschau.«

Kabul selbst erlebte damals einen jähen Aufschwung; es dehnte sich unaufhörlich aus, und ständig wurden elegante neue Villen gebaut. Im Frühling »kam verblüffend plötzlich Leben in die Gärten, und wie hingezaubert rankten Rosen aller Sorten und Farben an den Mauern«. Kein Arbeiter hatte es so eilig, dass er nicht im Vorübergehen eine Blume pflücken und sie sich hinters Ohr stecken konnte. Tulpen mit Blütenblättern so zart wie Seidenpapier und köstlich duftende, malvenfarbene Blumen wurden in den Bazars für drei Afghanis pro Bund verkauft – umgerechnet sechs Pence.

Das Afghanistan der Vorkriegszeit befand sich in einem Rausch der Modernisierung. Amerika und die Sowjetunion umwarben es, und beide Seiten verteilten großzügig finanzielle und technische Hilfe, um die Afghanen für sich einzunehmen. Die Zeitungen schwatzten aufgeregt von Fünfjahresplänen, Industrialisierung, dem Export von Persianer und Aprikosen und von der Emanzipation der Frau. Doch für vulgäre Wichtigtuerei hatte Bobo keine Zeit. Eine cremefarbene Kletterrose verwandelte ihren Garten in ein Märchenland. »Überall wuchsen weiße und bunte Iris, und ganz gewiss hätte man Kabul die Heimat der Rosen nennen können. Stockrosen, Kapuzinerkresse, Wicken und die meisten Blumen, die wir in Europa kennen, wachsen hier gut und üppig.«

Bobo starb, ehe ich geboren wurde, aber ich hatte immer das Gefühl, als hätte ich sie gekannt. Sie schien mir ganz nahe, eine alte Freundin, die ich vernachlässigt hatte und deren Züge durch meine Unachtsamkeit unscharf geworden waren. Eines sonnigen Tages starrte mir von einem vermoosten Grabstein mein voller Name entgegen: Saira Elizabeth Luiza Shah. Niemand hatte je ihre englischen Vornamen genannt, und meine Eltern hatten vergessen, mir zu sagen, dass ich nach ihr benannt worden war.

Jetzt suche ich nach den vornehmen Häusern, von denen Bobo berichtet hatte. Aber der Schutt schaut überall gleich aus. Es gibt keine Blumen mehr in Kabul. Die Hälfte aller Gebäude in der Hauptstadt ist zerstört, und die Menschen leben zwischen Ruinen. Diese Stadt funktioniert nicht mehr, selbst die Kanalisation ist zusammengebrochen. In den Pfützen auf den Straßen schwimmen Klumpen menschlicher Fäkalien.

Ich bin in Kabul bei einer Familie zu Gast, die sich seit Jahren versteckt. Die feinen Gardinen müssen geschlossen bleiben, falls die Nachbarn Spitzel sind. Halima, die Mutter, wirkt auf mich wie reines Gold, das jemand in einer Ruine versteckt hat – sie ist ehrlich, fröhlich und steht mit beiden Beinen auf der Erde. Aus Vitaminmangel hat ihr offenes Gesicht Glubschaugen bekommen. Ihr Mann ist viel älter, aber vielleicht hat ihn auch der Krieg altern lassen. Die Kinder tragen im Halbdunkel Essen herein. Es wird Abend, und sie haben kein Licht.

Zum Pilau gibt es alle möglichen Delikatessen: Rettich, Käse, sogar Fleisch und Gemüse. Diese Dinge sind in Kabul fast nicht zu bekommen. Am Tisch sitzt mir die Familie ein wenig zeremoniell aufgereiht gegenüber. Es ist wie ein Interview bei einem Podiumsgespräch, nur spricht niemand. Allmählich wird mir klar, dass sie im Halbdunkel nur so tun, als würden sie essen.

Ihre verstohlene Großzügigkeit verursacht mir einen Kloß im Hals. Jeder Bissen wird mir zur Qual. Aber Halima ist beunruhigt, weil ich nicht esse. »Schmeckt es Ihnen nicht? Wir können auch etwas anderes bringen. Nehmen Sie noch etwas Fleisch, damit Sie bei Kräften bleiben.«

Mit der Miene eines Menschen, der ein wichtiges Gesprächsthema anschneidet, fragt Halimas Mann: »Erzählen Sie uns doch, was die Leute im Westen zu unserer Situation sagen.«

Zu diesem Zeitpunkt, im Frühling 2001, sagt überhaupt niemand irgendwas zu Afghanistan. Man hört nicht mehr viel von Kabul. Kurz bevor ich hierher kam, hat mich eine alte Freundin gebeten, die Sache nicht weiter zu verfolgen: »Ich wüsste nicht, was uns das eigentlich angeht.« Nun sitze ich hier im Halbdunkel; die erwartungsvollen Gesichter dieser Familie spüre ich mehr als ich sie sehe – und ich bringe es nicht fertig, ihnen das zu sagen. Ich wähle einen feigen Ausweg. Ich zitiere Verse des Dichters Saadi von Schiras:

> »Die Menschen dieser Welt sind Glieder ein und desselben Leibes, sie sind eines Wesens. Wenn ein Glied gequält wird, leiden auch alle anderen.«

Der Familie ist dieser Gedanke so vertraut, dass er selbstverständlich ist. Sie warten darauf, dass ich erkläre, worauf ich hinaus will, denn sie glauben ohnehin, dass die Menschen im Westen der Meinung sind, Unterdrückung, wo auch immer auf der Welt, gehe uns alle an. Aber sie täuschen sich: Man hat sie im Stich gelassen. Sie sitzen hier im Dunkeln und sind ganz allein. Ich kann nicht mehr weiterlügen, nicht einmal, um ihnen Hoffnung zu machen.

Um das Schweigen zu überspielen, vielleicht auch, um dem Gast die Verlegenheit angesichts der Haltung des Westens zu nehmen, schart Halimas Mann seine Kinder um sich, wie es auch mein Vater immer getan hat. Er sagt, da ich Scheich Saadi schätze, werde er uns eine Geschichte aus dem Gulistan, seinem Meisterwerk, erzählen.

> Ein König hatte eine schreckliche Krankheit. Die Ärzte sagten, nur das Blut eines Kindes mit bestimmten Merkmalen könne sein Leben retten. Man ging auf die Suche und fand einen Bauernjungen mit den richtigen Eigenschaften. Sein Vater und seine Mutter wurden reich beschenkt, und so willigten sie ein und lieferten ihn aus. Der Richter befand, es sei rechtmäßig, einen Untertanen zu töten, um das Leben eines Königs zu retten.
> Als der Scharfrichter sein Beil hob, blickte der Junge zum Himmel und lächelte. Der König fragte: »Weshalb lachst du?«
> Da antwortete der Junge: »Kinder vertrauen auf ihre Eltern, und das Volk erhofft Gnade von den Richtern und Gerechtigkeit von den Königen. Mein Vater und meine Mutter haben mich verkauft, der Richter hat mich verurteilt, und der Sultan hofft, mein Tod werde ihn heilen. Außer Gott habe ich niemanden, der mich beschützt.«

> Als der König dies vernahm, wollte er lieber sterben, als das Blut dieses Jungen zu vergießen. Noch in derselben Woche wurde er gesund.

Die Geschichte ist altbekannt und trostreich. Wie jedes afghanische Kind wuchs ich mit dem »Gulistan« auf. Endlich habe ich eine gemeinsame Erfahrung gefunden, einen Berührungspunkt. Wir fangen an, über einen Dichter des 13. Jahrhunderts zu reden, als plauderten wir über einen Freund, und wir lächeln über jahrhundertealte Erinnerungen.

Jetzt, wo das Eis gebrochen ist, erzählt mir Halima, wie sie 1992 hörte, dass die Kommunisten besiegt seien und die Mudschaheddin Kabul eingenommen hätten. Gott sei Dank, dachte sie. Sie haben Afghanistan gerettet – es ist vorbei, zumindest dieses Elend ist vorbei.

Aber die neuen Herren wollten nur Macht und Geld. Sie plünderten die Stadt. Sie waren keine heiligen Krieger, sie waren einfach nur Verbrecher. Sie holten Mädchen und Jungen von der Straße, vergewaltigten sie und warfen die Leichen in die Brunnen. Niemand traute sich mehr aus dem Haus. Aber sie kamen einfach rein und nahmen sich, was sie wollten.

Es herrschten Verwüstung und Chaos. Rivalisierende Anführer schossen von einer Straße zur anderen, bekämpften einander wie Gangster, um Gelände zu gewinnen. Es war unbeschreiblich. Niemand bremste sie. Es gab keine Regierung. Die politischen Führer der Mudschaheddin bekämpften sich gegenseitig. Dann bombardierte der Premierminister seine eigene Hauptstadt. Man stelle sich das vor! Wo sonst könnte so etwas passieren? Monatelang fielen täglich Dutzende von Bomben. Keine Familie wurde verschont. Alle verloren Menschen, die sie liebten. Und der Westen unternahm nichts. Er saß nur da und schaute zu, wie die Menschen, die er unterstützt hatte, das Land zerstörten.

Eines Tages fiel eine Bombe ganz nahe. Es krachte, dann stürzte die Zimmerdecke über ihnen ein. Halimas älteste Tochter warf sich auf den Boden. Dort lag sie, begraben und zu Tode erschreckt. Die anderen befreiten sie zwar, aber von diesem Augenblick an konnte sie nicht mehr sprechen und hören.

Jetzt weint Halima. Ich müsse verstehen, warum sie mir das alles erzähle. Sie wolle unbedingt einen ausländischen Arzt finden, der ihrer Tochter helfen kann. Die Tochter sitzt neben ihr auf dem abgewetzten Sofa im Wohnzimmer ihres Unterschlupfs. Stumm streckt sie die Hand nach der ihrer Mutter aus. Das Mädchen ist eine Schönheit. Mit ihren achtzehn Jahren hat sie eine Anmut, die Krieg, Armut, Kultur und Sprache hinter sich lässt.

»Schauen Sie sie an«, schluchzt Halima und drückt die Hand ihrer Tochter. »Sie ist intelligent. Sie hat sich das Lippenlesen selbst beigebracht. Sie stickt wunderbar. Aber was soll aus ihr werden? Jetzt wird sie niemand mehr heiraten, niemand.«

Um drei Uhr morgens weckt mich Maschinenlärm. Ich springe aus dem Bett, denn in diesem Land habe ich noch keine Maschine gehört, die nicht etwas mit Krieg zu tun gehabt hätte. Die ganze Familie sitzt vor alten elektrischen Nähmaschinen. Strom gibt es nur sporadisch, und wenn er kommt, müssen sie ihn nutzen. Sie sind verlegen, weil sie sich ihren Lebensunterhalt heutzutage mit Schneidern verdienen

müssen. Der Vater ist Ingenieur. Aber in Afghanistan will niemand aufbauen, nur zerstören.
Während des Zweiten Weltkriegs erlebte Afghanistan eine seiner seltenen Friedensphasen. Wie die kleine alte Dame, die so stur war, dass sie sogar flussaufwärts schwamm, blieb das Land streng neutral, als der Rest der Welt in Flammen aufging.

Als die Feindseligkeiten ausbrachen, besuchten meine Großeltern gerade Bobos Freunde in Schottland, und es wurde schwierig, nach Afghanistan zurückzukehren. Zivile Reisen waren verboten.

Die Familie beschloss, abzuwarten und zu hoffen, dass alles bald vorübergehen würde. Mein Großvater ärgerte sich über die englischen Restriktionen zur Zeit des Krieges. Es gab strenge Vorschriften, die die Zivilbevölkerung auf einen Luftangriff vorbereiten sollten. Ausnahmlos jeder musste eine Handspritze im Haus haben, um im Falle von Brandbomben sein Haus löschen zu können.

Ein Luftschutzwart wollte die Handpumpe meines Großvaters sehen. Doch als Bürger eines neutralen Landes hatte sich der Sirdar nicht mit einem solchen Gegenstand ausgerüstet. »Wenn Sie keine Handpumpe haben«, fragte der Beamte, »was machen Sie dann, wenn Ihr Haus Feuer fängt?«

Mein Großvater verlor selten die Fassung. Auch jetzt blickte er den Kontrolleur ruhig an und sagte in korrektem Englisch: »Sir, ich darf Sie davon in Kenntnis setzen, dass meine Handpumpe *Allah* ist.«

Irgendwann während des Krieges traf aus Afghanistan die Nachricht ein, der Vater des Sirdar, mein Urgroßvater, sei gestorben. Mein Großvater musste unbedingt auf den Familienbesitz nach Paghman zurückkehren, um Anspruch auf sein Erbe zu erheben. Aber mittlerweile saß der Sirdar regelrecht in der Falle. Ausländer wurden während des Krieges in Großbritannien grundsätzlich für Spione gehalten. So sehr er sich auch bemühte – mein Großvater vermochte die bürokratischen Hürden nicht zu überwinden; schließlich wollte er in ein Land reisen, von dem Großbritannien glaubte, es könne sich jeden Augenblick mit Deutschland verbünden.

Aus Paghman kam eine verzweifelte Botschaft nach der anderen: Die afghanische Krone würde sich unser Land aneignen, oder es würde aufgeteilt oder fiele in die Hände rivalisierender Verwandter. Immer baten sie, der Sirdar möge sofort heimkommen. Aber er konnte nicht.

Monate oder Jahre später, als er endlich nach Paghman zurückkehren konnte, war es zu spät. Unser Gebiet war aufgeteilt und verschluckt worden. Bis heute weiß ich nicht genau von wem: Der Name des Usurpators war nicht wichtig genug, um in die Familienlegende einzugehen. Der Landbesitz in Indien, der zu diesem Zeitpunkt ohnehin schon wertlos war, entglitt uns ebenfalls.

Mein Großvater hatte all seinen weltlichen Besitz verloren, aber nicht seinen Sinn für Humor. Kurz nachdem das ganze Ausmaß dieses Unglücks deutlich geworden war, schimpfte er einmal meinen Vater aus, weil dieser seine Schuhe im Haus rumliegen ließ. Mein Vater entgegnete, das habe er von ihm selbst gelernt.

Der Sirdar brüllte zurück: »Ich kann meine Schuhe rumliegen lassen, wo ich will, ich bin schließlich der Sohn eines Nabobs. Du aber bist nur der Sohn eines Professors!«

Jahrelang reiste dieser Urenkel eines *shah-saz*, eines Königsmachers, um den Erdball. Zwar hatte er oft kein Geld, doch dass er vom Propheten abstammte, verschaffte ihm Zugang zu den Höfen des Nahen Ostens. Bis zum Ende seiner Tage antwortete er auf die Frage, ob er in den Ferien ins Ausland reise: »Ich *bin* im Ausland.«

Die treuen paschtunischen Gefolgsleute meines Großvaters verloren nie ihre Freibeutermanieren. Als die Männer aus den afghanischen Bergen einmal bei einem Maharadscha zu Besuch waren und die scharf gewürzten Gerichte ihrer Gastgeber nicht zu essen vermochten, zauberte der Koch meines Großvaters aus dem Nichts ein Fischpilau. Danach brachen sie überstürzt auf, denn es gab Zeter und Mordio, weil die verstorbene Großmutter des Maharadschas, wieder geboren in einem Karpfen, aus ihrem Zierteich im Palastgarten verschwunden war.

So zumindest lautete die Legende. Die Geschichten wurden mit jedem Erzählen reicher ausgeschmückt. Als kleines Kind liebte ich alle Abenteuer meines Großvaters und glaubte an sie so fraglos wie an den Himmel und die Sterne. Doch als ich älter wurde, merkte ich, dass ich unbehagliche Zweifel unterdrücken musste. Es war, als zöge jemand aus dem Gewebe meiner Welt einen Faden heraus. Ich war zu sehr ein Kind des Westens, um Legenden unwidersprochen hinzunehmen. Wenn die Erzählungen meines Großvaters erfunden oder übertrieben waren, konnte ich mich auch nicht mehr auf den größeren Mythos verlassen, auf Afghanistan.

Mein Großvater hatte keine Bedenken, sich über den Buchstaben hinwegzusetzen; als frommer Muslim versuchte er, das Wesen seiner Religion zu erfassen. Als er auf Pilgerschaft ging, baten ihn seine Verwandten um unglaubliche

Mengen Wasser aus der heiligen Quelle Samsam neben der Kaaba in Mekka. Bei seiner Rückkehr konnte er alle zufrieden stellen, indem er das Originalwasser im Verhältnis eins zu zehn mit Leitungswasser verdünnte. »Die heilige Substanz von Samsam weiht das Leitungswasser, wenn es damit in Berührung kommt«, erklärte er.

Immer wieder wollte er Männern, die ihm dieser Ehre würdig erschienen, die Hand seiner Tochter Amina anbieten, manchmal als Gratisbeigabe zu einem seiner grandiosen, typisch afghanischen Pläne: Einen Monarchen wieder auf seinen Thron zu setzen oder eine panislamische Bewegung ins Leben zu rufen. Doch diese Ausflüge in die schmutzige Welt der Politik endeten ausnahmslos mit einem Desaster. Dann zog er sich in die reinere Luft der Philosophie und Literatur zurück.

Es ist ihm nie gelungen, Tante Amina zu verheiraten, obwohl er es von ihrer Pubertät an bis in ihre reiferen Jahre versuchte. Aber da hatte sie sich bereits eine so furchteinflößende Rüstung aus Verschrobenheit angelegt, dass selbst er zugeben musste, keinerlei Macht mehr über sie zu besitzen.

Manchmal stieß er bei seiner Wanderschaft auf ein Echo aus dem verlorenen Afghanistan: Bei den Hochland-Clans im geliebten Schottland seiner Frau oder in den amerikanischen Wildwestgeschichten, auf die er so versessen war. (Bis ans Ende seiner Tage glaubte er, Pubs seien Örtlichkeiten, in denen lockere Weibspersonen in Volantröcken auf den Tischen tanzten.) Er schrieb über siebzig Bücher. Eines davon, »Westwards to Mecca«, zeigt mir deutlich: Wo immer sein Körper sich aufgehalten haben mochte, sein Geist lebte weiterhin zu Hause in Paghman.

Als seine Frau, meine Großmutter Bobo, starb, beendete er sein Nomadenleben und ließ sich in Marokko nieder. Er ertrug es nicht, sich in einem Land aufzuhalten, wo sie zusammengelebt hatten. Nach seinem Tod fand ich das Tagebuch aus seinem letzten Lebensjahr. Ich las einen Eintrag nach dem anderen; er hatte es peinlich genau jeden Tag geführt. Anfangs begriff ich nicht, was so merkwürdig daran war. Dann fiel es mir auf: Er war vollkommen zufrieden, ein alter Mann, der ruhig auf Allahs Ruf wartete. Er hatte selten Geld, und wenn er welches besaß, kaufte er davon Geschenke oder verschenkte es. Sein Geist war bereits auf die nächste Etappe seines Weges gerichtet.

Ich erinnere mich an einen freundlichen alten Mann, der mir Geschichten erzählte, wunderbare Geschichten, die an meiner Erinnerung zerren wie vergessene Träume. Vielleicht hat er mir die folgende Geschichte erzählt, vielleicht auch jemand anders, doch ich bringe sie immer mit ihm in Verbindung:

»Es war einmal ein sehr weiser Mann, der einen dummen Schüler hatte. Nach einer Weile fand der Junge, er habe eigentlich nur gelernt, dass es in einigen hundert Jahren ein goldenes Zeitalter geben werde. Mit der Zeit wurde er wie besessen von diesem Gedanken. Er bat seinen Herrn, ihn für siebenhundert Jahre in Schlaf zu versenken. Als er wieder aufwachte, lag er zwischen den Ruinen prächtiger Paläste und Gärten. In der alten Holzhütte seines Herrn saß der Urururururenkel des Weisen, auch er schon wieder ein sehr alter Mann. Der sagte zu ihm: ›Zu dumm, mein Kind – du hast das goldene Zeitalter um dreihundert Jahre verpasst.‹«

Mein Großvater musste nicht allzu lange auf Allahs Ruf

warten. Er starb, als ich sechs Jahre alt war. Er wurde neben seiner geliebten Bobo beerdigt. Auf seinem Grab stand nur sein Name und der Beiname *al mutawakkil* – »Der sich dem Willen Allahs unterwirft«. Nation, Zugehörigkeit, Land, Herkunft oder Taten wurden nicht erwähnt.

Nach nur fünf Tagen muss ich Kabul verlassen. Ich wage nicht, länger zu bleiben: Die Stadt ist voller Spitzel, und es ist nur eine Frage der Zeit, bis ich verraten werde.

Ich wünschte, meine Identität wäre mir so klar, wie es bei meinem Großvater der Fall war, und ich könnte es mir leisten, sie zu ignorieren. Aber ich muss wissen, was Tatsache ist und was Märchen, das ist wichtiger, als den Mythos bestätigt zu bekommen. Nur die Wahrheit kann mir die Fragen beantworten, die ich mir jahrelang nicht einmal selbst zu stellen gewagt habe: Existierte das Afghanistan unserer Mythen tatsächlich? Sind wir immer noch Afghanen? Und wenn ich keine Afghanin bin – was bin ich dann?

Nur einen Ort muss ich noch aufsuchen. Als ich den steilen Weg zur Hochebene von Paghman hinaufsteige, packt mich die Angst. Wenn die Zaubergärten, von denen mir mein Vater erzählt hat, niemals existierten, dann ist auch ein Teil von mir selbst nur Lüge.

Ich stehe auf einem verlassenen Plateau. Kein Vogel singt. Die Obstbäume sind für Brennholz gefällt worden. Die Bewässerungskanale sind zerbombt, und der einst fruchtbare Boden ist trocken. Mein Leben lang habe ich ein Bild von diesem Ort in meinem Herzen getragen. Mein Leben lang habe ich mich hierher gesehnt.

Der Boden ist gespickt mit Minen und übersät mit den Trümmern seines früheren Glanzes, blauen Mosaikfliesen, zerbrochenen Wasserrinnen und ausgetrockneten Brunnen. Dieser Mythos zumindest ist wahr gewesen. Vor meinem geistigen Auge kann ich rekonstruieren, was einmal ein zauberhafter Garten gewesen sein muss.

Einst erblickte Saadi einen solchen Garten in voller Blüte. Mit dichterischem Weitblick erkannte er, dass seine Schönheit vergehen würde. »Die Rose des Gartens hat keine Beständigkeit«, sagte er, »häng nicht dein Herz an das, was nicht überdauert.« Er beschloss, einen Garten zu schaffen, den die Zeit nicht zerstören konnte. Er erbaute seinen Rosengarten, sein Meisterwerk »Gulistan«, aus Geschichten. Er hat achthundert Jahre überlebt. »Rosen«, sagte er, »leben nur wenige Tage. Mein Rosengarten wird niemals sterben.«

Über mir ragen unwandelbar und ewig die Berge empor. Unten im Tal funkelt eine Stadt mit Türmen und Minaretten in der Spätnachmittagssonne. Kabul Jan, das geliebte Kabul, liegt wie ein Juwel zu meinen Füßen. Doch ich weiß mittlerweile, dass diese Schönheit trügerisch ist: Bei näherer Betrachtung liegt die Stadt in Schutt und Asche, so zertrümmert und verwüstet wie dieser Garten. Ich habe das goldene Zeitalter versäumt. Ich bin zu spät gekommen.

Meine Reise hierher hat mehr als zwanzig Jahre gedauert. Während ich mich darauf zubewegt habe, ist der Ort, der den Mythos entstehen ließ, zerstört worden. Aber nur weil es den Mythos gibt – diese Landkarte aus Märchen, die meine Familie für mich all die Jahre hindurch gezeichnet hat –, erkenne ich die Schönheit in diesen Ruinen.

ZWEITES BUCH

Die Märchenkarte

»Schätze ohnegleichen liegen im Meer,
Doch wenn du Sicherheit suchst, bleib an Land.«
Scheich Saadi von Schiras

Kapitel Vier

»Wenn ein türkisches Mädchen aus Schiras mein
Herz in seine Hände nähme, gäbe ich Buchara
für das Mal auf ihrer Wange – oder Samarkand.«

Hafis

Ich war siebzehn, als ich zum ersten Mal mit meiner Großfamilie zusammentraf. Es war der erste Beweis, dass mein afghanisches Erbe nicht nur ein Hirngespinst war, eine Geschichte, die sich mein Vater ausgedacht hatte, um die schreckliche Einsamkeit des ewigen Außenseiters zu bekämpfen. Zum ersten Mal im Leben war ich *nufus-dar*, wörtlich: »Jemand mit Angehörigen«, was auch Sicherheit und Verbundenheit bedeutet. Ich hatte meine Familie gefunden.

»Wenn ich nicht dieser Tage meinen Sohn mit einer anderen Frau verheiraten würde«, sagte mein Onkel Mirza und nahm nachdenklich ein wenig *pan*, Betel, »würde ich ihn dir geben.« Er seufzte und verzog Mund und Stirn, als beklage er die Ohnmacht des Einzelnen angesichts höherer Mächte.

»Es ist zu dumm; wir haben es mit der Familie der Braut schon fest vereinbart. Es gäbe einen Skandal. Nein, es ist zu spät … Zufilkar muss zu ihr, dabei ist sie nicht einmal eine Verwandte.« Er schwieg ein Weilchen, und als der Betel, ein mildes Genussmittel, seine wohltuende Wirkung entfaltete, trat ein Ausdruck überirdischer Güte in die wässrigen grauen Augen des alten Mannes. »Und weißt du, warum ich meinen Sohn lieber dir gäbe als diesem Mädchen, trotz seiner reichen Familie?«

»Nein, Onkel«, antwortete ich pflichtgemäß.

Er streckte seinen ohnehin schon kerzengeraden Rücken. Sein grüner Chapan, das prächtige afghanische Seidengewand, und das unpassende Englisch vermehrten nur noch seine unermessliche Würde. »Weil du zur Familie gehörst. *Az khudi ma hasten*. Du gehörst zu uns.«

Mein Bruder Tahir und meine Schwester Safia, meine schon etwas ältere Tante Amina und ich waren zusammen zur Hochzeit jenes Sohnes angereist, den Onkel Mirza so bedenkenlos mir hatte geben wollen. Beim Anblick von zwei unverheirateten Töchtern in Begleitung einer Anstandsdame hatte er offensichtlich angenommen, wir sollten hier unter die Haube gebracht werden.

Ich war verblüfft, wie leidenschaftlich ich mich danach sehnte, zu dieser Welt zu gehören. Ich hatte nie gemerkt, dass mir etwas fehlte. Jetzt entdeckte ich, dass mir wie einer Prinzessin im Märchen meine wahre Herkunft vorenthalten worden war. Dies war die Stelle im Märchen, an der ich mit einem einfachen Schritt durch eine Zaubertür wieder in meine Gärten und Paläste gelangen konnte. Wenn ich zuließ, dass mein Onkel eine Heirat für mich arrangierte, würde ich dazugehören.

Onkel Mirza fuhr fort: »In den Augen Allahs ist die segensreichste Heirat die zwischen Vettern und Cousinen ersten Grades. Nun bist du nur Zulfikars Cousine zweiten oder dritten Grades, sodass dies nur die zweit- oder drittsegensreichste Form der Heirat wäre. Aber mach dir keine Sorgen. Du hast noch viele andere Vettern. Nur wenn es keinen freien Vetter mehr gäbe, würden wir an eine Heirat außerhalb der Familie denken. Und zwar deshalb, weil das Blut des Propheten – Friede sei mit ihm – unvermischt in unseren Adern fließt. Dieses Blut ist ein heiliges Vermächtnis.«

Dies war der erste Hinweis darauf, dass es zwischen dem Familienzweig meines Onkels und unserem eigenen feine Unterschiede gab. Ich hatte noch nie davon gehört, dass wir uns bemühen sollten, innerhalb der eigenen Familie zu heiraten, um unser Blut rein zu erhalten. Wenn Allah dies wünschte, so hatten mein Großvater und mein Vater seinen Zorn riskiert, da sie nicht nur Frauen geheiratet hatten, die nicht zur Familie gehörten, sondern sogar welche, die nicht aus dem eigenen Volk stammten.

»Ich muss erst meine Ausbildung beenden, ehe ich ans Heiraten denke, Onkel«, antwortete ich ausweichend.

Onkel Mirza strahlte zustimmend. »Natürlich«, sagte er und spie den blutroten Betelsaft in den Spucknapf aus rostfreiem Stahl neben seinem Ellbogen. »Du kannst eine wesentlich bessere Partie machen, wenn du etwas gelernt hast. Aber das ist kein Grund, jetzt nicht darüber nachzudenken.«

Obwohl das Haus von Onkel Mirza näher an Afghanistan lag, als ich je gewesen war, befand es sich nicht im Land selbst. Dieser Zweig meiner Familie lebte in Peschawar, in Pakistans nordwestlicher Grenzprovinz. Doch wie die meisten Afghanen betrachteten wir die Grenze als reine Formsache; sie war von den Briten lediglich gezogen worden, um die Gebiete der freien Stämme in dieser Gegend zu zerstückeln. Wenn es nach uns gegangen wäre, hätte Peschawar eine afghanische Stadt sein müssen.

Peschawar wurde seinem Ruf als wilde Grenzstadt durchaus gerecht. Es war ein Schmelztiegel, dessen Einwohner bis zu den Zähnen bewaffnet waren und wo jederzeit alles Mögliche passieren konnte. Es lag nur dreißig Meilen weit weg von Afghanistan, wo 1979 Panzer der Roten Armee einem Marionettenregenten zur Macht verholfen hatten, in der Hoffnung, er werde fügsamer sein als der bisherige kommunistische Diktator.

In dem darauf folgenden Krieg wurden bisher eine Million Afghanen getötet. Das waren fünf Prozent der Bevölkerung, fast alles Zivilisten. Weitere zweieinhalb Millionen Menschen waren geflohen.

Nun hatte sich Peschawars Bevölkerung – zumeist unbezähmbare paschtunische Stammesangehörige, deren Clans zu beiden Seiten der Grenze lebten – durch afghanische Flüchtlinge verschiedener ethnischer Gruppierungen stark vergrößert. Riesige Paschtunen schritten durch die Stadt, Decken über den Schultern und die Berge in den grauen Augen. Hazara, die asiatischen Schiiten aus Zentralafghanistan, verkauften ihre Waren auf der Straße. Rotwangige Usbeken und Turkmenen aus dem Norden starrten mit offenem Mund auf dieses Kaff, für sie ein Brennpunkt unfasslicher Zivilisation.

Gleich hinter der Stadtgrenze begann die bedrohliche Gebirgskette des Hindukusch. Ein paar Mal hob sich der dicke Smog in Peschawar und enthüllte sie kurz: Sie war geheimnisvoll, schön und streng. Die Straße, die aus der Stadt hinausführte, wand sich über den legendären Khyberpass, das

Tor zu Afghanistan. Die Berge lockten mich in ein verbotenes Land, und ich sehnte mich danach, sie zu überqueren.

Ich war erst seit kurzem in Peschawar, aber ich wusste bereits, dass ich Onkel Mirza glühend verehrte. Er war ein liebenswürdiger alter Mann mit einer stolzen militärischen Karriere, ein Afghane, den man auf der falschen Seite der willkürlich gezogenen Grenze erwischt hatte und der dadurch im Zweiten Weltkrieg in die Britische Armee geraten war. Der Fluch in Onkels Mirzas Leben war seine Frau – übrigens das Ergebnis einer von den Eltern eingefädelten Ehe, woran ich ihn gern erinnert hätte. Wahrscheinlich um meine Gedanken Richtung Ehe zu beschleunigen, erzählte er mir von seiner Verlobungszeit.

»Ich war noch ein junger Leutnant, als die Ehe arrangiert wurde. Damals war es dem Bräutigam natürlich streng verboten, seine Braut vor dem Hochzeitstag zu sehen. Aber ich fand, ich könne mich unmöglich verpflichten, den Rest des Lebens mit einer Frau zusammenzuleben, die ich nicht einmal flüchtig gesehen hatte. So kroch ich eines Abends mit einem anderen Offizier vor ihr Schlafzimmer, um durchs Schlüsselloch einen Blick auf sie zu werfen. Im letzten Augenblick verließ mich der Mut. Ich sagte zu meinem Freund: ›Schau du für mich und sag mir, ob sie in Ordnung ist.‹ Er lugte hinein und sagte: ›Alles in Ordnung, nur zu.‹«

In Onkel Mirzas Haus war, wie in den meisten traditionellen muslimischen Familien, seine Frau Karima die uneingeschränkte Herrin, die über jede Einzelheit des Familienlebens gebot. Wie so viele intelligente, aber sozial frustrierte Frauen war sie sehr fromm, doch die strenge Befolgung der islamischen Regeln – Islam bedeutet wörtlich» Unterwerfung unter Allahs Willen« – hinderte sie nicht daran, Wutanfälle zu bekommen, die an Wahnsinn grenzten. Oft war schwer zu sagen, wo das Gebet endete und die Standpauke begann.

»Allah ist mein Zeuge! Wieder hast du alles Geld weggegeben«, schrie sie, wenn der Onkel den Mudschaheddin, den afghanischen Widerstandskämpfern, etwas gespendet hatte oder in der Hitze des Tages weggefahren war, um für verarmte afghanische Flüchtlinge etwas zu besorgen. »Wovon sollen wir leben? Du solltest dich erst um deine eigene Familie kümmern. Du nennst dich einen Muslim? Du hast sogar das Abendgebet verpasst! Gott schütze mich vor dir – du bist nicht besser als ein Ungläubiger!«

Einmal hatte sie in einem Anfall von Wut den Gemüsegarten meines Onkel an einen Makler verkauft. Wenn der Onkel sich ab und zu an diesen Raub erinnerte, trübten sich seine Augen vor Kummer. »Mein schöner Gemüsegarten. Sie hat ihn verkauft. So wunderbare Melonen. So schöne Gurken. Alles weg.« Dann seufzte er und kaute wieder ein wenig Betel.

An dem Tag, da mein Onkel seine Heiratspläne für mich enthüllte, ließ er mich beim Mittagessen zu seiner Rechten sitzen. Dies war ein besonderer Gunstbeweis, denn so konnte er ausgewählte Leckerbissen von seinem Teller auf den meinen hinüberschieben. Das war allerdings keine reine Freude. Oft zog er großzügig eine halbzerkaute Delikatesse aus seinem Mund und stopfte sie liebevoll in den meinen, ein afghanischer Brauch, mit dem ich mich inzwischen abzufinden versucht habe. Es war seine Art, mir zu zeigen, dass ich geschätzt wurde, dass ich ein Teil der Familie war.

Bisher war ich noch nie jemandem begegnet, der den Mitgliedern meiner eigenen kleinen Familie glich – und nun gab es hier plötzlich Dutzende von Menschen, die genauso waren. Es kam mir vor, als entdeckte ich das fehlende Puzzlestück; mit einem Mal verstand ich viele Eigenarten und Gewohnheiten meiner Eltern, die ich bisher als bloße Spinnereien abgetan hatte. Der orientalische Teil meines Gehirns wusste sehr wohl, dass ich bei einer arrangierten Ehe kein Individuum, sondern eine Familie, einen Stamm, eine Lebensweise heiraten würde, etwas, wo man dazugehörte. Es war ein verlockendes Gefühl.

Zu der Hochzeit hatte sich ein riesiger Verwandtenpulk versammelt. Privatsphäre gab es nicht. Mein Bruder, der in Anbetracht seines höheren Ranges als männliches Wesen anfangs ein eigenes Zimmer bekommen hatte, fand eines Morgens beim Aufwachen eine üppige Dame reiferen Alters, die er noch nie gesehen hatte, schnarchend in seinem Bett.

»Wer sind Sie?«, fragte er mit dem ganzen Entsetzen seiner fünfzehn Jahre.

»Deine Tante natürlich«, blaffte sie zurück.

Meine Lieblingstante war die alte Frau, die fünf Tage lang ganz allein mit dem Bus aus Indien angereist war. Sie hatte zwei strähnige graue Zöpfe und einen einstmals schönen Sari. Die Zähne waren ihr alle ausgefallen, aber das hinderte sie nicht, sich gewaltige Menge Hochzeitspilau in den Mund zu stopfen. Als sie mich zum ersten Mal sah, griff sie gierig nach meinem Schal, küsste ihn und schlang ihn sich rasch um den Hals. Dann ging sie zu den nächsten Gästen über. Sie war ein professioneller Hochzeitsschnorrer.

Raj Bibi hatte ich besonders gern. Sie war ein hübsches,

schüchternes kleines Geschöpf, dessen Stellung schwer zu bestimmen war. Ihre Kleidung war schäbiger als die meiner Cousinen, aber sie war immer sauber, adrett und fröhlich. Ständig musste sie etwas holen oder bringen. Sie war sehr blass, hatte riesige schwarze Augen und stammte aus der gebirgigen Gegend von Chitral im Norden Pakistans.

»Raj Bibi ist keine Dienerin«, erklärte mir meine Cousine Aisha, als die arme Raj Bibi eines Tages wieder vom Tisch fort auf einen Botengang geschickt wurde.

»Wie kam sie denn in die Familie?«, fragte ich.

»Sie ist die Frau von Ikramullah Jan, dem Koch«, sagte Aisha. »Mein Vater Mirza fuhr bis nach Chitral, um sie auf dem dortigen Heiratsmarkt für ihn zu kaufen. Es war außerordentlich schwierig. Im Frühling wehen in Chitral schreckliche Winde, im Sommer ist es glühend heiß, und im Herbst sind die Skorpione so tödlich, dass man immer ein Serum bei sich tragen muss, sonst ist man nach zwölf Minuten tot.«

»Und im Winter?«, fragte ich bestürzt.

»Im Winter macht der Schnee das Land unpassierbar. Es war sehr nett von Mirza, so weit zu fahren. Du siehst also, Raj Bibi gehört zur Familie.«

In den nächsten Tagen wurde der Mann, mit dem mich meine Familie verheiraten wollte, in den inneren Zirkel eingeführt. Ich bekam mitgeteilt, er sei ein entfernter Vetter und werde liebevoll Jimmy genannt. Er war ungefähr einen Meter fünfundsechzig groß, aber alle fanden, sein üppiger schwarzer Schnurrbart mache wett, was ihm an Größe fehle. Außerdem, so berichtete man mir aufgeregt, sei er Jagdflieger bei der pakistanischen Luftwaffe.

Ich erkannte, wie nützlich solch ein ausgedehntes Familiensystem für die Heiratsvermittlung ist. Als Außenseiter hätte Jimmy niemals ein unverheiratetes Mädchen sehen dürfen. Aber als Familienmitglied hatte er freien Zugang zum Haus. Und da die Regeln besagten, dies sei der Familienbereich, stillten die Frauen fröhlich ihre Babys oder flitzten halbbekleidet herum.

Wann immer ich auftauchte, warf eine meiner Cousinen ihm ein kleines Kind in die Arme. Er setzte sich damit in Positur, zwirbelte ein wenig seinen Schnurrbart, und die Frauen gurrten bewundernd. Jimmys achtunddreißig Jahre und sein angesehener Posten beim Militär machten ihn zu einer erstrebenswerten Partie, selbst wenn er ziemlich klein, dick und o-beinig war. Peinlicherweise sprach er im Kolonial-Slang der Zwanziger Jahre. »Das ist ja putzig!«, rief er, als ihm wieder einmal ein Kind in den Schoß geworfen wurde. Das Kind hatte eine Hasenscharte – die wenig verwunderliche Folge davon, dass meine Familie ihre Gene unbedingt bei sich behalten wollte.

Es war alles sehr verwirrend. Weit weg, in England, als Kind und Enkel aus »Mischehen«, hatte ich mir den unverbrüchlichen Glauben bewahrt, ich sei Afghanin. Jimmy jedoch war schon nach einer Generation und nur dreißig Meilen jenseits der afghanischen Grenze zu einem Pakistani geworden.

Während Jimmy das Kind hätschelte, warfen mir meine Cousinen bedeutungsvolle Blicke zu. Mir wurde warm ums Herz. Sie wünschten sich genauso sehr wie ich, dass ich hier blieb. Sie wünschten sich, dass ich ihre Schwester wurde.

Während des Essens hielt Onkel Mirza Vorträge: »Niemand außer den Afghanen hat es je gewagt, die mächtige britische Armee zu verhöhnen. Afghanen schrecken nie davor zurück, das Unmögliche zu versuchen. 1919 wartete König Aman Ullah Khan nicht ab, bis die Briten in Afghanistan einmarschiert waren. Er schickte seinen berühmten General Nadir Khan über den Hindukusch, durch angeblich unpassierbares Gelände, und ließ ihn ins Britische Empire einfallen! Dieser Mut ist schuld daran, dass es den Briten nie gelang, aus uns eine richtige Kolonie zu machen.«

Nun tobte jenseits der Grenze wieder ein Krieg in Afghanistan. Von Peschawar aus wurde der Widerstand der Mudschaheddin organisiert, aber in dieser Zeit des Kalten Krieges glaubte die Welt nicht, dass sich ein »sowjetisiertes« Land jemals aus der Umklammerung lösen könne. Die Mudschaheddin wurden vom Westen als tapfer, aber etwas wunderlich angesehen.

Onkel Mirza schenkte mir aus dem Samowar, den ein Diener herumtrug, eine Tasse süßen schwarzen Tee ein. Er wurde mit Kondensmilch gemischt, immer noch »Carnation Milk« genannt, eine weitere versteckte Erinnerung an die britische Herrschaft. Dann fuhr er mit seiner Geschichtsstunde fort. »Erst im Zweiten Weltkrieg erkannten die kolonisierten Völker allmählich, was die Afghanen immer schon gewusst hatten: dass die Briten nicht unfehlbar waren. Als ich in Burma war, versteckten sich die Japaner in den Bäumen und schossen auf uns herunter. Schreckliches Blutbad. Wir schauten uns nach unseren britischen Offizieren um und merkten, dass sie die Eingeborenen-Truppen nach vorne geschickt hatten. Das war ein wichtiger Augenblick: Damals merkten wir, dass die Briten Angst hatten.« Ich wusste, dass er mit diesem Bericht über die Demütigung und Feigheit der Briten, der Supermacht seiner Tage, einen Zweck verfolgte. Damit wollte er uns – und vielleicht auch sich selbst – sagen, dass es der Mühe wert sei, den Kampf gegen die Sowjetunion weiterzuführen. Dass wir diesen Krieg jenseits der Grenze nicht mit den pessimistischen Augen der restlichen Welt sehen dürften. Dass er ein Teil des sich ständig drehenden Rades der Geschichte sei und man andere Schlachten seinerzeit für ebenso aussichtslos gehalten habe.

»Schließlich lernten wir Salven in die Äste über uns zu feuern«, sagte der Onkel. »Und die Japsen fielen herunter: Plumps! Plumps! Plumps!«

»Plumps! Plumps! Plums!«, wiederholte der Onkel, als schwelge er in einer für uns unsichtbaren, köstlichen Vision. Er schlürfte noch einmal von dem widerlich klebrigen Tee.

»Ich liebe den Krieg«, sagte er milde. »Wahnsinnig.«

»Allah Yar Khan«, meldete ein Diener.

Wir zogen hinaus auf die Veranda, wo auf den hübschen Gartenkorbstühlen eine Art Räuberhauptmann aus alten Zeiten saß. Er trug einen riesigen schwarzen Seidenturban und eine dazu passende Weste. Sein Bart sträubte sich zornig, doch seine Augen hatten das träumerische Grün eines Dichters. Über der Brust hingen ihm Patronen für eine AK-47, seine einzige Konzession an die Moderne, die er nachlässig in der Hand hielt. Er war umgeben von etwa fünfzehn ähnlich gekleideten Männern. Aber Allah Yar Khan hatte etwas an sich, das ihn sofort als den Anführer dieser Gruppe afghanischer Mudschaheddin auswies.

Ein Diener wurde nach köstlichem grünem Tee geschickt,

aromatisiert mit Kardamom und serviert in des Onkels besten Teetassen. Die Männer saßen im Kreis, die Kalaschnikows locker auf den Knien, und nippten vornehm Tee aus feinstem Porzellan. Allah Yar Khan hatte im Garten eine dunkle Buchararose gepflückt und sog nachdenklich ihren schweren Duft ein.

»Mein lieber Junge!«, rief Onkel Mirza. »Was gibt es Neues aus unserer Heimat Paghman?«

Im weichen Persisch der Berge antwortete Allah Yar: »Vor zwei Wochen gab es schwere Kämpfe in Paghman. Viele der Unseren wurden getötet, aber, Allah sei Dank, es gelang uns, den Feind zurückzuschlagen. Er hat uns heftig bombardiert und die Burg, den Wohnsitz unserer Familie, leider irreparabel beschädigt.«

Ich lauschte hingerissen. Solche Reden waren unwiderstehlich für eine Siebzehnjährige. Diese wilden Bergbewohner schienen einer Welt anzugehören, die unglaublich romantisch und gleichzeitig erstaunlich nah war. Sie hatten den Hindukusch überquert und machten davon nicht mehr Aufhebens, als handle es sich um einen Spaziergang. Sie hatten furchtbare Kämpfe mit der Sowjetunion ausgefochten, einem Feind, der so viel besser bewaffnet war als sie, dass der Rest der Welt annahm, sie hätten sich nur aus Naivität an diese Aufgabe gewagt. Und dennoch saßen sie jetzt hier im sonnigen Garten meines Onkels, schnupperten an Blumen und tranken Tee. Sie hatten den Krieg mitgebracht; sie verhießen eine Welt voll Aufregung gleich vor den Toren von Onkel Mirzas prächtigem Haus. Ich sehnte mich danach auszubrechen. Das Familienleben reichte mir nicht mehr.

Die Vorbereitungen für die Hochzeit waren in vollem Gange. Zulfikar, der Bräutigam, saß griesgrämig in dem Sturm, den seine zahllosen weiblichen Verwandten um ihn entfesselten. Der schillernde seidene *shalwar kamis* für die Hochzeit hing ihm schlaff an dem schmächtigen Leib. Der goldene *pughri*, der Zeremonienturban, wirkte auf seinem Kopf ein wenig lächerlich, er war zu prächtig, um mit einer so resignierten Miene getragen zu werden.

Zulfikar schien gleichgültig gegenüber dem Tohuwabohu ringsum, als sei es eine Naturerscheinung, gegen die er machtlos war. Ich fragte mich, was er wohl sagen und ob es ihn überhaupt kümmern würde, wenn er wüsste, dass sein Vater mit dem Gedanken gespielt hatte, in letzter Minute mich als die rechte Braut einzuwechseln.

Genau im Auge des Taifuns saß Tante Karima, angetan mit ihrem prächtigen smaragdgrün-goldenen Hochzeitskleid. Als Mutter des Bräutigams war sie für die Festlichkeiten zuständig. Um die Bedeutung des Ganzen zu unterstreichen, hatte sie ihre gewohnten frommen Bedenken gegen Make-up fallen lassen. Ihr zerfurchtes Gesicht schmückte sich jetzt mit den tuscheverschmierten Wimpern einer Huri und dem Kussmündchen einer Hollywoodschönheit. Stundenlang saß sie neben ihrem Sohn, steckte ihm mit ihren dicken Fingern Leckerbissen zu und unterdrückte hie und da ein Schluchzen. Sie hielt nur inne, um die Bataillone von Frauen zu verwünschen, die auf ihr Geheiß umherschossen.

Die Hochzeit selbst sollte mindestens vierzehn Tage und Nächte dauern. In dieser Zeit mussten drei- bis vierhundert Gäste fürstlich bewirtet werden. In den Küchen schuftete Raj Bibis Mann, der Koch Ikramullah Jan, zusammen mit zahllosen Trabanten, um Berge von dem ganz besonderen Hochzeitsreis zuzubereiten. Alle waren sich einig, dass dieses traditionelle Gericht in rosa, grün und orange seit der Erfindung der synthetischen Lebensmittelfarben wesentlich gewonnen hatte. Von *nouvelle cuisine* hatte Ikramullah Jan noch nie gehört. Er häufte den Pilau auf goldene Platten und bestreute ihn mit Kokos und Orangenschale. Das Entscheidende war die Menge; es ging darum, Eindruck zu machen.

Abends wurde gefeiert. Einmal trugen wir, die Verwandten des Bräutigams, Kerzen zum Haus der Braut. Wieder gab es Pilau, diesmal von der Familie der Braut. Da sie besonders liberal waren, organisierten sie auch eine Disko, zumindest für die Männer. Wir Frauen saßen in unseren farbenprächtigen Gewändern da, nuckelten flaschenweise Sprite durch Strohhalme und taten, als würden wir den Männern nicht zusehen, die sich voll Imponiergehabe im Kreis drehten. Es war, als wohnten wir dem Balzritual einer seltsamen Vogelart bei.

Die Braut war ein stilles, gebildetes Mädchen, etwa achtzehn Jahre alt. Wie viele Afghanen hatte sie blondes Haar und eine blasse Haut. Ihre wohlhabende Familie war vor dem Krieg über die Grenze geflohen, und sie hatte traurige Augen. Die Frauen aus der Familie des Bräutigams malten ihr mit Henna stundenlang komplizierte Muster auf Hände und Füße. Geduldig, ohne Lächeln und Seufzen ertrug sie das Ritual. Vielleicht trauerte sie um die verlorenen Berge ihres geliebten Kabul.

Höhepunkt der Hochzeitsfeierlichkeiten war ein Empfang. Braut und Bräutigam saßen auf einem Podest, um die Glückwünsche der Verwandten entgegenzunehmen. Der

Bräutigam durfte lachen und schwatzen, die Braut dagegen musste vollkommen still dasitzen, den Blick sittsam gesenkt. Vier Stunden lang sah ich keine Bewegung an ihr. Sie schien wie in Trance verfallen. In ihrem goldbestickten *shalwar kamis*, den Hals mit Gold behängt, das Gesicht dick bemalt, Hände und Füße mit Henna verziert, wirkte sie geduckt und besiegt, wie ein Vogel, dem die Flügel gebrochen wurden.

Angesichts dieses lebenden Bildes einer unterwürfigen afghanischen Braut wusste ich plötzlich, dass eine Heirat für mich nie als leichter Weg in den Osten in Frage käme. Die sagenumwobene Heimat meines Vaters war ein Land, das ich mit den Augen des Erzählers gesehen hatte. Vor lauter Verlangen, das Märchen selbst zu erleben, hatte ich etwas verblüffend Augenfälliges übersehen: Der Erzähler war ein Mann. Hier, in der wirklichen Welt, wirkte der Zauber nicht mehr. Ich steckte in meinem Frauenkörper. Wenn ich Freiheit wollte, musste ich mir selbst meinen Weg bahnen.

Am nächsten Tag reisten die ersten, nicht ganz so standhaften Verwandten wieder ab. Ich wurde zunehmend gereizter. Dieser Ort der Zugehörigkeit konnte für eine Frau auch ein Gefängnis sein. Vor meinem Besuch bei Onkel Mirzas Familie war mir niemals Freiheit, Bildung oder Anerkennung nur aufgrund meines Geschlechts verweigert worden. Jetzt, als unverheiratetes junges Mädchen, durfte ich ohne Begleitung nicht einmal das Haus verlassen. Mein Bruder stürmte nach Lust und Laune ein und aus. Ihm ging es großartig. Seine Vettern hatten ihm die Waffenfabriken und den Opiummarkt gezeigt, und er hatte in den elenden Teehäusern auf dem Bazar der Geschichtenerzähler Backgammon gespielt. Für ein Mädchen waren derlei Orte nicht schicklich.

Ich verstand allmählich, warum Tante Karima bei all ihrer Intelligenz und Tüchtigkeit auf die Religion zurückgegriffen hatte, um sich ein gewisses Maß an Macht zu sichern. Die Frömmigkeit erlaubte ihr, anderen ihren Willen aufzuzwingen, ein Verhaltensmuster, das Tante Amina sofort durchschaute. Sie und Karima waren gerade in einer scharfen Kontroverse befangen, ob Nagellack im Islam erlaubt sei. Dabei ging es eigentlich, das wussten beide Frauen, um die Vorherrschaft im Haushalt. Amina war dazu übergegangen, wortreich die Sprüche ihrer Vorfahren zu zitieren, die sich zufällig etwas geradliniger auf den Propheten zurückführen ließen als die von Tante Karima. Doch noch lag Karima vorn, dank eines strengen Programms freiwilliger Extragebete: Tagsüber und bis weit in die Nacht hinein verließ sie nur selten ihre Gebetsnische. Ich beobachtete den Kampf der Titaninnen mit Interesse, wusste aber, dass ich bei diesem Spiel nicht mitmachen konnte. Es dauerte Jahre, bis man in der Hackordnung ganz oben ankam. Das war eine Frage des Alters.

Zum ersten Mal im Leben wünschte ich mir, ich wäre als Junge geboren. Ich fand, es war Zeit, die Sache selbst in die Hand zu nehmen. Ich beschloss, die Regeln so ungeheuerlich zu verletzen, dass meine Familie entweder mitspielen oder mich verstoßen musste. Mein Haar war bereits kurz geschnitten, und mit siebzehn hatte ich immer noch etwas Knabenhaftes an mir. In einem *shalwar kamis* meines Bruders ging ich zum Frühstück hinunter, als wäre nichts geschehen. Ich hoffte auf die notorische Geistesabwesenheit meines Onkels. Tante Karima knurrte vor Entsetzen, als sie mich sah. Sie fand es höchst unschicklich, dass ein junges Mädchen Männerkleider trug. Doch ich war ein Gast. Sie konnte mir nicht befehlen, mich umzuziehen. So weit, so gut. Der Onkel schien mein Aussehen nicht zu beachten.

Den ganzen Vormittag lauschte ich Onkel Mirzas Geschichten über den Krieg. Um elf Uhr schauten wir uns seine Ordenssammlung an. Beim Mittagessen nannte er mich bereits einen »prächtigen Jungen« – genau das hätte ich für ihn natürlich auch sein sollen.

Nachmittags fragte ich, ob es möglich sei, ein afghanisches Flüchtlingslager in der Nähe zu besuchen. Der Onkel strahlte. »Natürlich, mein lieber Junge. Ich hatte ohnehin vor, nach Nasirbagh zu fahren – das ist eines der größten Lager – und Geld zu verteilen. Wir brechen sofort auf.«

Der Onkel setzte seinen Hut auf, und wir stiegen in seinen klapprigen Toyota und fuhren los. Onkel Mirzas Haus befand sich im Cantonment, dem ehemaligen britischen Militärgelände von Peschawar. Nach der Unabhängigkeit waren die pakistanischen Beamten einfach in die hübschen weißen Villen ihrer früheren britischen Herren gezogen. Ausrangierte Kanonen bewachten noch immer die Auffahrten. Bäume, deren Stämme genau so hoch gekalkt waren, wie gewissenlose Ziegen hätten knabbern können, säumten die breiten Alleen.

Das Cantonment wirkte durch und durch britisch. Nur hie und da schien etwas nicht ganz stimmig. Mal stapfte ein Wasserbüffel daher, getrieben von einem zerlumpten Hirten. Oder wir fuhren plötzlich an einem Waffengeschäft vorbei: »Abdul Qadir, Modern Arms Store.« Was war an einem Waffengeschäft modern? Wozu brauchte man moderne Waffen?

Alle paar Meter zeigte der Onkel auf ein Wahrzeichen dieses Grenzortes. »Wohnsitz des Truppenkommandeurs der Nordwest-Grenzprovinz … Gouverneurspalast … Kadettenschule … Militärkrankenhaus.«

Außerhalb des Cantonments gewann das vorher nur angedeutete Chaos die Oberhand. Ruckelnd fuhren Rikschas an Ochsenkarren, Ziegenherden und Frauen vorbei, die von Kopf bis Fuß in die Burka gehüllt waren. Afghanische Lastwagen rumpelten daher, geschmückt mit bunten Bildern, mal von den Huris des Paradieses, mal von Raketenwerfern. Auf der Seitenverkleidung prankte die Herkunft: Kabul, Dschalalabad, Kandahar und Herat. Die Laster blieben selten auf einer Straßenseite, das entsprach nicht dem freien Geist der Paschtunen. Schließlich hatten sie auch eine Staatsgrenze und den Frontverlauf zwischen den Supermächten ignoriert.

Als mein Onkel und ich in seinem zerbeulten Toyota Corolla dahinzockelten, fragte ich ihn etwas, was mich schon eine Weile beschäftigte. Würde er sich nach all diesen Jahren als Pakistani oder als Afghanen bezeichnen? Er lächelte. »Ich habe Pakistan vom Tag seiner Gründung an treu gedient. Ich habe vor seiner Flagge salutiert. Ich habe es im Krieg verteidigt und im Frieden mitgeholfen, eine Nation aufzubauen. Zweifellos bin ich Pakistani. Aber ein Afghane zu sein …« Er lächelte. »Das ist eine Frage der Geisteshaltung. Ein Afghane lässt sich nichts sagen.«

Wir befanden uns auf einem geraden Straßenabschnitt. Ein schwerfälliger Laster kam uns auf der falschen Straßenseite entgegen. Anstatt auszuweichen, blieb Onkel Mirza, wo er war. »Ein Blatt Papier kann dich zum Pakistani machen«, sagte er, »aber um ein Afghane zu sein, muss man sich ständig selbst ins Zeug legen.«

Der näher kommende Lastwagen war mit wild aussehenden Paschtunen beladen, die offenbar nicht die Absicht hatten auszuweichen. Onkel Mirza sagte: »Ich bin Offizier der pakistanischen Armee. Sie müssen anhalten.«

»Aber Onkel, du trägst Zivilkleidung. Woher sollen sie das wissen?«

»Allahs Wille geschehe.«

Der Laster fuhr weiter, wild hupend. Was mich am meisten erschreckte, war die Tatsache, dass die Paschtunen auf der Ladefläche offenbar jeden Augenblick genossen. Sekunden vor dem Zusammenstoß hörte ich sie wie verrückt jubeln. Die unaufhaltsame Kraft traf auf das unbewegliche Objekt. Ich schloss die Augen. Es gab einen schrecklichen Krach, und zu meiner Überraschung stellte ich fest, dass ich noch lebte. Der Laster war ausgewichen, aber so spät, dass er die Motorhaube des Toyota seitlich geschrammt hatte.

Die freundlichen Paschtunen kletterten heraus. In ihrem rauen Dialekt klangen die besorgten Fragen wie Donnergrollen über dem Gebirge. Sie waren es gewohnt, sich von Berggipfel zu Berggipfel zu unterhalten, sie kannten nichts Leiseres als Gebrüll. Sie schlugen dem Onkel auf die Schulter. Er hatte zwar den größeren Schaden davongetragen, aber er hatte die Nerven behalten. In diesem ungleichen Wettkampf war er der unbestrittene Sieger.

Kurz nach diesem Zusammenstoß erzählte mir der Onkel einen Witz darüber, was es bedeute, Afghane zu sein. Ich habe nie feststellen können, ob er damit sein Verhalten rechtfertigen wollte.

Ein iranischer Kaufmann begab sich auf eine gefährliche Reise. Er verkleidete sich als Afghane, da sich mit diesen unberechenbaren rauen Gesellen niemand anlegen mochte. Unterwegs begegnete er einem echten Afghanen. Dieser zog seinen Krummdolch und sagte: »Ich werde dich töten – hast du Angst?« Der Kaufmann bejahte. »Und gibst du mir alles Geld, was du hast, wenn ich dein Leben schone?« Der Kaufmann erklärte sich einverstanden. »Na, dann bist du kein Afghane. Du hast Angst vor dem Tod, und du würdest dir dein Leben mit Geld erkaufen. Ein echter Afghane lässt sich von so etwas nicht aus der Fassung bringen.«

1982 gab es schon zweieinhalb Millionen afghanische Flüchtlinge allein in Pakistan. Mit jedem Tag kamen mehr.

Nasirbagh war eines der besseren Lager. Zwischen den Zelten wuchsen Lehmhütten aus der roten Erde. Die Flüchtlinge waren Bergbewohner. In ihren Augen lag sprachloses Erstaunen darüber, dass sie sich hier in dieser staubigen Wüste befanden. Den ganzen Tag schien eine gleißende Sonne auf sie herab. An die Stelle der gluckernden Bäche Afghanistans war ein Kanal mit abgestandenem Wasser getreten, in dem die kleinen Jungen weiterhin unbedingt schwimmen wollten. Von dem fauligen Wasser und dem ungewohnten Staub bekamen die Kinder Augenkrankheiten und Atembeschwerden. Niemand machte den Flüchtlingen Hoffnung auf Arbeit oder bessere Lebensbedingungen oder darauf, dass sie jemals das Lager verlassen und neu anfangen könnten. Die internationale Gemeinschaft wollte die Mär von der baldigen Heimkehr aufrechterhalten.

Jeden Tag standen sie Schlange für ihre Ration Mehl und Öl. Jeden Tag warteten sie auf Nachrichten von der Front, wo ihre Verwandten kämpften. Jeden Tag, jeden Augenblick gingen Gerüchte im Lager um. Es war eine ganz eigentümliche Lageratmosphäre, die ich nie vergessen werde. Überall war eine unbeschreibliche Hysterie zu spüren. Aller Augen folgten mir. Wenn ich vorbeiging, streckten sich Arme nach mir aus wie nach einem Magnetpol.

Eine alte Frau, noch immer in dem Festkleid, das sie auf der Flucht getragen hatte, winkte mich in ihr Zelt. Dort saßen zusammengepfercht ihre drei Töchter und viele Enkelkinder. Ein Baby lag auf einem Haufen Lumpen. Es fieberte und atmete schwer. Die Familie besaß einen schwarzen Kessel, der an zwei Stöcken über dem Feuer hing. Außer einem Sack Mehl war das alles.

Pantomimisch stellten sie Bomben und Geschütze dar und erzählten, sie kämen aus der Provinz Kunar. Eines Tages hätten Hubschrauber ihr Dorf angegriffen. Die gesamte Ernte und die Tiere, alles wurde zerstört. Noch am selben Tag brachen sie Richtung Pakistan auf und wanderten schließlich wochenlang übers Gebirge. Unterwegs erlebten sie einen Angriff. Eine von ihnen trug ihr Kind auf dem Arm. Während sie es hielt, wurde es von einem Schrapnellsplitter getötet. Er riss ihm die Schädeldecke weg. Die Mutter des Babys, ein hübsches, zierliches Mädchen, wurde nach vorn geholt, um die Geschichte zu bestätigen.

Ich taumelte aus dem Zelt, aber als ich ins nächste trat, hörte ich die gleiche Geschichte noch einmal, und die Leuten schworen, sie sei ihnen passiert.

Ich dachte: Ich bin Zeuge, wie ein Mythos geboren wird.

Es war eine Art emotionaler Rückkopplung, als würden die grauenvollen Erlebnisse, Traumata, Hoffnungen und Ängste eines jeden Einzelnen in ein riesiges schwingendes System eingespeist, wo sie sich hochschaukelten, bis sie sich ins Überdimensionale verzerrten. Bis sie schließlich eine eigene, unaufhaltsame Kraft entwickelten und Gemeingut wurden.

Onkel Mirza schien das Elend und den Schmutz des Lagers Nasirbagh nicht zu bemerken. Als abgemagerte Kinder auf ihn zugelaufen kamen, verteilte er ein paar Bonbons und freute sich über das anschließende Handgemenge. Er verhandelte kurz mit dem pakistanischen Lagerverwalter, einem dünnen Federfuchser, dessen müder, resignierter Blick zeigte, dass er nur zu gut wusste, was ihm bevorstand.

»Hallo, junger Mann. Ich bin mit meinem Jungen gekommen, um ein wenig Geld an diese unglücklichen Frauen und Kinder zu verteilen.«

»O nein, Oberst, Sie wissen doch, dass die Vorschriften so etwas verbieten. Warum lassen Sie Ihre Spenden nicht über die richtigen Kanäle laufen? Vielleicht die UNO …«

Der Onkel schlug ihm so herzlich auf die Schulter, dass dem kleinen Mann die Brille von der Nase flog.

»Seit wann ist das Geben von *zakat*, von Almosen für die Armen – wie Sie wissen, eine Verpflichtung für jeden Muslim – in einem muslimischen Land verboten? Bringen Sie mir einen Klapptisch!«

In der am wenigsten staubigen Ecke des Lagers wurde ein Tisch aufgestellt. Innerhalb von Sekunden hatte sich eine lange Schlange gebildet. »Ich bitte Sie, um Ihrer eigenen Sicherheit willen …« Mit einem Blick brachte mein Onkel den kleinen Bürokraten zum Schweigen.

Es war eine Prozedur, die sich regelmäßig wiederholte. Seit seine Landsleute über die Grenze strömten, nahm mein Onkel von Zeit zu Zeit einen Teil seiner Ersparnisse und verteilte das Geld an Flüchtlinge, die darum baten. Das machte Tante Karima wütend, aber der Onkel ließ sich nicht einschüchtern, weder von ihren Strafpredigten noch von der augenscheinlichen Sinnlosigkeit seiner Geste angesichts dieser unermesslichen Flut von Not.

Die Flüchtlinge wussten, wie es ablief. Einer nach dem anderen traten die Familienoberhäupter – oft nur Kinder – vor den Tisch meines Onkels, Menschen, die nie zuvor hatten betteln müssen. Es begann mit einem umständlichen Begrüßungsritual. Jeder erzählte ihm die Geschichte seiner Familie: Woher sie kamen, was sie durchgemacht hatten und wer unterwegs gestorben war. Der Onkel hätte ihr Stammeschef sein können, so selbstverständlich verteilte er, was er geben konnte, an jeden, der es brauchte.

Um die Zeit des Nachmittagsgebetes hatten wir alles ausgegeben, was wir hatten: 20 000 Rupien. Damals waren das etwa 800 Pfund, ein Vermögen für meinen Onkel. Aber die Schlange aus Flüchtlingen war länger denn je. Ich las Entsetzen, Enttäuschung und schließlich Wut in dem Gewirr von Gesichtern rings um den Tisch.

Ich wurde unruhig. Der pakistanische Bürokrat hatte sich längst davongeschlichen. Es würde einen Aufstand geben. Unbeirrbar packte der Onkel seine Siebensachen zusammen, und wir fingen an, uns einen Weg durch die Menge zu bahnen. Frauen griffen nach dem Saum unserer Kleider mit der typischen Geste flehentlichen Bittens. Das Ausmaß ihrer Not war körperlich spürbar. Es war wie ein Schlag. Wir konnten nichts mehr tun, um sie zu lindern. Ich war den Tränen nahe – vor Wut über die Vernichtung eines ganzen Volkes und aus Angst um uns beide.

Da teilte sich die Menge. Auf einem schönen Schimmel kam uns Allah Yar Khan entgegengeritten. Mir war, als würden wir in die Zeit der Ritter zurückkatapultiert. Er begrüßte uns rasch auf die traditionelle Weise.

»Mögen Sie niemals müde werden, werter Oberst.«

»Mögest du niemals unglücklich sein«, erwiderte der Onkel, als sei die Rettung durch einen afghanischen Freiheitskämpfer zu Pferd eine alltägliche Begebenheit.

»Ich habe Sie überall gesucht. Es hieß, Sie seien hier. Wir haben eine Schwerkranke, die ihre Hilfe braucht.«

Für den guten Oberst war eine Bitte um Hilfe wie Nektar für eine Biene. Wir sprangen in seinen klapprigen Toyota. Mit Allah Yar als Führer zu Pferd holperten und rollten wir durch die Barackensiedlung, die in der Nähe des Lagers entstanden war.

Am Kanal trafen wir auf eine noch seltsamere Prozession. Sechs Männer, deren Gewehre und Patronengurte sie als Mudschaheddin auswiesen, trugen ein verhülltes *charpoy*, ein Holzbett, das zu einer Behelfsbahre umfunktioniert worden war.

Allah Yar hielt sofort an und stieg ab. Die Krankenträger stellten ihre Last im Schatten eines Mangobaums ab. Behutsam zog Allah Yar die Decke zurück.

Unter dem Leintuch lag eine Frau. Ihr Atem ging rasselnd und schnell. Sie schien nichts wahrzunehmen. Alles, von den zarten Händen, die schlaff auf dem Leintuch lagen, bis zu der geraden afghanischen Nase, den hohen Wangenknochen und den halb offenen Augen, die in der Fieberglut nichts sahen – alles war leuchtend gelb.

»Gelbsucht«, murmelte der Onkel.

Der Anführer sah meinen Onkel grimmig an. »Kein Mann außerhalb der Familie hat jemals das Gesicht meiner Frau gesehen«, sagte er. »Jetzt bin ich als Flüchtling in einem fremden Land und habe keine Verwandten, an die ich mich wenden kann, nur Sie, meinen *ham-watan*, meinen Landsmann aus Paghman. Bitte, bringen Sie meine Frau ins Krankenhaus, damit sie geheilt wird.«

Der Onkel warf einen Blick auf die Frau und trat sofort in Aktion. In unserem Auto konnten wir den *charpoy* nicht verstauen, also trat er seelenruhig auf die Straße und hielt einen Landrover der pakistanischen Polizei an.

»Meine Güte, das ist doch nur so eine verdammte afghanische Flüchtlingsfrau«, sagte der Polizist.

»Ich bin Oberst der pakistanischen Armee, und damit ist dies eine Angelegenheit der Armee«, erwiderte mein Onkel.

Wir fuhren im Konvoi zum Militärkrankenhaus, in das Onkel Mirza trotz seiner Zivilkleidung äußerst gebieterisch hineinstürmte. Nach der Miene des Dienst habenden Offiziers zu urteilen, war er ein vertrauter Anblick.

»Dies ist ein Militärhospital«, versuchte der Arzt einzuwenden. »Sie wissen genau, dass es nur für Militärs und deren Angehörige gedacht ist.«

Mein Onkel setzte seine liebenswürdigste Miene auf. »Diese Frau kommt aus meiner Heimat, sie steht unter meinem Schutz und gehört deshalb zu meiner Familie«, erklärte er. »Bedenken Sie, Allah belohnt die Gerechten – handeln Sie entsprechend.«

Wozu brauchte ich Märchen? Ich war in eine Welt geraten, in der junge Krieger tatsächlich auf weißen Pferden dahergeritten kamen und mein Onkel eine Maid aus höchster Not errettet hatte. Für mich gab es keinen Zweifel: Die Mudschaheddin waren stolz und edel. Der romantische afghanische Kampf war genauso, wie er sich nach außen darstellte. Die Legende war wahr, und ich lebte mittendrin.

Aber noch musste ich die Sache mit der Heirat regeln. Jimmy war inzwischen auf seinen Luftwaffenstützpunkt nach Quetta zurückgekehrt und schickte mir von dort eine nicht enden wollende Flut fürstlicher Geschenke: wundervolle Baluchi-Stickereien, Schals und feine Pantoffeln.

Neugierig besah ich mir diesen Schatz, als Tante Karima mir meldete, mein Verlobter sei am Telefon. Jimmy war ihr Liebling und mit ihr wesentlich enger verwandt als mit der Familie meines Onkels. Sie fühlte sich berufen, die Heirat zustande zu bringen.

Sie gab mir den Telefonhörer, und Jimmy servierte mir einen Satz, den er offenbar direkt aus einem Hindi-Film geklaut hatte: »Bei uns wird es eine Liebesheirat, *ach-cha*?«

Das reichte. Ich knallte den Hörer auf, ging hinaus und suchte Tante Amina. Sie ließ mich ausreden, dann sagte sie: »Na, ich bin froh, dass du dir endlich diese alberne Suche nach den eigenen Wurzeln aus dem Kopf geschlagen hast. Aber jetzt muss ich dich wohl aus diesem Schlamassel rausholen. Warte hier, ich zieh mir was Imposanteres an.« Damit rauschte sie in ihr Zimmer und tauchte drei Minuten später in einem herrlichen Kaftan wieder auf. Um ihre Gegnerin zu übertrumpfen, trug sie nicht ein, sondern drei Kopftücher in verschiedenen Größen und Farben. Außerdem hatte sie sich, um sich für den Streit zu rüsten, Augenbrauen von furchterregender Schwärze und Wölbung aufgemalt. Sie sah aus wie der Inbegriff eines herrschsüchtigen islamischen Hausdrachens.

Karima saß in ihrer Nische, ließ die Perlen ihrer Gebetskette durch die Finger gleiten und murmelte Verwünschungen gegen meinen Onkel. Amina stürmte ins Zimmer und stieß die Dienstboten wie Gerümpel zur Seite. Ich schaute durchs Schlüsselloch des Schlafzimmers zu. Nach ein paar Sekunden klopfte es an mein Fenster. Die kleine Raj Bibi war vor dem drohenden Sturm geflohen und wollte nun aus sicherer Entfernung an dem aufregenden Ereignis teilhaben. Ich half ihr, in mein Zimmer zu klettern, und machte für sie Platz am Schlüsselloch. Ich spürte eine seltsame Verwandtschaft mit diesem verlorenen Geschöpf, als wären wir zwei Jungfrauen aus einem viktorianischen Roman, die nur an der Kammertür lauschen durften, während andere über ihr Schicksal entschieden.

Im Salon näherte sich Amina wie ein Schiff mit vollen Segeln. Es war, als beobachteten wir zwei Galeonen, die sich vor der Schlacht umkreisten.

»Dein Verwandter Jimmy«, erklang Aminas Eröffnungssalve, »hat meiner Nichte gegenüber obszöne Bemerkungen gemacht –« Karimas Mund öffnete sich, aber noch ehe sie zu Wort kam, feuerte Amina ihr schwerstes Geschütz ab: »– am *Telefon*!«

»Wie kannst du es wagen …«, begann Karima. Das lieferte Amina genau den Anlass, den sie brauchte, um zum Todesstoß auszuholen.

»Was, unterstützt du etwa dieses unanständige Benehmen? Sind wir denn in einem amerikanischen Kino? Leben wir vielleicht in einem Hollywoodfilm? Seit wann dürfen junge Menschen unterschiedlichen Geschlechts am Telefon miteinander reden? Geschweige denn – wie es dein Neffe leider getan hat – von Liebe? Seit wann hat Liebe etwas mit Heirat zu tun? Was für ein absurder, gefährlicher Gedanke! Wer hat denn den Anruf dieses Raubtiers an meine Nichte weitergegeben?«

Karima sah aus, als ringe sie nach Luft. »Ich habe nicht gedacht …«, begann sie.

»Du hast nicht gedacht? Eine Frau in deinem Alter und deiner Stellung? Eine Frau, von der ich bis jetzt geglaubt habe, sie nehme Rücksicht auf Anstand und Religion?« Amina reckte sich zu ihrer vollen Größe empor. Ihre Kopftücher, von den Deckenventilatoren aufgewühlt, flatterten wie siegreiche Banner. Karima war nicht einfach nur überrumpelt – nein, sie war auch noch auf dem Feld der Religion besiegt worden.

Es war Zeit für den Gnadenstoß. »Meine Nichte ist eine Rose, die noch nicht gepflückt wurde«, donnerte Amina. »Als ihre Tante und Anstandsdame muss ich dafür sorgen, dass dieser glückliche Zustand anhält. Ich weiß, dass ich auch im Sinne des Vaters dieses Mädchens spreche, wenn ich sage, dass eine Heirat unter solchen Umständen – egal, wie eng die Familienverbindungen sind – auf keinen Fall mehr in Frage kommt. Die Verlobung ist gelöst. Guten Abend.«

Ein garstiges, unmenschliches Geräusch drang aus Tante Karimas Kehle. Sie hatte die Schlacht um die moralische Vorherrschaft verloren und anscheinend auch den Kampf um ihre geistige Gesundheit. Mit rauer Stimme und hängendem Unterkiefer, was ich besonders unansehnlich fand, hatte Tante Karima gebellt wie ein Hund.

Wieder im Schlafzimmer, feierten Tante Amina, Raj Bibi und ich den Sieg.

»Du warst großartig«, sagte ich. »Du hast sie mit ihren eigenen Waffen geschlagen.«

Amina warf mir einen vernichtenden Blick zu. »Das ist noch gar nichts gegen damals, als mein Vater mich dem albanischen Thronanwärter versprochen hatte. Um da wieder rauszukommen, brauchte ich eine ganze Woche. Und selbst dann wäre es vielleicht ganz anders ausgegangen, wenn nicht er achtzehn und ich dreiundvierzig gewesen wäre.«

Anderntags wurde Jimmy von der wütenden Karima nach Peschawar zurückbeordert. Er hatte nur gehört, dass er mit einer schrecklichen Nachricht rechnen müsse, entfernte sich also mit seiner Mirage unerlaubt von der Truppe und erschien am nächsten Morgen in der Villa des Onkels. Ich lag im Bett und lauschte auf die befriedigenden Geräusche von Jimmys Ankunft. Als er an der Schwelle den Kopf hob, um traditionsgemäß den Koran zu küssen, kam seine Stirn stattdessen mit einer schweren Eisenpfanne in Berührung, geschwungen von der verstörten Tante Karima.

Nach reiflicher Überlegung beschloss ich, seine Geschenke zu behalten. Über Jimmy wurde nie wieder ein Wort verloren.

Noch am selben Nachmittag kam Allah Yar Khan auf seinem Schimmel zu Besuch. Der Onkel und ich saßen friedlich zusammen auf der Veranda. Tante Karima hatte sich nach einem schlimmen Wutanfall in ihr Zimmer eingesperrt und war glücklicherweise weder zu hören noch zu sehen. Allah Yar Khan stieg ab und reichte dem Onkel einen Apfel.

»Er stammt aus Ihrem Garten in Paghman«, sagte er. »Das ist alles, womit ich Ihnen danken kann. Meiner Frau geht es viel besser, und wenn Allah es will, wird sie gerettet.«

Der Onkel reichte den Apfel an mich weiter. »Nimm du ihn, mein Junge, denn dann kommst du wieder«, sagte er. »*Az khude ma hasten*, du gehörst zu uns.«

Ich lächelte und steckte den Apfel in die Tasche. Tief in meinem Inneren wusste ich, dass er Recht hatte.

Kapitel Fünf

Einst stellten Hindus in einem Zelt einen Elefanten zur Schau, und viele Menschen versammelten sich, um dieses Wunder zu bestaunen. Doch da es im Zelt zu dunkel war, um den Elefanten zu sehen, mussten sie sich mit den Händen eine Vorstellung von ihm machen.
Einer betastete seinen Rüssel und erklärte, das Tier sei wie ein Schlauch. Ein anderer befühlte sein Ohr und sagte, es müsse ein riesiger Fächer sein. Ein Dritter fasste an sein Bein und hielt es für eine Säule. Wieder ein anderer fuhr ihm über den Rücken und rief: »Ihr irrt euch alle, Brüder, dieses Geschöpf ist nichts anderes als ein großer Thron.«

Dein äußres Auge ist wie die Handfläche:
Sie erfasst nicht das Ganze.
Ach du, der du im Boot deines Körpers liegst:
Du siehst nur das Wasser. Schau doch das Wasser
unter den Wassern!

Dschalaluddin Rumi, Mathnawi

Zahir Shah trug denselben Namen wie der im Exil lebende König von Afghanistan, aber es gab keinen Zweifel, welcher von beiden stolzer auf sich sein konnte. Während der frühere König sein Reich verloren hatte und in Rom residieren musste, war Zahir Shah unumstrittener Befehlshaber einer Bergfeste am Rande des Hindukusch. Während der König fast kahl war, besaß Zahir Shah einen herrlichen Bart und Schnurrbart. Außerdem verfügte er über eine Menge moderner Waffen, meist amerikanischer Herkunft. Und hier in den Stammesgebieten beiderseits der pakistanisch-afghanischen Grenze sind ernst zu nehmende Waffen wirklich wichtig. Bis heute wagt keine Zentralregierung dieses Gebiet zu verwalten: hier herrschen nur die AK-47 und der uralte Ehrenkodex der Pathans, das Paschtunwali.

Als Zahir Shah den riesigen Teller Pilau leer gegessen hatte, der mit ranzigem Schaffett gewürzt war, wischte er sich die fettbeschmierten Hände an seinem üppigen Bart ab. Er fing meinen Blick auf, und sein Lächeln enthüllte einen bestürzenden Mangel an Schneidezähnen. »Mein Bart ist das Symbol meiner Männlichkeit«, sagte er. »Warum soll er nicht auch essen?«

Er tastete nach der Westentasche, die sich unter einem beeindruckenden Gehänge aus Patronengurten und Granaten verbarg. Aus ihren Tiefen tauchte ein rosa Plastikspiegel samt Kamm auf. Er begann seinen Schnurrbart zu kämmen und bewunderte mit kaum unterdrücktem zufriedenem Gemurmel sein knorriges, furchteinflößendes Spiegelbild.

Ringsum saßen Zahir Shahs Gefolgsleute und schauten respektvoll schweigend zu. Keiner von ihnen hatte einen so schönen Bart, keiner eine so breite Brust. Deshalb war er auch der Chef.

Es war eine bunte Mischung. Bei mindestens einem legten die eingesunkenen Wangen, die fiebrigen Augen und das übermäßige Phlegma den Schluss nahe, dass er TBC im Endstadium hatte. Das jüngste Mitglied der Bande war ein Junge von höchstens zwölf oder dreizehn Jahren. Ihn behandelte Zahir Shah mit besonderem Wohlwollen, was ich etwas beunruhigend fand.

»*Gandom*«, sagte der Anführer und kniff den Jungen in die Wange. »Dieser Junge hat eine weizenfarbene Haut. Sie ist sehr schön.« Plötzlich schielte er zu mir herüber. »Deine Haut ist auch weizenfarben.«

Ich merkte, dass Spiegel und Kamm zusammengehörten. Sie lagen in einem kleinen Pappkarton mit der stolzen Aufschrift »Modisches Kamm-Set, Afridi-Herrenartikel, Kohat«.

Wir waren im Gebiet der Afridi, eines der Stämme, die zu beiden Seiten der pakistanisch-afghanischen Grenze leben. Der Aufenthalt in den Stammesgebieten, beschönigend »von den Stämmen verwaltete Zonen« genannt, ist für Ausländer streng untersagt und außerdem äußerst gefährlich.

Nicht zum ersten Mal fragte ich mich, was um alles in der Welt ich hier tat, in einer Festung irgendwo in dieser gesetzlosen Zone, plaudernd mit einem paschtunischen Befehlshaber, mit dem ich illegal nach Afghanistan einreisen wollte.

Ich war einundzwanzig Jahre alt und hatte die Prophezeiung meines Onkels wahr gemacht: Ich war zurückgekehrt. Aber diesmal hatte ich endlich rebelliert. Ich war nicht zufrieden mit dem Afghanistan unserer Sagen und Legenden. Ich wollte Tatsachen – und war entschlossen, die Wahrheit selbst herauszufinden.

Ich hatte mich jahrelang auf diese Reise vorbereitet. An der Universität studierte ich Persisch und Arabisch. Ich hörte

Vorlesungen über Kriegskunst. Um meine Nerven zu stählen, sprang ich mehrmals mit dem Fallschirm ab. Vor allem verschlang ich jede noch so winzige Nachricht über Afghanistan. Die Zeitungen setzten an die Stelle der Gärten und Brunnen meiner Kindheit eine kommunistische Diktatur und ein Heer edler Widerstandskämpfer, die einen Krieg führten, den sie unmöglich gewinnen konnten. Immer dachte ich, dass sie vielleicht nur die eine Mythenwelt durch eine andere ersetzt haben.

Da sich Afghanistan im Krieg befand, beschloss ich, Journalistin zu werden. Ich begann meine Suche nach der Wahrheit, indem ich in den Redaktionen der Fleet Street mit Lügen hausieren ging: Ich spreche fließend Persisch, ich kenne die meisten Mudschaheddin-Führer persönlich, ich bin eine erfahrene und kampferprobte Reporterin. Es war erstaunlich, dass mir erwachsene Menschen in verantwortungsvollen Positionen selbst diese haarsträubenden Lügen abnahmen.

Damals merkte ich es nicht, aber unbewusst folgte ich den Spuren eben der Mythen, die ich hinter mir zu lassen versuchte. Es war einmal ein Flickschuster names Maruf, der sich Geld von verschiedenen reichen Kaufleuten lieh, indem er behauptete, eine reiche Karawane befinde sich schon auf dem Weg zu ihm. Doch bald glaubte Maruf selbst an das Märchen, das er in die Welt gesetzt hatte. Statt das Geld anzulegen, gab er es aus. In dem Maße, wie seine Schulden wuchsen, vergrößerte sich auch in seiner und aller anderen Leute Vorstellung der wunderbare Schatz seiner sagenhaften Karawane.

Auch ich begann wie Maruf an meine Lügen zu glauben.

Mir gefiel diese unerschrockene Version meiner selbst besser als die Wahrheit. Und mein Selbstvertrauen war ansteckend. Als ich um Akkreditierung bat, lehnte niemand ab.

Marufs Geschichte nahm ein unerwartetes Ende. Gerade als er sich anschickte, in Schande zu fliehen, marschierte ein prächtiger Zug aus juwelenbeladenen Kamelen in die Stadt. Das Märchen, an das er geglaubt und von dem er alle Welt überzeugt hatte, war Wirklichkeit geworden.

Und genau da liegt mein Problem. Je mehr meine westliche Hälfte sich anschickt, Fakten über Afghanistan zu sammeln, desto öfter lande ich bei den Mythen.

Als ich im September 1986 endlich nach Peschawar kam, kratzten sich die Mudschaheddin-Ältesten mit den buschigen Augenbrauen den Bart und ließen den Blick von dieser halben Portion Mädchen zu dem eindrucksvollen Stapel Papier wandern, den ich ihnen auf den Tisch geworfen hatte. Dann willigten sie ein, mich zur Front mitzunehmen.

Um die pakistanischen Kontrollstellen am Rand der Stammesgebiete passieren zu können, gab mir Zahir Shah eine Burka. »Wir können in meinem Wagen fahren; jeder wird annehmen, wir seien Mann und Frau«, schlug er mit einem viel sagenden Blick vor.

Meine unter der Burka begrabenen Sinne waren so angespannt, dass mir alles wehtat. Ich hatte Angst, etwas zu verpassen. Ich lugte auf die verbotene Straße, die uns aus der Dunkelheit entgegenraste. Meine jahrelangen Vorbereitungen erschienen mir sinnlos, absurd. Wie soll man sich darauf vorbereiten, ein Märchen zu betreten?

Zahir Shah und ich unterhielten uns auf Persisch, für uns

beide eine Fremdsprache. Während ich unter den Falten meiner Burka nach Luft schnappte, redete er pausenlos. Er hatte das Gespräch auf ungewöhnliche Weise eröffnet.

»In diesem Dorf lebte früher ein Engländer. Das war ein sehr guter Mensch. Er ließ sich den Bart wachsen, trug *shalwar kamis* und lernte Paschtu. Wenn er nicht so helle Augen gehabt hätte, wäre einem überhaupt nicht aufgefallen, dass er Engländer war.«

»Was hat er denn hier gemacht?«

»Ich weiß es nicht. Ich habe ihn nie gefragt.«

Als es dunkel wurde, hielt er an. »Ich muss noch Gepäck mitnehmen«, sagte er und lief querfeldein. Bald verschwand er aus meinem Blickfeld. Innerhalb von Sekunden erschien eine Schar kleiner Jungen, die das Auto in der lautlosen Dunkelheit so geheimnisvoll und verlockend fanden wie Ameisen Honig. Nach zehn Minuten erschien Zahir Shah wieder und verscheuchte sie mit einer raschen Handbewegung. Das Gepäck, so stellte sich heraus, waren ein grässliches Jagdmesser und sechs oder sieben Kalaschnikow-Magazine.

Die Fahrt ging weiter. Schließlich endete die Straße. Sie verlor sich nicht in einem Feldweg, sie endete einfach. Jetzt fuhren wir plötzlich an einem Flussbett entlang, angefüllt mit fußballgroßen Felsbrocken. Zu beiden Seiten türmten sich die Berge. Manchmal durchquerten wir das Wasser. Endlich hielten wir vor einer Mauer, fast unsichtbar, Schlamm über Schlamm. In der Mauer befand sich eine Tür.

Wir betraten eine ausgedehnte Festung, die um zwei Innenhöfe herum erbaut war. Es handelte sich um Zahir Shahs Burg in den paschtunischen Stammesgebieten, politisch gesehen immer noch innerhalb von Pakistan.

Ich wurde in ein Zimmer geführt, eindeutig die Hochzeitssuite. Von der Decke baumelte Lametta, und über dem Bett steckten glänzende Fähnchen. An den himmelblau getünchten Wänden hingen unpassenderweise Bilder von der Schweiz. Sonst gab es keinen Schmuck, nur ein kompliziertes Muster aus elektrischen Leitungen.

Die Familie scharte sich um uns, zahllose Kinder und eine erschrockene Frau. Sie verschwand rasch wieder und tauchte mit einem zusammengebundenen Tischtuch auf, in dem sich vier alte ungesäuerte Brote befanden. Sie legte sie wie Sets aus.

Zahir Shah warf sich in die Brust. »Ich habe meiner Frau nicht gesagt, dass wir einen Gast haben.«

Nach dem Abendessen fragte sie mich, ob ich grünen oder schwarzen Tee wolle. Grünen, sagte ich. Die Familie debattierte aufgeregt auf Paschtu, und ich glaubte mehrmals, das Wort »Zucker« zu verstehen. Endlich brachte Zahir Shahs Frau den Tee und eine riesige Zuckerdose mit Deckel. Einen Augenblick lang starrten wir beide darauf. Dann ergriff sie kühn einen Teelöffel, fragte mit fester Stimme: »Zucker?«, hielt aber den Deckel fest geschlossen.

»Nein, danke, ich trinke ihn lieber bitter«, antwortete ich auf Persisch.

Ein unmerkliches Aufatmen ging durchs Zimmer. Ohne mit der Wimper zu zucken, reichte mir Zahir Shahs Frau den Tee. Auch Zahir trank ihn ohne Zucker. Als seine Schwiegermutter kam, sagte man ihr auf Paschtu, es gebe keinen Zucker. Wir leerten die ganze Kanne. Die Zuckerdose wurde nie geöffnet. Der Tee schmeckte kräftig, das Wasser duftete warm und lebendig wie ein Moor.

Am nächsten Morgen wachte ich früh auf. Zum Frühstück gab es dasselbe Tischtuch und dieselben vier Brote.

»Sollen wir mehr Brot backen lassen?«, fragte Zahir Shah großspurig. »Das hier ist schon etwas trocken.«

Langsam begriff ich die Spielregeln. »Nein, danke, das ist köstlich«, sagte ich.

Wir aßen Käse und Kekse. Zahir Shah versuchte kraftmeierisch, ein Stück Brot abzubrechen, schaffte es aber nicht und ließ es sein. Wie die Zuckerdose waren die Fladen zu einer bloßen Geste geworden.

Etwas später erschienen die Mudschaheddin. Den ganzen Abend lang füllten sie Patronen mit Schwarzpulver. Kleine Kinder spielten mit den Geschossen und halfen sie aufstapeln. Wie es der Brauch war, wurden die Männer, die nicht zur Familie gehörten, in den Empfangsraum geführt. Ich schlüpfte hinaus und in den Frauenbereich hinüber, wo Zahir Shahs vielgeplagte Frau nervös Melonenschnitze auf einer Platte anrichtete.

»*Mande nabash*«, sagte sie. »Mögest du niemals müde werden.«

»*Jor Bash*, möge es dir gut gehen. Kann ich dir irgendwie helfen?«

»Nein! Nein!«, schrie sie fast. »Du bist ein Gast. Bleib einfach und unterhalte dich mit uns.«

Erst jetzt merkte ich, dass noch zwei andere Frauen im Zimmer waren. »Meine Mutter und meine Schwester«, erklärte meine Gastgeberin. Ich setzte mich mit gekreuzten Beinen nieder, und die Frauen krabbelten herum, um mir Kissen unterzuschieben. Mir gefielen die den Frauen vorbehaltenen Teile des Hauses, die eigentlichen Gemeinschaftsräume in den afghanischen Wohnungen. Ich merkte bald, dass man, wenn man in Häusern mit getrennten Bereichen zu Besuch ist, als Frau besser dran ist. Männer müssen in den nobleren, aber näher am Eingang liegenden Empfangsräumen bleiben und sind zu höflicher Konversation verurteilt. Der Frauenbereich dagegen ist das Herz des Hauses: der geschwärzte Kessel auf dem Feuer, das Durcheinander der Kinder, die ein und aus laufenden Hühner.

Zahir Shah erschien, um seine Kinder unter dem Kinn zu kraulen und seine Frauen glücklich anzulächeln. Hier verlor er das angeberische Auftreten, das er vor seinen Männern wahrte. Er zerschmolz vor Rührung, als seine fünf Jahre alte Tochter an ihm hochkletterte, um ihn zu umarmen.

»Ich habe zehn Kinder«, verkündete er und erlaubte seiner Tochter, ihn in die sorgfältig gekämmten Schnurrbartspitzen zu zwicken. »Jedes einzelne ist ein Geschenk Allahs. Und wenn Allah es will, wird die hier mir noch zwanzig schenken.« Damit stürmte er davon, zurück in die Welt der Männer.

»Hm«, machte seine Frau. Die Mutter gab ihr einen Rippenstoß und flüsterte etwas. Sie errötete.

»Was ist?«, fragte sie.

»Geh, frag sie«, drängte die alte Frau.

Zahir Shahs Frau holte tief Luft und stieß dann hervor:

»Ich habe gehört, dass es im Westen eine Wunderpille gibt, damit man keine Kinder mehr kriegt.«

Nun kicherten Mutter und Schwester offen über dieses lächerliche Gerücht. Zahir Shahs junge Frau beugte sich vor und ergriff erstaunlich energisch meine Hand.

»Sag nichts meinem Mann. Aber wie komme ich an eine solche Medizin?«

»Äh … warum willst du sie? Sind Kinder nicht ein Geschenk Allahs?«

Sie schaute verbittert um sich. »Ich liebe meine Kinder, aber ich bin es Leid, welche zu kriegen. Ich habe genug. Ich will keine mehr. Kannst du mir diese Pille besorgen?«

Meine Gedanken überschlugen sich. Ich würde wahrscheinlich nie mehr hierher kommen. Meilenweit gab es keinen Arzt oder Apotheker. Wenn sie einen fand, musste sie mit dem unbändigen Zorn ihres Mannes rechnen. Falls er dahinter kam, was sie tat, würde sie in Schande gestürzt, geschieden, vielleicht sogar – in diesem Land des guten Rufs, der Ehre und der Stammesgesetze – getötet. Ich konnte nichts für sie tun.

»Ich bin mir nicht sicher, ob es so etwas gibt«, murmelte ich.

»Siehst du«, rief die Mutter. »Wir haben dir doch gesagt, dass das einfach unmöglich ist. Jetzt hast du es selbst gehört. Vielleicht hörst du jetzt auf mit deinen dummen Träumen und machst dir klar, dass Allah den Frauen bestimmt hat, zu Hause zu bleiben und viele Söhne zu gebären, und nicht, sich alberne Grillen in den Kopf zu setzen.«

Des einen Wirklichkeit ist des anderen abenteuerliches Märchen. Zahir Shahs Frau lebte nur ein paar Kilometer weg von dem, was sie haben wollte, aber für sie hätte es sich ebenso gut auf dem Mond befinden können.

Vor unserem Aufbruch nach Afghanistan stand eine kaum wahrnehmbare Schranke. Tagelang wartete ich in Zahir Shahs Empfangsraum darauf, dass die Reise begann, und meine eigene Sicht passte sich allmählich der Umgebung an. Ich merkte, dass das kunstvolle Muster der Stromleitungen auf den blauen Wänden eher dekorativ als funktional war, denn in dieser Gegend gab es noch keine Elektrizität. Je länger ich auf die idealisierten Alpenlandschaften an den Wänden starrte, desto absurder erschien mir der Gedanke an die Schweiz. Wieso war ich so sicher, dass sie überhaupt existierte?

Zahir Shah lieferte immer neue Entschuldigungen, warum sich unsere Reise verzögerte. Immer wenn ich ihn fragte, wann wir führen, sagte er hochmütig: »Ich bin noch nicht fertig mit meinen Vorbereitungen.«

Ich wusste nicht, was los war, hatte aber den Eindruck, dass es an meiner Kleidung etwas auszusetzen gab.

Um nicht allzu sehr aufzufallen, hatte ich mir den *shalwar kamis* eines Mannes und eine Weste ausgesucht. Außerdem besaß ich ein Paar Segeltuchstiefel aus einheimischer Fabrikation, dunkelblau mit weißen Streifen. Ich war zwar noch nie zuvor auf einen Berg gestiegen, hatte aber das dumpfe Gefühl, dass Stiefel unbedingt dazugehörten.

Anfangs hatte Zahir Shah dieses Schuhwerk ungnädig und wütend angestarrt. Mittlerweile war er in eine schreckliche, schwarze Schwermut verfallen, die sich vertiefte, wann immer er meine Stiefel ansah.

Eines Tages verkündete er unvermittelt, wir würden zusammen auf den Schwarzmarkt fahren. Hier, auf der pakistanischen Seite des Territoriums, hatten die Stämme ihren Sonderstatus dazu benutzt, eine Freihandelszone ohne Steuern und Gesetze zu errichten. Es war ein Mekka für alles Ungesetzliche, Unmoralische oder regelrecht Tödliche. Russische Klimaanlagen und Kühlschränke – befreit aus den Wohnungen hochrangiger Sowjetoffiziere und in Bedford-Lastern über die afghanische Grenze geschmuggelt – drängten sich zwischen illegal eingeführten japanischen Artikeln aus Karachi. Glitschige Opiumklumpen lagen neben Flaschen mit Silverkrin-Haarshampoo aus Europa. Kaugummis Marke »Stud« (»verzögert die Ejakulation!«) schienen besonders beliebt zu sein, obwohl ich mich fragte, ob die graubärtigen, grauäugigen Bergbewohner mit ihren Turbanen, die sich die Päckchen genau anschauten, die in Englisch aufgedruckten lüsternen Versprechungen auch nur andeutungsweise verstanden.

Ich sah sogar einen Krug mit einem aufgemalten Schwein. »Was ist denn das für ein Tier?«, fragte ich, um den Ladenbesitzer zu foppen. »Irgend so ein komischer Elefant«, antwortete er.

Das Vieh in der Umgebung hatte schon einen ganz glasig verschleierten Blick, denn auf den Müllhalden, auf denen sie weideten, lagen Berge von verrottenden Schlafmohnstängeln. In einer Ecke des Marktes wartete eine Kolonne entführter Sanitätsautos auf das Lösegeld ihrer Besitzer. In einer anderen Ecke füllten kleine Jungen Messingpatronenhülsen mit selbst gemachtem Schießpulver. Ein Siebenjähriger erbot sich, mir eine Abschussrampe zu konstruieren, falls ich zuhause zufällig eine großkalibrige Granate rumliegen hätte.

In den Stammesgebieten ist alles möglich und machbar. Wie das englische Kaufhaus »Harrods« schien sich der Markt damit zu brüsten, gegen entsprechend viel Zeit und Geld alles beschaffen zu können. Das klappte auch bei Zahir Shah. Nach ein paar Minuten kam er zu mir, ein kleines Lächeln umspielte seinen Mund, und er zupfte vergnügt an seinem Schnurrbart.

Wortlos zeigte er auf seine riesigen Füße: Er trug ein brandneues Paar Stiefel in genau derselben Machart und Farbe wie die meinen. Nun konnte niemand mehr behaupten, der Anführer der Gruppe habe minderwertigeres Schuhwerk als eine Frau.

»Jetzt ist alles fertig«, strahlte er. »Morgen können wir nach Afghanistan aufbrechen.«

Ich zitterte am Vorabend der ersten wahren Reise meines Lebens, der lang ersehnten Rückkehr in die Heimat, die ich noch nie gesehen hatte. Am Abend, bevor es losging, stand ich in Zahir Shahs Hof und starrte aufgeregt zu den ungerührten Sternen empor. »Endlich bin ich da«, sagte ich zu ihnen. »Ich bin gekommen, wie ich es versprochen habe.«

Denn insgeheim wollte ich zweierlei. Ich ärgerte mich über die verfälschte Wirklichkeit des Geschichtenerzählers, und gleichzeitig suchte ich doch nach dem Märchen. Ich wollte die Wahrheit wissen, jagte aber auch einem Mythos hinterher.

Insbesondere hoffte ich, dass der wildromantische Mythos vom Widerstand der Afghanen meinen strengen journalistischen Nachforschungen standhalten würde. Ich hoffte, die aus zahllosen Märchen bestehende Landkarte meiner Familie könne mir als Führer dienen, ohne dass ich meine westlichen Methoden opfern musste. Und vor allen Dingen hoffte ich, mit der Lösung all dieser Widersprüche die in mir bisher unvereinbaren Welten von Ost und West miteinander zu versöhnen.

Kapitel Sechs

Auch wenn dich ein Haushuhn aufgenommen,
Mein Entlein, und dich ernährt hat,
War deine Mutter eine Wildente …
Deine Sehnsucht nach Wasser stammt von deiner Mutter,
Deine Sehnsucht nach Land von deiner Ziehmutter.
Verlasse sie, sie führt dich nur irre…
Fürchte dich nicht, eile zum Wasser.

Dschalaluddin Rumi, Mathnawi

Tief in den Bergen des nordöstlichen Afghanistan lebt ein Schmied, der gerne singt. Er singt von fernen Königreichen, verirrten Prinzessinnen und unvorstellbaren Schätzen. Aber am schönsten singt er von einem wundersamen Tal jenseits der Berge. Das Lied ist fremdartig und betörend und rührt ans Herz. Wer es hört, spürt, dass etwas in ihm das besungene Tal kennt. Wer das Lied hört, sehnt sich nach dem Tal.

Der Schmied ist überzeugt, dass es dieses Tal wirklich gibt, dass es vielleicht wirklicher ist als die Welt unserer eigenen Sinne, aber er hält es für falsch, dorthin gehen zu wollen. Doch er liebt ein Mädchen namens Fawzia. Sie ist das schönste Mädchen im Dorf, und er hat viele Nebenbuhler. Sie sagt, sie werde ihn nur heiraten, wenn er seine Liebe beweise, indem er in das Tal wandere, von dem er singt.

So bricht der Schmied auf, um das Tal aus dem Lied zu

suchen. Er klettert und klettert. Hinter jeder Bergkette findet er eine weitere, noch höher und steiler als die soeben überwundene. Endlich kommt er an einen Gebirgszug, der genauso aussieht wie sein eigener. Am Fuße dieser Berge liegt ein Dorf, das ihm vertraut vorkommt.

Als er schließlich in sein eigenes Dorf stolpert, sind viele Monate vergangen, und der Schmied ist zu einem gebrechlichen alten Mann geworden. Die Menschen laufen auf die Straße, um ihn zu begrüßen, und stockend, als wären schon die Worte giftig, verrät er die schreckliche Wahrheit. Das Dorf im besungenen Tal ist nicht nur wie ihr eigenes Dorf, es ist tatsächlich ihr Dorf. Jeder hier im Dorf hat ein Ebenbild, das im besungenen Tal ein Parallelleben führt. »Aber es kommt noch schlimmer«, sagt der Schmied. »Denn nicht sie sind unsere Schatten, sondern wir sind die ihren. Wir sind nur Spiegelbilder, sie sind die wahren Menschen.« Bald darauf verliert er alle Kraft und stirbt; und alle, die die Geschichte aus seinem Mund vernommen haben, ertragen die von ihm enthüllte Wahrheit nicht, siechen ebenfalls dahin und sterben.

Als Kind wollte ich dieses afghanische Märchen immer wieder hören. Ich bekam es nie satt. Irgendetwas daran war nicht recht fassbar. Ich glaubte, ich würde es erst herausfinden, wenn ich selbst das besungene Tal gefunden hätte.

Als ich nun mit Zahir Shahs Männern auf die Ladefläche des Toyota Hi-Lux Pick-ups kletterte, war ich unterwegs dahin.

Die Gruppe war spürbar vergnügt; alle Afghanen werden fröhlicher, wenn es in die Heimat zurückgeht. Ich spürte, wie meine westlichen Eigenschaften von mir abfielen und die afghanische Seite mit jeder Radumdrehung stärker wurde. Ich war hier als Beobachterin, aber obwohl ich versuchte, nicht wie eine Partisanin auszusehen, war ich beteiligt, gehörte zu den anderen. Dieser Weg war mir vor Jahrhunderten von meinen Vorfahren vorgegeben worden. Afghanistan war das erste Thema, über das ich als Journalistin berichtete, aber mein Leben lang blieb es mehr als nur irgendeine Story. Selbst jetzt bekomme ich Heimweh nach Afghanistan, wenn ich länger nicht da war. Selbst damals hatte ich Heimweh nach einem Land, das ich nicht kannte.

Als wir über die Grenze knatterten, riefen die pakistanischen Grenzsoldaten uns einen Abschiedsgruß nach – und wir waren drüben. Ich hatte das Gefühl, als versinke ein ganzes Leben aus Beschränkungen und Regeln, als wären wir im letzten freien Land auf Erden.

Nach einer Weile stiegen wir aus dem Auto und begannen bergauf zu wandern. Wie lebhaft erinnere ich mich noch an den türkisfarbenen Berg vor mir! Wie frisch roch die Luft! Hier wuchsen Büsche, die wie Eibische aussahen, auf denen aber Eicheln wuchsen. Es gab Felsblöcke und Bergbäche. Bald vergaß ich meine Flasche mit dem entkeimten Wasser und trank wie die anderen schlürfend aus den Bächen. Ich war gierig auf neue Erfahrungen und scherte mich nicht um den Preis.

Wir verließen das ausgetrocknete Flussbett am Talboden und stiegen durch einen grünen Gürtel aus Pinien und Föhren, der sich über den Bauch des Berges spannte. Die Luft wurde dünner, und mir wurde zum ersten Mal schwindlig.

Wir überschritten die Baumgrenze und gelangten in eine

unwirtliche Region voller Steine und Schnee. Inzwischen hatte ich rasenden Durst. Es ging immer noch bergauf. Ich vergaß alles, was ich in Büchern gelesen hatte, und aß Schnee. Zahir Shah gab mir Pinienharz gegen die Höhenkrankheit. Aber dennoch musste ich alle paar Minuten stehen bleiben – ich glaubte mich übergeben zu müssen. Es war seltsam: Wenn ich eine halbe Minute lang still saß, fühlte ich mich besser, aber kaum stand ich auf, ging es wieder los mit Schwindel, Übelkeit und Durst.

Nach Stunden – so kam es mir vor – erreichten wir den Gipfel: ein wunderbarer Ort, auch wenn die Luft hier sehr dünn war. Es gab nichts als mit glitzerndem Schnee überzuckerte Berge, die sich in alle Richtungen erstreckten, und über allem der Himmel. Das einsame Geklingel eines Eselsgeschirrs weit jenseits des Tales wurde meilenweit durch die stille Luft getragen. Von hier aus konnte man nur nach unten gehen. Die Müdigkeit verschwand.

Jauchzend rutschte die ganze Bande auf dem Hintern den verschneiten Berg hinunter – ein Dutzend hartgesottene, kampferprobte Soldaten mit breiten Schultern und dichten Bärten lachten wie Kinder und hielten sich die Kalaschnikows über den Kopf, während sie durch den Schnee hinunterschlitterten. Weiter unten, wo kein Schnee mehr lag, rannten wir fast bergab, stolperten über Felsbrocken, fielen hin und lachten.

Rasch waren wir im düsteren Wald, dann im Tal, und mit einem Ruck merkte ich, dass das Ganze von vorn begann. Die Berge, die wie ein Haifischgebiss hintereinander aufragten, waren unser Ziel. Und dorthin kam man nur zu Fuß. Damals wusste ich es noch nicht: Die Reise sollte Wochen dauern.

Eine fast unerträgliche Einsamkeit umgab uns. Wenn wir in den tieferen Lagen Menschen sahen, was selten genug der Fall war, riefen wir Grüße quer übers Tal. Kinder, die Ziegen hüteten, sprangen auf ihrer Seite den Berg hinunter und kamen zu uns hoch, nur um uns Guten Tag zu sagen.

»*TzingAy?* Wie geht es euch?«

»*Kheim!* Gut.«

»*Be-kher rawla!* Schön, dass ihr da seid.«

Die Paschtu-Grüße hallten wie Lawinendonner. Gegen Mittag begegneten wir einem Mann, der Batterien verkaufte, glitzernden Nagellack, Bonbons und eine billige Imitation von Nivea-Creme mit der unbeholfenen, falschen Aufschrift »Vinea«. Gepackt von plötzlicher Konsumwut kaufte ich von allem etwas, auch ein Fläschchen von jeder Nagellackfarbe.

Ich bewegte mich wie ferngesteuert. Ich war zwar ganz gut in Form, doch meine Hüftgelenke schwollen an, und alles Gehen, geschweige denn Klettern, wurde zur Qual. Irgendwie half mir das ewige Einerlei von Auf- und Abstieg, den Schmerz zu vergessen. Bei etwa zwei Dritteln der Höhe, dort, wo die Luft wirklich dünn wurde, fiel ich in eine Art von Trance. Einmal marschierte ich durch den Schnee, gute fünftausend Meter über dem Meeresspiegel, spürte einen winzigen Stich – und sah eine Wespe auf meiner Hand. Der Schmerz schien ganz weit weg zu sein.

Allmählich begriff ich, wie sich dieses überwältigende Gebirge den Namen »Hindu-Kusch«, »Hindumörder«, verdient hatte. Es ist nach den Hindu-Geldverleihern benannt, die auf ihrer gefährlichen Reise durch diese Berge Leib und Leben aufs Spiel setzten, in der Hoffnung, ganze paschtunische

Dörfer in die Verschuldung zu locken – zu Zinssätzen von dreißig Prozent im Monat. Es geht die Sage, dass die widerborstigen Bergbewohner warteten, bis sich die Geldverleiher mit dem abgepressten Goldschmuck auf den Weg zurück nach Peschawar machten, und ihnen dann ein rostiges Messer an die Kehle setzten – und wieder lag eine starr gefrorene Leiche im Schnee.

Immer wenn wir uns einem Gipfel näherten, gefror das Wasser in meinen Segeltuchschuhen, und ich spürte die glitschigen Eisbrocken zwischen den Zehen. Ich nahm es als gutes Zeichen, zumindest waren meine Füße noch nicht taub. Dann freute ich mich schon auf den Moment, wo beim Abstieg das Eis wieder zwischen meinen Zehen knirschen würde, und ich überlegte vage, ob ich mir wohl Sorgen machen musste.

Mittags machten wir neben einem Bach ein paar Minuten Pause in der vollen Sonne. Zahir Shah knotete ein *pattu* auf, die haferbreifarbene Decke, die jeder Paschtune bei sich trägt, und enthüllte ein Festmahl aus Brotfladen und kaltem Ziegenfleisch. Das *pattu* wurde zu unserem Tischtuch. Das Brot war hart. Die Paschtunen haben eine unbekümmerte Einstellung zum Brot, ihre Lieblingssorte heißt Elefantenohr, wegen seiner Form, seiner Beschaffenheit und – soweit ich es beurteilen kann – seines Geschmacks. Sie nageln es neben dem Misthaufen an die Hüttenwand, lassen es hart werden – und servieren es Monate später. Auch das Ziegenfleisch schmeckte streng und war mit Flusen bedeckt. Wir spülten unser Mahl mit großen Schlucken Quellwasser hinunter, und ich weiß noch genau, wie herrlich es schmeckte.

Dann machten wir uns wieder auf den Weg. Ruhepausen

gab es nur, wenn Zahir Shah an besonders malerischen Felsen vorbeikam. Dann wollte er sich unbedingt in heroischer Pose von mir fotografieren lassen. Kleinlich wie man wird, wenn man in einer ewig gleich bleibenden Situation gefangen ist, begann ich, ihm seinen harmlosen Dünkel übel zu nehmen. Ich hatte nur eine begrenzte Menge von Filmen dabei, und unter diesen Umständen würden sie alle mit Bildern von Zahir Shah belichtet werden.

Außerdem hatte er seinen Männern anscheinend verboten, mit mir zu sprechen. Ich war mir sicher, dass einige von ihnen Persisch verstanden (obwohl ihre Muttersprache Paschtu war, das ich kaum verstand). Wenn ich versuchte, mit ihnen zu reden, wandten sie den Blick ab und gingen schweigend weiter. Zahir Shah selbst dagegen gierte nach Aufmerksamkeit, und ich merkte, wie ich sein großzügiges Angebot, mir an den steilsten Hängen eine Hand zu reichen, verärgert ablehnte.

Die erste Nacht verbrachten wir in einem *chai-khana*, einem Teehaus, mit einem bullernden schwarzen Ofen und zahllosen Gläsern schwarzem und grünem Tee. Es war nur eine Holzhütte an einem Bach. Ringsum ragten die Berge in die Höhe.

Dankbar setzte ich mich auf ein *bist-o-band*, einen bequemen Haufen Lumpen, und trocknete wie die Männer begeistert meine Socken über dem Ofen mitten im Zimmer.

Nach etwa einer halben Stunde schaute ich nach oben, und da fiel mir etwas auf. Durchs Dach lugte eine gedrungene, dickbäuchige, noch nicht explodierte Granate. Sie war gut einen Meter lang und hatte etwa dreißig Zentimeter Durchmesser. Ihre Spitze spähte zu uns herunter, während wir Tee tranken. Soviel ich erkennen konnte, wurde sie von wenig mehr als einem Holzkeil und ein bisschen Stroh gehalten.

Mir schien es keine gute Idee, die Nacht hier zu verbringen. Aber draußen fror es. Ich beschloss, so zu tun, als hätte ich nichts bemerkt.

Als wir kein Fleisch mehr hatten, aßen wir *yakhnee* – ein Gericht aus dem ranzigen Schmalz eines Fettschwanzschafes, das in Wasser geschmolzen wird. In diesem schleimigen Absud zerdrückten die Männer hartes Elefantenohrbrot. Geräuschvoll leckten sie sich Lippen und Finger ab, bevor sie ihre schwarzen Fäuste glücklich in die gemeinsame Schüssel tauchten. Das Köstlichste an *yakhnee* ist die Tatsache, dass man die Zutaten tage- und wochenlang in einem *pattu* transportieren kann, ohne dass sie schlechter würden, als sie ohnehin schon sind.

Yakhnee hat auch viel schönes Fett, das man sich in die herrlichen schwarzen Bärte und Schnurrbärte schmieren kann. Während alle anderen im Raum sich an diese Abendunterhaltung machten, fummelte ich an meinen Kontaktlinsen herum. Innerhalb von Sekunden stand ich im Mittelpunkt der Aufmerksamkeit. Ein Dutzend Augenpaare kam fasziniert näher, um die Sache genauer zu betrachten. Bruchstückhaft bekam ich Geflüster mit: »Schau, die kann ihre Augen rausnehmen. Wie wundersam!«

Am nächsten Morgen wachte ich mit der Dämmerung auf, als sich die Gruppe zum Morgengebet versammelte. Beißend zog der Holzrauch durch die kalte Luft, und das Wasser für den grünen Tee wurde schon warm. Während der dreizehnjährige Junge, dem ich den Spitznamen Gandom gegeben hatte, und der Mann, den ich im TBC-Endstadium vermutete, darauf warteten, dass das Wasser kochte, untersuchten sie munter eine zweite nicht explodierte Granate, länger und dünner als die im Dach. Diese hier hatte sich in den steinigen Boden vor der Hütte gebohrt.

Zahir Shah, den es nie lange am Rande des Geschehens hielt, lief mit einem eindrucksvollen Taschenmesser in der Hand hin, und versuchte, den gefährlich aussehenden Kegel mit einem Werkzeug auszuhebeln, mit dem man sonst Pferden Steine aus den Hufen kratzt.

Es handelte sich offenbar um eine Demonstration dessen, was wir zu Hause die »afghanische Technik« nannten. Bei ihr verbinden sich genau der richtige Grad von Begeisterung mit einer entsetzlich irregeleiteten Erfindungsgabe. Ahmad Shah, der erste König des modernen Afghanistan, war der erste geschichtlich belegte Vertreter dieser Schule. 1751 befahl er seinen Konstrukteuren, eine gewaltige Kanone zu bauen, die Kugeln von fünfhundert Pfund abfeuern konnte. Als sie gegossen war, hielt der König sich nicht lange mit Probeschüssen auf, sondern transportierte die schreckliche Waffe vor die Stadt Nischapur, die er damals zufällig belagerte. Als die Bewohner der Stadt das erfuhren, erschraken sie und ergaben sich sofort – ein Glück für Ahmad Shah, denn beim ersten Abfeuern zerbarst das Geschütz.

Zu unser aller Glück kochte gerade das Teewasser, als Zahir Shah zu einem heiklen Draht vorstieß, und die Mudschaheddin konnten ihr Vorhaben abbrechen, ohne das Gesicht zu verlieren.

Die Tage glitten dahin in einem Rhythmus von Aufstieg und Abstieg. Ich verlor jedes Zeitgefühl. Wir hätten überall hingehen können. Man hatte mir einen Besuch in Kunar versprochen, direkt an der Grenze zu Nuristan – was wörtlich »Land des Lichts« heißt. Noch im letzten Jahrhundert waren Nuristans blonde, blauäugige Einwohner, angeblich die Überreste vom Heer Alexanders des Großen, Ungläubige gewesen. 1896 hatte sie der afghanische König Nadir Shah in Erfüllung einer frommen Pflicht unterworfen und mit Gewalt zum Islam bekehrt.

In dieser Gegend hatte es vor kurzem schwere Kämpfe gegeben. Ich redete mir ein, ich wolle etwas über die Organisation und Leistungsfähigkeit der einheimischen Mudschaheddin-Gruppen erfahren. Doch in mir drin flüsterte eine hartnäckige Stimme, ich verstünde doch sehr wenig vom Journalismus, vom Krieg oder überhaupt vom wirklichen Leben draußen in der Welt. Eigentlich sei ich hier, um etwas über mich selbst zu erfahren.

Wir reisten tagelang, ohne irgendeine Behausung zu sehen. Manchmal stießen wir auf die Ruinen ehemaliger Dörfer. Alles war zerbombt, die Terrassierungen zerschmettert, die Ernte zerstört.

Das wenige flache Land, das wir überquerten, entsetzte mich aufs äußerste: Es sah aus wie eine Mondlandschaft. Riesige Krater klafften auf einer durchgehend grauen Oberfläche. Man sagte mir, ich solle auf Tretminen achten. Sie seien vom Himmel geworfen oder als Sprengfallen bei aufgegebenen Dörfern vergraben worden. Es war ein Angriff ohne Karten und ohne Aufzeichnungen. Bis heute hat Afghanistan mit zahllosen unauffindbaren Minen zu kämpfen.

Die Minen gehörten zu einer wohldurchdachten Strategie, deren Ziel es war, Gebiete zu entvölkern, in denen die Mudschaheddin vermutlich Unterstützung fanden. Allmählich begriff ich, wovor die Flüchtlinge nach Pakistan geflohen und welchen Gefahren sie unterwegs ausgesetzt gewesen waren. Die Dorfbewohner, Frauen und Kinder, waren über dieselben Berge getorkelt, mit denen ich jetzt kämpfte. Meistens war das Vieh verendet. In Pakistan warteten sie hoffnungslos im dürren Staub, und während die Kinder an Unterernährung und Atemwegsinfektionen starben, träumten die Eltern von längst zerstörten Höfen und Dörfern.

Tage vergingen. Weit drin im Tal von Kunar stießen wir auf die Überbleibsel eines sowjetischen Konvois, verrostetes Metall, das abgenagte Gerippe einer längst vergessenen Schlacht. Ich zählte die verbogenen Überreste von einem Dutzend Panzer.

Wir setzten uns auf den größten und aßen etwas Brot. Die Sonne schien warm, und die ganze Straße entlang standen Panzer. Das gab den Mudschaheddin sichtlich ein gutes Gefühl, als bekräftige die Erinnerung an diesen kleinen Sieg ihre verrückte Hoffnung, sie könnten den Krieg gewinnen. Ich musste mich in den Arm kneifen, um mir in Erinnerung zu rufen, dass hier die Front zwischen den Supermächten verlief. Die Rote Armee, vielleicht die mächtigste Streitmacht der Welt, versteifte sich darauf, Afghanistan zu halten. Auf der anderen Seite des Erdballs machten ausgekochte CIA-Agenten Überstunden, um Waffen für die Mudschaheddin einzuschleusen und Leute wie diese hier zu unterstützen – einen Haufen zerlumpter Männer, die in der Sonne kicherten wie Kinder.

Damals las man in der westlichen Presse kaum etwas über die Mudschaheddin, das nicht auf die eine oder andere Weise politisch gefärbt war. Sie wurden entweder als tapfere Helden der freien Welt oder als reaktionäre Banditen beschrieben. Beide Sichtweisen waren westliche Deutungen. Weder verabscheuten diese Männer die Kommunisten (höchstens in ihrer Eigenschaft als Ungläubige), noch bewunderten sie Amerika. Sie taten einfach, was sie Generationen hindurch getan hatten.

Das tagelange Gehen hinterließ Spuren bei mir. Meine Hüftgelenke schmerzten, und ich war ständig gereizt. Ich konnte den widerwärtigen, penetranten Geruch des *yakhnee* nicht mehr ertragen.

Auch Zahir Shah hatte einen verdorbenen Magen. Aber das wollte er nicht wahrhaben. Er hatte allerhand Eigenheiten, und nun stellte ich fest, dass er auch ein rechter Hypochonder war. »Mein Herz!«, rief er dramatisch und schlug sich so heftig an die breite Brust, dass die Patronen schepperten. »Mein Herz ist so schwach!«

Alles in allem waren wir erleichtert, als wir die ersten Häuser entdeckten. Sie klebten in mehreren Lagen wie Wespennester an den schwer zugänglichen Berghängen. Sie erinnerten mich ein wenig an Schweizer Chalets. Wir näherten uns der Grenze von Nuristan.

Ich sah eine Gruppe von Männern auf uns zukommen und dachte: »Das ist bestimmt ein westliches Filmteam.« Sie wirkten irgendwie europäisch, vielleicht weil sie blond waren – blond oder rothaarig bis auf den letzten Mann. Vielleicht war es auch ihr entschiedener Gang, so ganz anders als das gemessene Schlendern der Paschtunen, vielleicht aber auch die Tatsache, dass sie ihre *pattus* sorgfältig um den Leib geknotet trugen statt unordentlich übergeworfen wie bei den Paschtunen. Oder es kam daher, dass sie die *pakol*, die Filzhüte, heruntergerollt und locker trugen, als seien es etwas seltsame, fremdländische Kleidungsstücke. Doch als sie vor uns standen, hörte ich erstaunt, dass sie Paschtu sprachen.

Es waren Nuristani – ein Volk, dessen Geschichte und Herkunft vom Nebel der Vergangenheit verhüllt sind, das aber als einziges in diesem Teil der Welt auf Stühlen am Tisch sitzt, Holzlöffel schnitzt, in Häusern lebt und zahllose weitere Bräuche hat, die zu einer anderen Welt zu gehören scheinen.

Zahir Shah lieh sich von ihnen traditionelle Kniebinden, primitive Wickelgamaschen, die die Beine vom Knöchel bis zum Knie bedeckten. Darüber bauschte sich sein *shalwar* wie Knickerbocker. Er sah aus wie ein wahnsinnig gewordener Senn in einem Alpendrama.

Wir durchquerten auch einen Nuristani-Friedhof. Geschnitzte Totems erinnerten an die Verstorbenen – ganz anders als die vernachlässigten Gräber der Afghanen und Pakistani, die glauben, die Seelen der Dahingeschiedenen flögen irgendwohin, und nicht einsehen, warum sie eine leere Hülle verehren sollen.

Und nun stießen wir auch auf Dörfer. Aber es waren Dörfer, wie ich sie noch nie gesehen hatte. Noch nie war jemand von draußen hierher gekommen, der nicht wochenlang zu Fuß über die unwirtlichen Berge gewandert wäre. Nur wenige Einwohner hatten jemals ihr Dorf verlassen. Sie lebten wie im Mittelalter, gänzlich unberührt von der modernen Welt, und wussten kaum von dem mörderischen Krieg vor ihrer Haustür, der bereits eine Million ihrer Landsleute getötet hatte. Selbst Mulis und Esel kamen nur in den Sommermonaten über die hohen Pässe. Motorisierte Fahrzeuge waren fast unbekannt, es gab meilenweit keine Straßen. Elektrizität und fließendes Wasser existierten nur als Gerüchte.

In diesem Winkel, wo sich ein fernes Tal nach dem anderen auftat, schien die betörende Geschichte vom besungenen Tal lebendig zu werden. Die Menschen, die hier lebten, hatten nur ganz vage Vorstellungen davon, was jenseits der endlosen Bergkette lag. Fast erwartete ich, meinem eigenen Doppelgänger zu begegnen oder vielleicht einem Faksimile des Dorfes in Kent, in dem ich aufgewachsen war. Vielleicht hatte ich aber auch schon Fieberphantasien vom ständigen Gehen und dem Mangel an Essen und Schlaf.

Die Häuser in dieser Gegend waren zwei- oder dreigeschossig und aus Holz erbaut, wie Schweizer Chalets. In den heugefüllten Ställen zu ebener Erde hauste das Vieh, und im Stockwerk darüber wohnte die Familie. Im Dach wurde das Getreide aufbewahrt.

Die Menschen starrten unser Grüppchen an, obwohl wir zu Fuß kamen und einheimische Kleidung trugen. Meist wurden wir von den Dorfbewohnern freudig begrüßt, denn sie sahen in uns eine wertvolle Nachrichtenquelle. Zum Entgelt verrieten die Leute Zahir Shah, dem es sehr schlecht ging, dass sie einen eigenen Apotheker hätten – nur zwei Stunden weit weg. Für uns bedeutete das mittlerweile keine Entfernung mehr; als Zahir Shah also beschloss, den Mann aufzusuchen, lief ich aus Neugierde mit. Und in der Tat fanden wir eine tadellose kleine Apotheke, geführt von einem etwa zwanzigjährigen Burschen. Freilich waren die Verfallsdaten der Medikamente schon abgelaufen. Sie waren alle wochenlang erst mit dem Esel und dann noch auf dem Rücken eines Mannes über die Pässe gebracht worden und ein bisschen mitgenommen. Aber sie überhaupt hier zu sehen grenzte schon an ein Wunder.

Der Apotheker hieß Hashem. Schüchtern erklärte er, eigentlich sei sein Vater der Pharmazeut gewesen. Nun wisse aber jeder, dass sich solche Fähigkeiten vererben, und daher habe der Vater, als er starb, dem Sohn Apotheke und Titel vermacht.

Zahir Shah war im siebten Himmel. Er kaufte bergeweise Antibiotika in allen Farben und mampfte ganze Hände voll davon. »Das ist eine gute Medizin, die wird all meine Leiden heilen!«, rief er.

Nach der Devise »Wenn eine Tablette heilt, garantieren Dutzende von ihnen ewiges Leben und Wohlergehen«, verlangte er auch noch eine Penicillinspritze. Der unglückliche Hashem musste eine rostige Nadel – er hatte nur diese eine – und eine Ampulle herrichten, gefüllt mit schmutzigem Wasser aus dem Bach. Zahir Shah verschwand im angrenzenden Zimmer, um sich eine Injektion ins Gesäß geben zu lassen. Unter furchtbarem Stöhnen tauchte er wieder auf. Die schmerzhafte Behandlung hatte seine Überzeugung vertieft, dass er auf der Schwelle des Todes stand.

Hashem war hocherfreut über unseren Besuch. Er fand, wir müssten unbedingt seine Gäste sein. Es spiele keine Rolle, dass wir mindestens ein Dutzend seien. Seine Frau würde Pilau kochen. Wir willigten gern ein. Aber zuerst mussten wir einen Anstandbesuch beim Dorfältesten machen, dem hiesigen Khan.

Das bedeutete noch einmal einen zweistündigen Fußmarsch. Inzwischen berührte die Sonne schon fast die Gipfel der hohen Berge, die dieses Paradies säumten. Der Khan erwartete uns schon. Wie es seinem Rang zukam, trug er einen prächtigen seidenen *chapan*, ein besticktes Gewand. Da ich Zahir Shah mittlerweile ziemlich satt hatte, wandte ich meinen üblichen Trick an und schlüpfte davon in die Frauengemächer. Kurz darauf kam auch der Khan.

Er machte mich mit seinen beiden Frauen bekannt. Die eine sah aus wie sechzig, war aber wahrscheinlich in den Vierzigern. Afghanistan hat mit die niedrigste Lebenserwartung der Welt, circa 46 Jahre, und immer wieder wunderte ich mich, dass die meisten Menschen, denen ich begegnete, etwa zwanzig Jahre jünger waren, als sie aussahen.

Die jüngere Frau war Anfang zwanzig. Sie hatte schon drei oder vier kleine Kinder. Die Ältere sah ihnen versonnen beim Spielen zu.

»Das ist Fatima«, sagte der Khan und zeigte auf seine jüngere Frau. »Sie ist sehr gut, sie bringt viele Kinder zur Welt.« Dann zeigte er auf die arme ältere Frau: »Aysha ist nicht so gut. Sie kriegt keine Kinder mehr.«

Ich begriff seine Haltung nicht und empfand Empörung und Wut um Ayshas willen. Doch Aysha hörte uns zu, lächelte und nickte nur, als wäre vom Wetter die Rede.

»Wohlgemerkt, sie hat mir schon sieben Kinder geboren«, erklärte der Khan. »Früher war sie auch gut.« Mehr Lob erhielt Aysha nicht, aber das bisschen Aufmerksamkeit, das ihr zuteil wurde, schien sie schon zu trösten.

Ich trabte zurück zu Hashems Haus. Da die Mudschaheddin die benötigte Zeit wie immer hoffnungslos unterschätzt hatten, mussten wir die Strecke größtenteils im Dunkeln zurücklegen. Wir suchten uns einen Weg über harte Felsen in einem ausgetrockneten Flussbett oder entlang einem winzigen, in die Bergflanke geritzten Pfad. Keiner hatte eine Fackel. Das einzige Licht kam von den hellen grünlichen Sternen, die wie Trauben am Himmel hingen, scheinbar nur eine Armlänge über uns. Hochgebirgssterne – in der dünnen Luft so nah, dass es schien, als schrammten wir am Himmel entlang.

Hashem führte uns in sein Empfangszimmer. Nach den Anstrengungen der Reise erschien es mir als der Gipfel des Luxus. Auf dem Boden lagen überall *lihaf*, Matratzen mit Steppdecken, sogar mit bestickten Kissen darauf. Anscheinend gab es keinen einzigen Floh. Der Tee kam in Gardiner-Tassen aus feinem Porzellan – hoch geschätzt in Afghanistan und ehedem im zaristischen Russland von einem exzentrischen Engländer hergestellt.

Schüchtern fragte mich Hashem, ob ich mit ihm in die Privaträume zu seiner Frau gehen wolle. Das tat ich nur zu gern – wenngleich ich noch immer kochte, wenn ich an des Khans Einstellung zu Frauen dachte.

Ich folgte ihm die Holztreppe hinauf, und als ich das Zimmer betrat, stockte mir schier der Atem. Ich stand im Gemälde eines Renaissancemalers. Es war alles für das häusliche Behagen Erforderliche vorhanden, aber es gab keinen Gegenstand, der nicht schon im 14. Jahrhundert existiert haben könnte.

Die Wände waren dunkel getäfelt und mit Vorhängen in satten Farben verhängt. Ein goldener Lichtstrahl aus dem hölzernen Gitterfenster beleuchtete eine geschnitzte Schüssel mit Löffel auf einem Holztisch. Es gab niedrige Stühle und ein Spinnrad. Von der Decke hing eine reich verzierte geschnitzte Wiege, die leise hin und her schaukelte. Das Baby schlief unter bestickten Decken, eine wollene Mütze mit Ohrenklappen auf dem Kopf. Draußen sah ich pickende Hühner auf einem Podest, ein offenes Feuer auf dem Herd und einen Lehmbackofen. Das Ganze wirkte äußerst reizvoll. Mich überfiel ein Gefühl des *déjà-vu*. Dieses Zimmer erschien mir vertraut wie eine Kindheitserinnerung. Mir war, als sei ich nach Hause gekommen.

Inmitten dieses Reiches saß Hashems Frau. Sie war noch sehr jung und überaus schön, hatte ein herzförmiges Gesicht, dunkelgraue Augen, rosige Wangen und eine sahnefarbene Haut. Sie war appetitlich mollig, dabei aber kräftig, eine typische Bergbewohnerin. In ihrem Haar steckte die einzige Konzession an das 20. Jahrhundert. Offenbar hatten im Ranzen eines Hausierers soeben Friseurklemmen das Tal erreicht. Karima besaß Dutzende davon, und sie waren sorgfältig nebeneinander platziert, so wie sie auf dem Verkaufskarton gesessen hatten. Sie betrachtete sie sichtlich als Schmuck, mit dem ihre Locken vorteilhafter zur Geltung kamen, und an ihr sahen sie sehr schön aus. Doch diese Klemmen und ein entschlossenes Glitzern in Karimas Augen wiesen sie als verhinderte Konsumentin aus.

Sie war zweifellos ziemlich verwöhnt. Hashem schwoll sichtlich vor Stolz, als er sie mir vorstellte. »Meine Frau Karima ist die Tochter eines Khan«, sagte er. »Ist sie nicht schön? Ich habe das schönste Mädchen im Dorf geheiratet.«

Dreimal im Leben bin ich Menschen begegnet, mit denen ich eine unerklärliche Wesensverwandtschaft spürte – eine Frau in einem ägyptischen Dorf, ein Kind in einem kurdischen Flüchtlingslager und Karima. In allen drei Fällen habe ich in ihren Augen eine Reaktion gelesen, als hätten wir zu unserer großen Überraschung erkannt, dass wir auf irgendeiner Ebene miteinander verbunden waren. Wenn meine Vorfahren einen anderen Weg gegangen wären, wenn sie ihre innere Ruhelosigkeit gebändigt hätten, wäre ich jetzt vielleicht Karima: Herrin dieses wunderschönen Zimmers, die Tochter eines Khan, verheiratet mit dem Apotheker aus der Nachbarschaft.

Karima war sichtlich ebenso fasziniert von mir wie ich von ihr. Zuerst hielt sich mich für einen jungen Mann und wollte sich schon mit einem kleinen überraschten Murmeln verschleiern. Da sprach ich, und sie schaute mich genauer an. »Du bist eine Frau«, sagte sie. »Warum bist du so gekleidet?«

In ihrem kulturellen Umfeld musste ich so wirken, wie wenn unsereiner einen Mann in Socken und Hosenträgern oder eine alte Frau in der Uniform eines Feuerwehrmanns sieht, doch Karima zeigte weder Missbilligung noch Spott, nur eine überwältigende Neugier auf etwas, das so gänzlich außerhalb ihres gewohnten Lebenskreises lag. Zum Glück sprach sie Persisch, wir konnten uns also ohne Hilfe eines Dritten unterhalten.

Vorsichtig erklärte ich, ich sei nach Afghanistan gekommen, um der Welt zu berichten, was hier vor sich gehe. Dazu müsse ich mit den Mudschaheddin reisen, und dafür sei diese Kleidung am geeignetesten.

»Hast du keine Schwierigkeiten, wenn du als Frau allein mit so vielen Männern reist?«

Ich erklärte ihr, dass sich die Mudschaheddin im Dschihad befänden, im heiligen Krieg. Ich könne mir keinen Soldatentrupp vorstellen, bei dem ich mich sicherer fühlte.

Das musste sie erst einmal verarbeiten. Dann bat sie mich, ihr zu erzählen, was ich unterwegs alles gesehen und gelernt hätte. Die Nuristani, sagte ich, glichen in vieler Hinsicht den Menschen im Westen, während die Mehrheit der Afghanen ganz anders sei.

Ich wollte mehr über ihr Leben wissen. Aber sie verging fast vor Neugier, vor Hunger nach Wissen über die Welt außerhalb ihres Tales, ihres Dorfes. Was trugen die Frauen im Westen? Sprachen Männer und Frauen ungeniert miteinander? Gab es wunderbare Transportmittel, die einen im Nu von einem Ort zum andern bringen konnten, sogar durch die Luft? Wie war ich nach Pakistan gekommen? Wann wollte ich zurück?

Ich beantwortete ihre Fragen, so gut ich konnte, und merkte dabei, dass jemand selbst dann, wenn er etwas verstehen will, gedankliche Konzepte außerhalb der eigenen kulturellen Erfahrung einfach nicht begreifen kann. Als ich ihr zum Beispiel von Flugzeugen erzählte, merkte ich, dass sie sich fliegende Teppiche und Zaubersprüche vorstellte – der Gedanke, dass so etwas nach mechanischen Gesetzen ablaufen könnte wie die Wassermühle in ihrem Dorf, erschien ihr einfach lächerlich.

»Was ist denn mit den Dschinnen der Lüfte?«, fragte sie. »Dieses fliegende Geschöpf braucht doch ihre Hilfe – es sei denn, es ist selbst ein Dschinn und mächtiger als die anderen.« Die Existenz von Dschinnen an sich wurde natürlich nicht in Frage gestellt.

Wir redeten bis weit in die Nacht. Anfangs hörte ihr Mann noch zu, dann stahl er sich davon, um die Männer im Gästezimmer zu bewirten. In diesem Märchental wurde eine ferne, einzigartige Welt als normal angesehen, und der Westen wurde zum Märchen.

Schließlich schaute sie mich spitzbübisch an und sagte: »Ich werde mich als Mann verkleiden und mit dir zurück nach Pakistan reisen. Ich werde all diese Wunder selbst erleben.«

Für den Bruchteil einer Sekunde sah ich das Leben mit ihren Augen. Das enge Dasein in diesem Tal, die exotische Besucherin aus einer anderen Welt, die viel verführerischer war und mit ihren Geheimnissen lockte – und der Weg dorthin schien klar. »Es ist eine lange, anstrengende Wanderung über die Berge«, antwortete ich ausweichend.

»Ich bin stärker als du – hier, schau dir meinen Arm an. Ich bin gewohnt, Wasser zu tragen und Ziegen zu melken.«

»Aber ich glaube nicht, dass dir die moderne Welt so gut gefällt, wie du meinst.«

»Ich komme auf jeden Fall mit, und wenn mir das Leben dort nicht gefällt, gehe ich wieder heim.«

Wieder musste ich an die Geschichte vom besungenen Tal denken: So wenig wie der Schmied nach all dem, was er gesehen hatte, in sein altes Dasein zurückkehren konnte, so wenig würde sie es können. Wenn sie mitkäme, würde das Erlebnis sie für immer verändern und aus ihrer Welt aussperren. Als ich an diesem Abend unter einem weichen Eiderdaunenbett in den Schlaf sank, konnte ich Karima und Hashem auf ihrer Matratze am anderen Ende des Zimmers aufgeregt miteinander flüstern hören. Sie liebten sich offenbar innig; zwei Seelen, die vollkommen zueinander passten und deren Bande gesiegelt waren mit einem Vertrauen und einer gegenseitigen Hochachtung, die selten sind auf der Welt. Ihre Liebe ließ den schrecklichen Khan und seine Gleichgültigkeit, Selbstsucht und Grausamkeit gegenüber seiner älteren Frau irgendwie in den Hintergrund treten. Mir fiel ein, dass Karima die Tochter eines Khan war, wahrscheinlich sogar eben dieses Khan, und fragte mich, ob sie fürchtete, wie ihre Mutter zu enden, einst geliebt, aber jetzt vernachlässigt. Wahrscheinlich nicht.

Ich sprach ein stilles, inbrünstiges Gebet, dass Karima sich niemals ihren Herzenswunsch erfüllen und dieses geheimnisvolle Tal verlassen möge, um einem Phantom jenseits der Berge hinterherzujagen. Arme Karima: Jahre später sitzen Millionen deiner Landsleute in Pakistan in der Falle. Sie alle träumen von ihren grünen Tälern und reinen Wassern, aber sie können niemals zurück.

Am nächsten Tag sagte ich Karima und Hashem Lebewohl, und wir verließen das wundersame Tal des Liedes. Ich denke oft an die beiden, die da so ruhig ihr Leben führen, parallel zu meinem. Und jetzt glaube ich auch zu wissen, was an dem Märchen nicht stimmte: Mein Lebenswille war mir in diesem Tal nicht genommen worden, sondern ihr heiteres Dasein hatte das meine bereichert. Manchmal frage ich mich, ob ich den Weg über die unerbittlichen Berge noch einmal finden würde, und wenn ja, ob sie noch dort wären oder ob Dorf und Tal einfach im Nebel verschwunden wären. Wenn ich sie fände, würde ich mir einen solchen Ort nicht noch einmal so leicht durch die Finger schlüpfen lassen. Ich würde mich niederlassen und für immer in dem Tal verschwinden, das so entlegen ist, dass es vom Krieg und dem Lauf der Zeit nicht berührt wird.

Kapitel Sieben

Mein Großvater hatte nur eine einzige Untugend: Er liebte Wildwestromane. Er besaß eine ganze Sammlung gelber Taschenbücher mit Titeln wie »Das Skelett des Büffels« und »Blaue Bohnen in der Silbermine«. Ich glaube, er hielt sie alle für Tatsachenberichte. Sie erinnerten ihn an die unbeugsamen paschtunischen Stämme, die niemand je wirklich unterworfen hat.

In seinen eigenen Büchern beschrieb er die stolzen Männer an der afghanischen Grenze in einem Stil, den er gleichermaßen seinen geliebten Wildwestromanen wie den Geschichten aus Tausendundeiner Nacht entlehnt hatte. Ich habe sie verschlungen. Es war eine Welt, in der eingebildete Kränkungen zu generationenlanger Blutrache führen konnten; wo Jungfrauen mitten in der Nacht – nicht immer gegen ihren Willen – von ihren heißblütigen Afridi-Verehrern entführt wurden; wo Frauen vorsichtshalber rote Hosen trugen, damit sie bei den häufigen Stammesfehden nicht irrtümlich von den Ihren erschossen wurden; wo ein Mann imstande war, fluchend zwischen den Zähnen hervorzuzischen: »Mögest du weiterleben, auf dass du Steuern zahlen kannst.«

Die Paschtunen fühlten sich natürlich nicht an irgendjemandes Gesetze gebunden. Doch sie hatten ihren eigenen ungeschriebenen Moralkodex, Paschtunwali, und wenn man diesen missachtete, war die Strafe schlimmer als der Tod: Es bedeutete den Verlust der Ehre. Ich kannte mich sehr gut aus in den Regeln des Paschtunwali. Wer beispielsweise auch nur einmal das Salz eines Paschtunen gegessen hat, kann sich nach dem Gesetz der Gastfreundschaft auf dessen Schutz und Achtung verlassen; *badal* fordert Blut für vergossenes Blut oder Beleidigung, *mamus* verpflichtet dazu, die Frauen zu beschützen und zu ehren, und *ghayrat* bedeutet das Recht, Besitz und Ehre notfalls mit Gewalt zu verteidigen.

Die Verehrung meines Großvaters für die freigeistige Gesetzlosigkeit der Paschtunen grenzte jedoch an Schwärmerei. Er neigte dazu, das äußere Bild des Paschtunwali zu übersehen, bei dem es ja eigentlich um Vergeltung für materiellen Verlust geht und um die ermüdende Pflicht, die eigene Würde vor anderen aufrechtzuerhalten. Er betrachtete es vielmehr als Metapher für die Veredelung, zu der der menschliche Geist fähig ist. Das Paschtunwali betonte Ehre, Großzügigkeit und Edelmut, und darin sah er Werte, die die menschliche Seele verwandeln können.

Bisher war mein Wissen über die Kulturen an der afghanischen Grenze völlig theoretisch gewesen. Zahir Shah und seine Männer waren die ersten Paschtunen, die ich aus der Nähe zu sehen bekam. Wieder waren wir unterwegs, und es war ein beschwerlicher Marsch. Alle waren erschöpft, dabei hatten wir noch einen langen Weg vor uns.

Durch die schmutzige Spritze hatte sich Zahir Shahs Gesäß entzündet. Er bekam einen Abszess und konnte nur unter größten Schmerzen gehen. Ich gab mir alle Mühe, Mitleid mit ihm zu empfinden, doch insgeheim musste ich über seine selbstverschuldete Notlage lächeln. Jetzt, wo ihm die Antibiotika etwas geholfen hätten, hatte er allen Glauben an sie verloren. Stattdessen benutzte er seinen Vorrat an bunten Pillen, um unsere Unterkunft in den *chai khanas* zu bezahlen, oder er verschenkte sie an Kinder. Uns eilte schon ein entsprechender Ruf voraus, und wo immer wir auftauchten, kamen uns die Dorfbewohner gleich entgegengelaufen und riefen: »*Dawa! Dawa!* Medizin, Medizin!« Nicht zum ersten Mal überlegte ich, dass das, was die Menschen brauchen und was sie sich wünschen, selten ein und dasselbe ist.

Wieder unterwegs, kehrten wir zurück zu unserem unentwegten *yakhnee* mit Brot. Ich fühlte mich krank und wurde überempfindlich. Zahir Shahs Angebot, mir über schwieriges Gelände hinwegzuhelfen, erschien mir nicht nur unerwünscht, sondern aufdringlich. Ich zog meine Hand zurück und hätte ihn beinahe angefaucht.

In der Tat näherte ich mich nach wochenlangem Marsch – in ständiger Anspannung, ohne Privatsphäre und ohne jede Kontrolle über Tempo oder Ziel – einem Zustand, der in Peschawar das »Afghanistan-Burn-out-Syndrom« genannt wird. Ein bezeichnendes Symptom dieser Psychose ist die Überzeugung, dass man selbst als Einziger noch vernünftig denken und handeln kann, während der Rest der Welt sich schlechterdings unerklärlich benimmt.

Der Marsch dauerte länger, als ich erwartet hatte. Die Mudschaheddin verirrten sich oft; es trifft nämlich keineswegs zu – wie man im Westen glaubt –, dass Bergbewohner sich in einer so kahlen Landschaft mit einer Art unsichtbarem Radar orientieren können. Schlimmer noch, ich hatte den starken Verdacht, dass Zahir Shah weite Umwege und manchmal tagelange Entbehrungen in Kauf nahm, in der

Hoffnung, in einem entlegenen Dorf eine bequeme Unterkunft und gute Mahlzeit zu ergattern.

Ich war verwirrt und wütend, ohne ein Ventil oder einen vernünftigen Grund für meine Wut zu haben. Ich war mit Flohbissen übersät. Jede Nacht spürte ich, wie Dutzende von kleinen Happen aus meinem Fleisch gebissen wurden. (Als ich schließlich heimkam, betrachtete ich mit Entsetzen meinen ausgemergelten und von Flohstichen zernarbten Körper; ich zählte über dreihundert Stiche, dann gab ich auf.)

Eines der Teehäuser wirkte ungewohnt gemütlich. Dann merkte ich, dass das lose Stroh schlängelnd über den Boden zu kriechen schien. Es kostete mich all meine Selbstdisziplin, hineinzugehen und mich hinzusetzen. Aus der Nähe erkannte ich, dass da nur Millionen von Grillen herumsprangen. Nun sind Grillen liebenswerte kleine Geschöpfe, aber in dieser Nacht träumte ich schlecht und weckte das ganze Zimmer auf, weil ich im Schlaf schrie – ein deutliches Zeichen, dass ich verstört war. Zahir Shah warf mir einen lüsternen Blick zu und erbot sich, mir die Füße zu massieren. Aus irgendeinem Grund erlaubte ich es ihm.

In einer anderen Nacht weckte mich ein entsetzliches Schreien, das verzweifelte Heulen eines Kindes, aber mit einem Unterton, den ich nicht richtig benennen konnte. Es klang übernatürlich verängstigt. Ich machte als Quelle des Lärms den kleinen Gandom aus, den Jungen mit den weizenfarbenen Wangen.

»Was ist los?«, fragte ich verschlafen.

»Er wurde vom Anführer ausgeschimpft«, sagte einer der Männer und wich meinem Blick aus. »Er weint aus Scham.«

Mir wurde bewusst, dass ich nun ganz auf die Gnade von

Zahir Shah und seinen Männern angewiesen war. Ich konnte nicht einmal allein von den Bergen herabsteigen; ein unbewaffneter Ausländer hat nicht viel Aussicht, in Afghanistan zu überleben. Nun war ich zur Sklavin des Abenteuers geworden, auf das ich mich so vergnügt eingelassen hatte. Während wir vor uns hintrotteten, flüchtete ich mich ins Grübeln und sann noch über das kleinste Fitzelchen paschtunischer Überlieferung nach, das ich aus der Vorratskammer meiner Kindheit hervorkramte.

Ab und zu hatte mein Vater eine warnende Anmerkung zwischen Großvaters endlose, ruhmreiche Geschichten von Ehre, Tapferkeit und Furchtlosigkeit der Paschtunen geworfen. »*Zar*, *zan* und *zameen* – Gold, Frauen und Land, das sind die drei schrecklichen Schwächen der Paschtunen. Pass auf, Saira Jan, das sind gefährliche Kerle.« Und dann wieder: »Was glaubst du wohl, warum die Paschtunen so viel Aufhebens vom Paschtunwali machen? Nicht weil sie sich immer daran halten, sondern um sich daran zu erinnern, wie sie sein sollten!«

Am nächsten Tag kamen wir an die Gebietsgrenze des Mudschaheddin-Stützpunkts, auf den wir angeblich die ganze Zeit zugehalten hatten. Für Zahir Shah bedeutete das Zivilisation. Zum ersten Mal begegneten wir anderen Mudschaheddin. Sie bedienten Flugabwehrgeschütze in Schützenlöchern. Endlich hatte ich das Gefühl, im Kampfgebiet zu sein. Doch gab es keinerlei Anzeichen für eine Offensive. Stattdessen wurde ich aufgefordert, ein paar Burschen zu fotografieren, die ihre Kalaschnikows polierten. Zahir Shah lümmelte unterdessen herum und erzählte unglaubliche Märchen von seinen Heldentaten.

Der Hauptstützpunkt war nur noch eine Tagesreise entfernt. Dort, so versicherte man uns, werde es jeglichen Komfort geben: gutes Essen und die Möglichkeit, unsere Kleidung zu waschen. Wir brachen auf und gingen an einem trockenen Flussbett entlang. Ein unbeschreibliches, verschlagenes Lächeln überflog Zahir Shahs zerfurchte Züge. Er fiel in Gleichschritt mit mir.

»Wenn wir im Lager ankommen, bist du mindestens einen Monat lang Gast der Mudschaheddin.«

Das war etwas Neues. Zahir Shah hatte das Wandern offenbar satt. Mir wurde ganz schlecht, als mir bleischwer bewusst wurde, dass ich schon jetzt im Verzug war – ich hatte für diese Reise nur wenige Wochen eingeplant –, und wir hatten bereits mehr als diese paar Wochen gebraucht, um immer tiefer nach Afghanistan hineinzuwandern. Inzwischen mussten meine Eltern einen Brief von mir bekommen haben. Mit der ganzen Dramatik einer Einundzwanzigjährigen hatte ich ihn mit den Worten begonnen: »Wenn ihr dies lest, bin ich schon an der Front im Innern Afghanistans …« Heute bricht mir schon beim bloßen Gedanken an diese Brutalität der Reueschweiß aus, aber damals dämmerte mir erst allmählich, welche Wirkung diese Botschaft auf meine Mutter haben mochte. Schlimmer noch: Bald wurde mein Bruder in Peschawar erwartet, und ich hatte in meinem Brief versprochen, bis zu seiner Ankunft zurück zu scin. Jetzt blieb mir nur, mich an dieses Versprechen zu klammern.

»Zahir Shah«, sagte ich entschlossen. »Ich danke dir für deine Gastfreundschaft. Aber wie du weißt, muss ich bis Ende des Monats wieder in Peschawar sein.«

Das war eine absurde, westliche Sicht der Dinge. Was bedeutete hier ein Tag, eine Woche, ein Monat, ein Jahr? In dieser Welt, in der unsere Füße auf harten Fels traten und Entfernungen in Eselstagen gemessen wurden, war schon die bloße Vorstellung von Zeit lächerlich.

Zahir Shah lachte brüllend – aber seine Augen verengten sich. »Was? Du wolltest den ganzen Weg hierhergehen und dann einfach wieder umkehren? Hältst du mich für verrückt?«

»Ich weiß, dass du ein Mann von Ehre bist und als solcher dein Versprechen hältst, mich bis Ende dieses Monats nach Peschawar zurückzubringen.«

Wir gingen eine Weile schweigend weiter. Dann versuchte er es anders. »Die Mudschaheddin sagen, dass es dieses Jahr auf den hohen Pässen früh geschneit hat. Sechs Menschen sind schon in einer Lawine umgekommen. Vor dem nächsten Frühjahr kann man die Berge nicht mehr überqueren.«

Diese Behauptung war schwerer zu widerlegen. Was, wenn das stimmte und der Weg versperrt war? Dann hatte ich keine Wahl, ich musste hier bleiben bis zum Frühling – oder wann immer die Mudschaheddin mich zurückzubringen gedachten. Dann konnte ich meinen Eltern keine Botschaft zukommen lassen, und sie mussten denken, ich sei tot. Das konnte ich meiner Familie einfach nicht antun.

Da bin ich wohl ein wenig durchgedreht. Ich berief mich auf die Verpflichtung zur Gastfreundschaft und erinnerte ihn daran, dass ich Gast der Mudschaheddin war. Zahir Shah blinzelte nur. Es war ein Machtkampf geworden, sein Wille gegen den meinen.

Ich tobte und wetterte. Die Gastfreundschaft der Mudschaheddin sei nichts wert. Ich hätte sie für Männer gehalten, die zu ihrem Wort stünden. Ob die Leute seines Clans Paschtunwali vergessen hätten, den alten Ehrenkodex, an den sich jeder freie Mann im Hindukusch halten müsse?

Die Ehre eines so kampflüsternen Volkes wie die Paschtunen zu beleidigen, ist ein riskantes Unterfangen. In Großvaters Paschtunwali-Erzählungen war es streng verboten, Frauen zu verletzen. Dennoch war es äußerst blauäugig von mir, meine Sicherheit zu riskieren im Vertrauen auf den Mythos einer idealisierten, fernen Kultur, der mir als Kind eingetrichtert wurde. Ich verlor die Beherrschung.

Ich riss mir den Geldgürtel vom Leib und schleuderte den Inhalt in den Fluss. Fünfhundert-Rupien-Scheine tänzelten auf dem Wasser. »Das ist das Bakschisch, das ich für die tapferen Mudschaheddin vorgesehen hatte. Soll der Fluss es haben, der hat mehr Ehrgefühl als sie!«

Als ich ein Kind war, erzählte mir Tante Amina von einer Prinzessin, deren Vater ein Mensch, deren Mutter aber ein Zauberwesen war, eine *peri*. Als die Prinzessin erwachsen war, schickte die Mutter sie zurück in die Welt der Menschen, wo sie hingehörte. Doch ehe sie sich trennten, zog die *peri* sich eine Feder aus dem Schwanz, gab sie dem Mädchen und sagte, wenn es einmal in höchster Not sei, solle es sie verbrennen. Wenn es sich genau an die Anweisungen halte, werde dieses Zeichen die Furcht erregende Fee selbst herbeirufen. Großvaters Paschtunwali-Erzählungen waren genau solch ein Zeichen. Sie lieferten mir eine Theorie der paschtunischen Ehre, mit der ich deren Wirklichkeit heraufbeschwören konnte. Ich hatte gesprochen, ohne nachzudenken und ohne Rücksicht auf den Symbolgehalt meines Tuns, aber Zahir Shah gab sofort nach. »Selbst wenn wir alle umkommen – ich werde dich über die hohen Pässe zurückbringen«, brüllte er. »Die Ehre der Mudschaheddin verlangt es.«

Ich fand diesen jähen Wandel beunruhigend. Ich hatte das ungute Gefühl, kaum fassbare Kräfte losgetreten zu haben. Meine Wut war so schnell verraucht, wie sie aufgeflammt war. Nun schämte ich mich sehr. Die Mudschaheddin kamen vorsichtig zu mir und gaben mir die Geldscheine zurück, die sie aus dem Fluss gefischt und so gut wie möglich getrocknet hatten.

Ich fragte mich, welche Auswirkungen dieser wütende Auftritt wohl nach sich ziehen würde. Ich hatte das ungute Gefühl, dass ich zwar mein eigentliches Ziel, die Rückkehr nach Peschawar, erreicht hatte, dafür jedoch eine Kette von Ereignissen ausgelöst hatte und dass mir das noch einmal Leid tun würde.

Wir trotteten weiter und kamen abends an einem weiteren Stützpunkt an. Zahir Shah war honigsüß. Er lieh mir einen sauberen *shalwar kamis* und schickte die Mudschaheddin fort, um den meinen zu waschen.

Ich ging zu einem Teich und schaffte es, meine Haare in dem eiskalten Wasser zu waschen. Zusätzlich zu dem üblichen *yakhnee* und Brot hatte dieses Lager einen winzigen Gemüsegarten. Ich war außer mir vor Aufregung. Ich wusste, dass wir als Gäste die besten und zartesten Erzeugnisse bekommen würden: feine Babykarotten oder vielleicht ein bisschen Spinat. Alles, nur kein ranziges Schafschmalz.

Doch als das *yakhnee* kam, wurde als Beilage nur ein Gericht aus langen, weißen, knolligen Wurzeln gereicht. Ich biss hinein, der Geschmack war unverkennbar. Aus Gründen, die nur ihnen bekannt waren, hatten die Mudschaheddin in diesem Lager ihren ganzen Gemüsegarten zum Anbau von Rettichen verwendet. Sie waren so scharf, dass ich nur einen einzigen zu essen vermochte, dann wurde mir schon schlecht.

Ich ging zu Bett. Statt des üblichen gemeinsamen Schlafraums hatte dieses Lager einzelne Zellen. Als Ehrengast hatte man mir eine gegeben, in der sogar zwei eiserne Bettgestelle standen. Auf eines davon ließ ich mich fallen, entzückt über so viel Komfort.

Irgendwann hörte ich einen gewaltigen, dumpfen Schlag und ein Rasseln. Zahir Shah war hereingeschlichen und hatte sich des anderen Betts bemächtigt.

»Geh raus!«, knurrte ich, schlagartig wach. Zahir Shah fuhr ein wenig zusammen, machte es sich aber dennoch trotzig auf dem Bett bequem.

»Kennst du die Bedeutung des Wortes *azzat*?«, kam seine Stimme aus der Dunkelheit.

»Ja – Ehre.« Ich fragte mich, wohin das führen würde.

»*Azzat* ist das Allerwichtigste. Die Ehre eines Mannes. Was die anderen über ihn sagen. Diese Geschichte mit dem Geld, dem Bakschisch für die Mudschaheddin, das du in den Fluss geworfen hast ... Darüber wird man reden, natürlich nicht draußen, aber unter unseren *qom*, unseren eigenen Leuten. Dann heißt es womöglich, die Mudschaheddin hätten einem Gast nicht die nötige Aufmerksamkeit gewidmet – und das ist ein Verlust von *azzat*.«

Ich schämte mich nun aus ganzem Herzen. Ich sagte Zahir Shah, dass er ein außerordentlich ehrenwerter Mann sei und eine schwache Frau in schwierigen Situationen mitunter die Nerven verliere.

Zahir Shah nahm sofort seinen Vorteil wahr. »Saira *Jan*, darf ich nicht vielleicht zu dir rüberkommen?«, fragte er. Dies nach seiner Predigt über die Ehre – es war fast zum Lachen. Da hörte ich das unmissverständliche Klicken des Entsicherns, und beklommen erinnerte ich mich der Pistole, die er immer im Gürtel trug. In dem nun folgenden Schweigen überlegte ich, was ich tun würde, wenn er mich bedrohte. Ich merkte, dass ich keine Angst hatte, ich wollte nur stur bleiben.

»Ich habe eine Waffe, ich kann dich erschießen«, sagte er im Plauderton.

»Na gut, wenn eure *azzat* dir gestattet, eine Frau zu erschießen, dann nur zu.«

Es war ein gefährlicher Augenblick in der Dunkelheit. Ich spitzte die Ohren und hörte, wie das Magazin herausglitt – wollte er nachladen? Er ging ein paar Schritte auf mich zu. Ich glaubte nicht, dass er zu schießen wagte, war mir aber nicht hundertprozentig sicher. Ich dachte an meinen Großvater und hoffte, dass seine Märchen von der paschtunischen Ehre wenigstens ein Fünkchen Wahrheit enthielten.

Dann plumpste etwas auf meine Matratze. Es war die Pistole. »Erschieß mich«, sagte Zahir Shah, »denn du bist ohnehin für meinen Tod verantwortlich.«

Plötzlich wusste ich das Geräusch, das ich gehört hatte, einzuordnen: Zahir Shah hatte das Magazin entleert. Angesichts dieser Kombination aus Dramatik und Vorsicht konnte ich mir das Kichern kaum verbeißen. Ich schob die Pistole tief unter mein Kopfkissen.

»Gute Nacht.«

Daraufhin herrschte trotziges Schweigen. »Wenn du mich

nicht erschießt, gib mir meine Waffe zurück«, bat er schließlich.

»Versprich mir bei deiner *azzat* als Afghane, Kommandeur und Paschtune, dass du mich in Ruhe lässt, dann gebe ich sie dir.«

Am nächsten Tag hatten wir uns auf dunkle Weise geeinigt: Wir würden ohne Verzögerung nach Peschawar aufbrechen. Obwohl ich ihm hinter verschlossenen Türen eine Abfuhr erteilt hatte, funktionierte Zahir Shahs Plan. Er hatte sein Ansehen in den Augen seiner Männer wiedergewonnen. Sie wussten nur, dass ich die ganze Nacht mit ihrem Anführer allein gewesen war. Also war ich trotz all meiner klugen Reden nur eine westliche Prostituierte. Zahir Shah stolzierte betont männlich durch die Gegend. Allmählich bekam ich eine Vorstellung davon, wie wichtig der *Anschein* einer intakten Ehre war.

»Die Mudschaheddin sind stark und tapfer. Dem Gast zuliebe trotzen sie dem Tod durch Eis und Schnee«, donnerte Zahir Shah. Er gefiel sich in der Heldenpose, und seine Männer schauten beifällig zu. Sein Gesicht war gewahrt, sein Ruf gerettet.

Als ich die Schneemassen auf den hohen Pässen sah, glaubte auch ich allmählich, dass seine Warnung nicht nur Gerede gewesen war. In wenigen Wochen war die Schneefallgrenze weit unter die Baumgrenze gerutscht, was bedeutete, dass jeder Berg doppelt so schwer zu bezwingen war. Wir rutschen und schlitterten auf dem Eis. Ich versuchte, mich an den schneebeladenen Ästen festzuhalten. Mich verfolgte der Gedanke, dass ich schuld wäre, wenn wir alle in einer Lawine umkämen. Wir kauten Pinienharz, um den nagenden Hunger zu verdrängen.

Aus diesem Nebel aus Gehen und Schlafen, durchsetzt von Flohbissen und grünem Tee, schälen sich nur noch wenige Ereignisse heraus.

Wir stolpern durch den Schnee. Meilenweit nichts als Berggipfel und funkelndes Weiß. Da nähert sich aus der Gegenrichtung eine seltsame Prozession: Etwa sechs Männer, die eine mit Tüchern bedeckte Bahre tragen. Sie kommen mir vor wie die Figuren einer Miniatur in einer mittelalterlichen Handschrift.

Angesichts der schweigenden Konzentration der Gruppe blieben wir stehen, regungslos, während die Männer näher kamen – dazu brauchten sie fünf bis zehn Minuten. Die üblichen, laut gerufenen Grüße blieben aus. Wenn der Mann auf der Bahre verletzt war, warum trugen sie ihn dann fort von Pakistan, wo Hilfe möglich wäre? Und wenn er tot war, warum um alles in der Welt nahmen sie diese gefährliche Reise auf sich?

Mit steinerner Miene und in wenigen Worten erklärten uns die Trauernden, sie hätten den Mann nach Pakistan gebracht, damit er dort behandelt würde, aber nach einer Woche sei er unterwegs, gleich hinter der Grenze, seinen Verletzungen erlegen. Damit sei er zum Märtyrer geworden, und ihm stünden die höchsten Ehren zu. Da seine Seele nun in Allahs Hand sei, trügen sie seine sterblichen Überreste den langen Weg ins Dorf zurück, damit ein Mann, der das größte Opfer gebracht habe, nicht würdelos in fremder Erde bestattet werde.

Zum ersten Mal seit Wochen wurde mir bewusst, dass dies hier kein Spiel war. Dass in diesen Bergen ein Krieg geführt wurde, der mehr beinhaltete als die Macho-Posen und Angebereien der Mudschaheddin. Wir standen da und schauten, bis die Prozession aus unserem Blickfeld verschwand. Für mich verkörperte sie die Seelengröße, zu der der Mensch auch unter den aussichtslosesten Umständen fähig ist.

Sie rief uns auch in Erinnerung, in welch gefährlicher Situation wir uns befanden. Hier, noch weit entfernt von der Grenze, war ein Schuss in den Leib gleichbedeutend mit einem Todesurteil. Genauso war es bei einem medizinischen Notfall, etwa bei einer Blinddarmentzündung. Und ein Tritt auf eine der unzähligen, überall verstreuten Landminen konnte den sofortigen Tod bedeuten.

Um ein Dorf machten wir bei einbrechender Dämmerung einen großen Bogen. Normalerweise hätte Zahir Shah es geradewegs angesteuert und um Essen und Unterkunft gebeten. Ich merkte deutlich, dass die Gruppe nervös war. Zwei oder drei Männer gingen voraus, die Kalaschnikows im Anschlag. Zwei andere bildeten die Nachhut. Zahir Shah und ich gingen in der Mitte.

»Was ist los?«, fragte ich.

»Blutrache«, antwortete Zahir Shah knapp. »Der Bruder dieses Mudschahed wurde umgebracht, deshalb hat er zwei Männer aus der Familie des Mörders erschossen. Jetzt wollen sie ihn töten. Dieses Dorf ist für unsere Gruppe nicht sicher.«

Es war ein langer, mühsamer Marsch durch die Dunkelheit; blind tasteten wir uns den steilen Bergpfad entlang. Es schien mir zu dieser geheimnisvollen Welt zu passen, dass ich, so angestrengt ich auch versuchte, ihren Schleier zu lüften und einen Blick auf sie zu werfen, immer nur auf neue Geheimnisse stieß.

Der Junge, der die Mörder seines Bruders getötet hatte, wurde über einen anderen Weg geführt, weiter weg vom Dorf. Er hatte braune Locken und sanfte Kinderaugen. Er war etwa siebzehn.

Kurz vor der Grenze trafen wir auf einen Mann, der Ziegen hütete – die erste Herde, die wir seit Wochen erblickten. Mit meinen hungrigen Augen sah ich keine niedlichen kleinen Tiere mehr, sondern nur noch Essbares. Einer plötzlichen Eingebung folgend, fragte ich, wie viel eine Ziege kosten würde. Der Preis lag bei etwa vierzig Pfund, in Afghanistan eine ansehnliche Summe – und für mich damals auch.

Ich kaufte sie sofort. Auf der Stelle hob sich die Stimmung in der Gruppe. Die Mudschaheddin führten das Tier abwechselnd am Strick. Sein verzweifeltes Meckern steigerte nur unsere Festtagslaune. Wir lächelten einander zu, wenn wir uns ansahen. Heute Abend würde es ein Festmahl geben.

Unvorsichtig geworden, liefen wir geradewegs in einen Hinterhalt.

Der Weg war breiter geworden; wir durchquerten gerade ein Tal. Da begannen vor und hinter uns Mörsergranaten einzuschlagen; später lernte ich, dies als schlechtes Zeichen zu deuten. Es hieß, dass man sich mitten im Schussbereich befand.

Mein erstes Gefühl war eine Art Empörung. Ich wollte schreien: »Ich bin doch anständig, ihr Idioten, ich bin ein anständiger Mensch, ich habe noch nie jemandem etwas getan. Warum um alles in der Welt verschwendet ihr eure kostbare

Munition an mich?« Vor ein paar Wochen war ich noch auf der Universität gewesen, war in Studentenkonzerte gegangen und hatte im Union Café Cappuccino getrunken.

Eine Granate krachte auf die Straße, und ich warf mich in einen Graben, den ich einen Augenblick zuvor noch gar nicht gesehen hatte. Das Mörserbataillon hatte sich offenbar inzwischen eingeschossen, denn die Granaten fielen schneller. Sobald das Adrenalin meinen Kopf geklärt hatte, arbeitete mein Gehirn rasend schnell. Ich hatte jede Menge Zeit, um Entscheidungen zu treffen. Flüsternd zählte ich die Granaten mit. Als ich acht oder neun Einschläge gehört hatte, hatten sich auch die anderen in den Graben gerettet, und Zahir Shah bekam endlich die Chance, uns zu zeigen, warum er der Anführer war.

»Es hat keinen Sinn umzukehren. Sie haben uns den ganzen Weg beobachtet und gewartet, bis wir ihnen richtig vor die Flinte gelaufen sind. Wir müssen weitergehen«, sagte er.

Ich begriff seine Argumentation, aber sich weiter in Richtung Feuer zu bewegen erschien mir trotzdem widernatürlich. Dennoch war ich überzeugt, dass ich überleben würde. In einem ganz bestimmten Augenblick gab ich die Verantwortung ab. Das hatte nichts mit Religion zu tun, es war eher eine Art Einklang mit den Geschehnissen. Vielleicht ist das ein Überlebensmechanismus. Dieser Grad von Wachsamkeit hatte etwas Belebendes, wie wenn man reinen Sauerstoff einatmet. So waren die Menschen eigentlich gedacht, schoss es mir durch den Kopf, so schnell, so sicher in ihren Entscheidungen.

Auf ein Zeichen von Zahir Shah verließen wir den schützenden Graben und begannen, den Weg hinunterzurasen.

Öfter als nötig bückte ich mich, um in Deckung zu gehen, aber selbst in diesen Augenblicken lernte ich etwas. Mein Ohr stimmte sich auf den Ton der Granaten ein: Dieser Knall ist laut, du kannst also weiterlaufen – dieses Pfeifen bedeutet eine Granate über dir, geh also lieber in Deckung.

An einer Stelle hörte ich ein deutliches Pfeifen, und da sich in der Nähe keine Deckung bot, warf ich mich platt auf die staubige Straße. Und tatsächlich sah ich eine Granate aufkommen. Ich kann diesen Augenblick wie einen Videofilm vor meinem geistigen Auge abspielen: Sie fiel auf die Grasstoppeln und Steine rechts von mir und hüpfte noch einmal hoch, als sie aufschlug. Verblüffenderweise detonierte sie nicht. Ich war tief beeindruckt. Bei einer Explosion wäre ich tot gewesen. Ein paar Sekunden später kam ich an einer zweiten vorbei, die auch nicht losgegangen war.

Dunkel war ich mir der Ziege bewusst, die hinter mir in panischem Schrecken meckerte. Der Tunbridge-Wells-Teil meiner Seele dachte: Wenn wir hier lebend rauskommen, muss ich diese arme Geiß freilassen. Nach ein paar Minuten hatten wir den Schussbereich des Mörsers hinter uns. Die Beschießung ließ nach, als der unsichtbare Feind merkte, dass wir vorbei waren. Wir begrüßten einander wie verloren geglaubte Freunde, ein wenig verwundert, dass wir alle unverletzt entkommen waren. Als Hinterhalt war das Ganze unbedeutend gewesen, da viele Granaten ergebnislos verschossen worden waren. Aber mich überkam trotz meines schlechten Gewissens eine Woge von Zufriedenheit. Endlich konnte ich sagen, dass ich etwas vom Krieg gesehen hatte.

Wunderbarerweise hatten wir auch die Ziege durchs Feuer gerettet; sie hing immer noch an ihrem Strick. Sie hatte

Schaum vorm Mund und rollte mit den Augen. Als der Hunger in mir wieder die Oberhand gewann, wurde mir klar, dass ich die Mudschaheddin niemals ihrer ersten ordentlichen Mahlzeit seit Wochen berauben konnte, schon gar nicht, nachdem sie Leib und Leben riskiert hatten, um sie zu retten.

Am Abend gab es ein Ziegen-Festmahl. Zahir Shah spielte den großartigen Gastgeber und bestand darauf, dass ich den ersten Bissen vom Hirn bekam. Mit schmutzigen Fingern nahm er für mich ein kleines Stück weg. Es war köstlich und sehr zart. Dann schlang der Kommandeur vor den hungrigen Augen seiner Männer den Rest hinunter.

Am nächsten Morgen füllten wir uns die Taschen mit kaltem Fleisch. Es war wunderbar, in der frischen, spätherbstlichen Luft dahinzuwandern, lebendig und die Taschen voller Ziegenfleisch. Wir witzelten und klopften uns auf die Schultern, endlich miteinander verbunden. Zahir Shah hatte alle Drangsal und Erniedrigung vergessen und war stolz darauf, dass er seine Gruppe aus der Gefahr geführt hatte. Er feierte das mit Siegerposen auf Geröllblöcken: die Hand über den Augen und den Blick auf ferne Bergketten gerichtet. Diesmal machte es mir Spaß, ihn zu fotografieren. Das war wohl das Mindeste, was ich tun konnte.

Ohne weitere Zwischenfälle kehrten wir in die Stammesgebiete zurück. Drei Tage musste ich dort Zahir Shahs Gastfreundschaft durchstehen, bis er überhaupt auf den Gedanken kam, mich nach Peschawar zurückzuschicken, und es fiel mir schwer, immer die angemessene Höflichkeit zu bewahren.

Seine Frau, noch immer etwas schockiert über meine

Männerkleidung, die jetzt obendrein sehr abgetragen war, gab mir freundlicherweise ein afghanisches Frauenkleid. Als ich bei der Abreise nach Peschawar schließlich meine Burka anlegte, bemerkte Zahir Shah: »Du bist eine sehr männliche Frau.« Das war die größtmögliche Auszeichnung, die sein Wortschatz hergab.

Bei der Ankunft in Peschawar schauten wir bei dem ehemaligen afghanischen Brigadekommandeur und jetzigen Mudschaheddinführer vorbei, der meine Reise organisiert hatte. Er freute sich, dass ich wieder da war, und wollte unbedingt, dass wir gleich zum Pilau blieben. Während des Essens trat plötzlich mein Bruder Tahir ins Zimmer, kreideweiß im Gesicht. Seit Tagen hatte er wie besessen versucht herauszubekommen, wo ich mich befand. Endlich – etwa zu dem Zeitpunkt, wo wir beschossen wurden – war er zufällig auf den Brigadekommandeur gestoßen. Der zog Erkundigungen ein und hörte, wir seien in einen Hinterhalt geraten. Nähere Einzelheiten, ob jemand verletzt sei, gab es nicht. Meinem Bruder gegenüber, den meine Familie nach den Regeln des Paschtunwali sehr wohl hätte losschicken können, um für die Entführung und den Verlust einer Schwester einen Blutzoll einzutreiben, machte er Ausflüchte.

Als er schließlich erfuhr, dass wir in Sicherheit waren, erzählte der zu makabren Scherzen neigende Kommandeur meinem Bruder, wir seien in ein Geplänkel geraten und wahrscheinlich tot. Dann lud er ihn zum Pilau ein, um darüber zu reden. Tahir erkannte mich erst nicht; zu angestrengt vermied er einen Blick auf die afghanische Frau, die da erstaunlicherweise mit den Männern zusammen aß. Als ich ihn begrüßte, überzog unaussprechliche Erleichterung sein Gesicht.

»Gott sei Dank!«, rief er. »Mama hätte mich umgebracht, wenn ich ihr hätte sagen müssen, du seist tot.« Da war er wieder, der Kulturschock.

Ich denke oft an diese wundersame Reise zurück, und dann frage ich mich, was aus den außergewöhnlichen Frauen wie Karima und Aysha, der Frau des Khan, wohl geworden sein mag.

Zahir Shah sah ich niemals wieder, aber ich hörte von ihm. Nur drei Jahre später arbeitete ich infolge einer Verkettung verschiedener Ereignisse für einen Radiosender in Bern und versuchte verwirrt, aus den Schweizer Nachrichten klug zu werden. Der leitende Redakteur reichte mir eine Nachricht vom Ticker und sagte: »Hast du nicht gesagt, du kennst dich mit Afghanistan aus? Ist der Typ hier wichtig?«

Es waren nur vier Zeilen. Es hieß, Zahir Shah sei in den Stammesgebieten von Pakistan erschossen worden und alle Anzeichen sprächen dafür, dass es sich um das Attentat rivalisierender radikal-islamischer Mudschaheddin gehandelt habe. Wahrscheinlich hatte irgendein Hilfsredakteur seinen Namen mit dem des früheren Königs von Afghanistan verwechselt, sonst wäre die Meldung kaum über den Ticker gegangen.

»Nein, der ist nicht wichtig. Das ist der falsche Zahir Shah«, hörte ich mich sagen, aber in Gedanken war ich woanders.

Ich dachte an ihn, wie er sich auf den Felsbrocken in Positur warf, wie er uns durch den Granatenhagel führte, wie er seine Waffe entlud, ehe er sie mir gab, und wie er sich das Schaffett in den glänzenden, schwarzen Bart rieb. Ich konnte nicht anders als liebevoll an ihn denken – und auch an seine Frau, die jetzt keine Pille mehr brauchte, um keine Kinder mehr zu bekommen.

Kapitel Acht

Es war einmal ein Falke, der entflog seinem König und landete vor dem Haus einer alten Frau. Sie hatte noch nie einen Falken gesehen und beschloss, sich um ihn zu kümmern. Sie schnitzte ihm den krummen Schnabel gerade, nahm ihm die Haube ab und stutzte ihm die Krallen. »So«, sagte sie, als sie fertig war, »jetzt siehst du schon mehr nach einer Taube aus.«

Dschalaluddin Rumi, Mathnawi

Nach der Rückkehr von meiner Reise mit Zahir Shah ließ ich mich in Peschawar nieder und machte mich als freie Journalistin für verschiedene Zeitungen und Zeitschriften selbständig. Es war Ende 1986, die eisigste Phase von Präsident Reagans Kaltem Krieg. Pakistan wurde als Frontstaat gesehen, der jetzt, wo die Rote Armee vor der Tür stand, unterstützt werden musste. Die Militärdiktatur von General Zia ul-Haq erhielt von den USA Milliarden Dollar Militärhilfe und spielte dafür den Gastgeber für zweieinhalb Millionen afghanische Flüchtlinge und die zerstrittenen afghanischen Mudschaheddin. Die Vereinigten Staaten betrachteten den Konflikt in erster Linie als Kampf der Demokratie gegen den Kommunismus und merkten dabei nicht, dass ihre Verbündeten einen ganz anderen Krieg führten. Amerika musste sich ganz auf den pakistanischen Geheimdienst verlassen, wenn es den Widerstandskämpfern Militärhilfe zukommen lassen wollte. Eine undurchsichtige Gruppe pakistanischer Offiziere gab diese jedoch an die eigenen Freunde weiter. Dank des pakistanischen Geheimdienstes ISI schürten die USA einen Brand, einen extremistischen politischen Islam, der bisher innerhalb von Afghanistan nahezu unbekannt gewesen war.

Der Löwenanteil der US-Militärhilfe ging an einen Paschtunen namens Gulbuddin Hekmatyar, der jahrelang in Pakistan im Exil gelebt hatte. Gulbuddin war für kurze Zeit Kommunist gewesen und dann nach einem Damaskus-Erlebnis zum radikalen Islamisten geworden. Paradoxerweise waren sich diese beiden Strömungen ähnlich: Beide glaubten, dass Afghanistans in der Tradition verhaftete Gesellschaft nur durch eine Revolution hinweggefegt werden könne. Gulbuddin wurde von Hass getrieben – aber nicht auf den Kommunismus. Er verachtete alle Ungläubigen, einschließlich derer, die ihn unterstützten. Amerikanische Diplomaten witzelten damals unverhohlen: »Je weniger uns eine politische Gruppierung ausstehen kann, desto mehr Geld geben wir ihr.«

Die USA sahen nur, was sie sehen wollten, aber auch ich war von dieser Schuld nicht frei. Ich behauptete zwar, nach der Wahrheit zu suchen, jagte aber noch immer einem Mythos hinterher. Ich wollte nicht diesen kaputten, vom Krieg zerstörten Ort, ich wollte die verlorene Heimat, von der man mir erzählt hatte.

Es dauerte nicht lang, bis ich jemanden fand, der mein idealisiertes Afghanistan verkörperte. Professor Majrooh war ein international anerkannter Gelehrter. Mit seinen finsteren, buschigen Augenbrauen glich er einem grimmigen, manchmal mürrischen Falken. Aber in seinen scharfen Augen lag ein Glitzern, und sie blickten freundlich.

Er gehörte zu der gebildeten Elite, die ihren Einfluss im Lauf der Zeit hauptsächlich dazu benutzt hatte, sich außer Landes zu stehlen; sein Kabul war eine Stadt mit italienischen Restaurants, Vergnügungsfahrten und Kunstexkursionen. Auch er hätte fortziehen können, aber statt den gut bezahlten Lehrauftrag einer amerikanischen Universität anzunehmen, blieb er in Peschawar in einem winzigen Büro, zusammen mit dem zwergengesichtigen Diener, der mit ihm aus Kabul geflohen war.

Ich tauchte immer unangemeldet in seinem Büro auf – vorgeblich, um seine Ansichten über den Konflikt zu hören, aber eigentlich kam ich nicht aus journalistischen Gründen. Ich suchte einen Mentor, vielleicht einen väterlichen Märchenerzähler als Ersatz für den in England zurückgelassenen.

Majrooh beklagte als einer von wenigen, dass die US-Dollars den islamischen Radikalismus förderten. »Dieser Fundamentalismus ist Afghanistan fremd. Das ist nicht der Islam«, sagte er immer.

Ich nickte bewundernd, aber eigentlich hörte ich nicht zu. Allmählich verfolgte ich den Professor regelrecht. Nur er schien den Schlüssel zu meinem mythischen Afghanistan zu haben. Majrooh hatte unendlich viel Geduld mit dieser naiven, lästigen Einundzwanzigjährigen. Oft zwinkerte er mir zu und schlug vor: »Kommen Sie nach vier Uhr noch mal.« Um diese Zeit rüstete er sich mit einer Flasche Whiskey und wurde mitteilsam. Dann verblasste sein schäbiges Büro für ein Weilchen, und ich wurde zu seiner aufmerksamen Studentin. Ich wusste nie, ob ich eine politische Analyse oder eine begeisterte Abhandlung über die klassischen persischen Dichterphilosophen zu hören bekäme. Seine Beredsamkeit ließ sich von den Schwingen des rätselhaften Hafis, des lyrischen Khayyam und des Ehrfurcht gebietenden Rumi emportragen. Was auch das Thema seiner Erörterung sein mochte – immer kehrten wir zu unserer gegenwärtigen Situation zurück.

»… Der Dichter Hafis konnte nur etwas zu Papier bringen, wenn er ein Glas Wein getrunken hatte. Dennoch staunen die Menschen bis heute über die Macht seiner Dichtung. Wir haben in Afghanistan unsere eigene islamische Tradition. Sie betrachtet eher das Innere, das Eigentliche, und nicht so sehr das Äußere wie die Kleider, die man tragen oder die Rituale, die man vollziehen muss. Was haben die schon zu bedeuten, verglichen mit dem wahren Zustand des jeweiligen Menschen?«

Peschawar hatte damals etwas Gefährliches, Heftiges an sich; die Stadt war eine Mischung aus Wildem Westen und Casablanca, als taumele sie am Rand eines ungeheuren Chaos, das sie jeden Augenblick verschlingen konnte. Wenn man in einer der wenigen Bars der Stadt Alkohol trinken wollte, musste man einen heiligen Eid schwören, dass man ein Ungläubiger und gewohnheitsmäßiger Trinker war. Dies verlieh dem Ganzen einen Anflug von Unterwelt.

Meine Kumpanen waren Propagandisten, Spione, Drogenhändler, Waffenschmuggler, Weltverbesserer, Schreiberlinge, Gammler und richtig Abgestürzte. Ich verkehrte mit einer Sorte Menschen, der ich in Tunbridge Wells nie begegnet war.

Da gab es einen Polen, der sich nur mit den Russen anlegen wollte. Dann gab es Art, den New Yorker Drogenpolizisten, der irgendwas Geheimnisvolles mit Heroin vorhatte. Es gab haufenweise englische Schulabgänger, die scharf darauf waren, mit den »Mudsch« einen kleinen Ausflug nach Afghanistan zu machen und ein paar Granatenhülsen als Trophäen für ihre Buden in Fulham zu sammeln. Es gab einen wechselnden Bestand an grauhaarigen amerikanischen Kriegsberichterstattern, die »Nam« und »Bode« überstanden hatten und fanden, »Af« könnten sie jetzt auch noch mitnehmen, ehe sie in den Ruhestand gingen.

Und dann gab es noch Hank. Hank sah man oft an der Bar im American Club. Er war Lokalreporter für einen amerikanischen Fernsehsender, aber er deutete gern an, dies sei nur eine Tarnung für seine Arbeit bei der CIA. Er bemühte sich sehr, dieses Image zu fördern; so wohnte er zum Beispiel in einer Villa, die seine finanziellen Verhältnisse weit überstieg und auf deren Dach eine riesige Satellitenschüssel montiert war. Auf dem Esstisch stand strategisch klug platziert ein Foto von Hank, wie er gerade einen verwirrt blickenden Präsident Reagan begrüßt.

Ich frage mich oft, welche Freuden das Leben Hank nach dem Zusammenbruch der Sowjetunion noch zu bieten hat. Wen kann er jetzt noch so leidenschaftlich hassen? Hank fürchtete politische Unterwanderung wie der Fromme geistige Verderbtheit. Nach Möglichkeit ging er allen aus dem Weg, die er verdächtigte, nicht »auf unserer Seite« zu stehen. Als ich zum ersten Mal nach Peschawar kam, zischte er mir ins Ohr: »Kennst du den Soundso? Das ist ein Kommunist! Kennst du den und den? KGB! Kennst du den? Der ist vom KHAD, afghanischer Geheimdienst!« Ich glaubte alles, bis mich ein neuer Bekannter folgendermaßen ansprach: »Ich habe von Hank gehört, Sie seien Spionin …« Ich für mein Teil vermute, dass nicht einmal die CIA Hank beschäftigen wollte.

Er war ein kleiner Mann mit Glubschaugen und kreuz und quer stehenden Zähnen, sah sich aber als romantische Figur, als eine Art Lawrence von Arabien. Er ging dazu über, afghanische Kleidung zu tragen, sich einen Bart wachsen zu lassen und anderen Reportern zu sagen, was sie schreiben sollten und was nicht. Später hielt er sich Raubvögel, und manchmal sah man ihn mit einem Falken, der edel an der Fessel auf seiner Hand hockte, in einsamem Glanz durch den Park seiner riesigen, leeren Villa schreiten.

So wie Hank die Sowjets als die Bösen brauchte, brauchte er die Mudschaheddin als die Edelmütigen. Sie mussten gut sein, ja mehr noch, sie mussten auf eine Weise gut sein, die er begriff. Er hatte kein Verständnis für den zunehmend zersplitterten Konflikt in einem Land, dessen Religion und ethnisches Gleichgewicht so empfindlich waren. Er wollte glauben, dass die Mudschaheddin kämpften, weil sie den Kommunismus verabscheuten, genau wie er. Hank brauchte einen Mythos, und er brauchte ihn so dringend, dass er fand, jeder andere müsse auch daran glauben.

Was mich betraf, so hinterfragte niemand meine Selbstdarstellung als Reporterin, doch wenn ich am Anfang keine Story verkaufen konnte, war ich so pleite, dass ich manchmal nach Afghanistan ging, nur um auf Kosten der Mudschaheddin zu essen.

In Peschawar lebten alle in einer seltsamen Welt, parallel zu dem Krieg in Afghanistan, wie Schattenfiguren der wirklichen Schauspieler jenseits der Grenze. Wir beäugten argwöhnisch die Straße nach Afghanistan. Wir alle träumten davon, eines Tages, wenn der Krieg vorbei wäre, diese Straße entlangzufahren. Und insgeheim fürchteten wir alle, dass stattdessen eines Tages Krieg, Not und Elend auf uns zugerast kommen könnten.

Vorläufig war die Straße gesperrt. An der Stadtgrenze schickten pakistanische Kontrolleure die Ausländer zurück. Die afghanischen Flüchtlinge brauchten niemand, der ihnen befahl, in dieser staubigen Wüste zu bleiben. Es war eine erstickende Atmosphäre in Peschawar, als wenn jeder Atemzug die Brust einschnürte und die Lungen kollabieren ließe. Vielleicht lag es aber auch an mir: Ich hyperventilierte und war trunken angesichts dieser wilden neuen Welt, in die ich mich gewagt hatte.

Tagsüber saß ich immer in Lala's Grill, dem Restaurant eines schäbigen Hotels namens Green's. Wenn man durch die Tür kam, raschelten Zeitungen. Sie gehörten den Legionen von Spionen aus Pakistans zahlreichen Geheimdiensten, die ein Auge auf die Ausländer hatten. Man erkannte die pakistanischen Dunkelmänner gleich: Sie trugen die vorgeschriebenen dicksohligen *chappals* – Sandalen – und Sonnenbrillen. Der Gedanke, dass ich wichtig genug war, um von Geheimdiensten überwacht zu werden, steigerte noch den erregenden Reiz des Ortes. Ich ging furchtbar gern in Lala's Grill.

Eingesperrt in dieses Goldfischglas, starrte ich durch getönte Scheiben auf den herrlichen, tobenden Wahnsinn da draußen. Meist fanden irgendwelche Demonstrationen statt. Eine Prozession – so hieß das – war das allgemein anerkannte Ventil für Peschawars unerträgliche Widersprüche und Spannungen. Mal marschierten Opiumproduzenten vorbei und forderten, den Mohnanbau zu legalisieren. Ein andermal riefen Studenten, man solle ihnen erlauben, beim Examen zu schummeln. Ab und zu kamen islamistische Radikale vorüber, die Herzen geweitet vom Freitagsgebet in der Moschee am Ende der Straße, priesen Allah und schossen mit ihren Kalaschnikows in die Luft. Einmal stürmte eine glückliche, erregte Menge vorbei, um die Redaktion des Lokalblattes *Frontier Post* anzuzünden, das die ehrwürdigen islamischen Gestalten Adam und Eva ketzerischerweise nackt abgebildet hatte.

Stunde um Stunde saß ich in meiner sicheren Blase wie ein Zuschauer am ersten Schöpfungstag und beobachtete, wie sich diese aufregende, verwirrende neue Landschaft entwickelte. Selbst im Innern dieses Goldfischglases ahnte ich, wenn ich eines Tages aus dieser Stadt klug werden wollte, musste ich weit heiklere Barrieren überwinden als eine schmutzige Fensterscheibe. Schon wenn ich in Lala's Grill etwas zu trinken bestellte, war das jeden Tag eine Zerreißprobe.

»Ein Lassi bitte, mit Salz«, sagte ich.

»O.K., Madam, also – salzig oder süß?«

»Ähm, salzig.«

Daraufhin schrieb der Kellner triumphierend auf seinen Block: »S -üß.«

Mir war es immer furchtbar wichtig, meine Botschaft zu vermitteln, zumindest hier, zumindest in meiner Blase. So bekämpften wir uns bei dem Versuch interkultureller Verständigung eine Zeit lang wie Kasperlpuppen.

»Süß?«

»Salzig!«

»Süß!«

»SALZIG!«

Wenn mein Lassi dann endlich kam, war es natürlich immer süß. In Peschawar kollidierten die Welten von Ost und West, aber sie kommunizierten nie.

Etwa um diese Zeit kam meine neunzehn Jahre alte Schwester Safia, um für eine Hilfsorganisation zu arbeiten, und eine Weile teilten wir uns ein schäbiges Zimmer im Peschawar Club, dem einzigen Ort – abgesehen von seinem eigenen Haus –, bei dem Onkel Mirza den Gedanken ertrug, seine Nichten würden dort wohnen.

Der Club, ein versteinerter Überrest der britischen Herrschaft in Indien, war das Stammlokal der Obersten außer Dienst und höchst renommiert. Uralte uniformierte Kellner wankten mit hocherhobenen Silbertabletts vom Clubhaus zum Bungalow. Die Speisekarte bestand aus dem »short lunch« – Huhn mit Pommes frites – und dem »long lunch« – dasselbe mit grünlichem Gelee. Zum Tee wurde ein Gebilde namens »yellow cake« serviert.

Doch welch köstliche orientalische Ironie, dass der Club hinter seiner unauffälligen Fassade eine Höhle des Lasters war! Viele Colonels nahmen sich nur Zimmer, um zu spielen, Whiskey zu trinken und Prostituierte zu empfangen. Dieses äußerlich anständige, innerlich dekadente Reich war genau der richtige Schauplatz für unseren sonderbaren Zwiespalt zwischen Ost und West.

Als gehorsame muslimische Nichte hatte mich Onkel Mirza mit unverheirateten Mittelschicht-Mädchen in meinem Alter bekannt gemacht. Mein vielfältiger Hintergrund machte mich beliebt, ich war extravagant genug für die rebellischen Teenager und dabei grundanständig in den Augen ihrer Familien. So tauchte ich ein in die unwirkliche Welt junger Frauen, die sich äußerst einfallsreich darum bemühten, auf dem Heiratsmarkt nicht vermittelbar zu sein. Akila trug nur Männerkleidung und schnitt sich das Haar kurz wie ein Junge. Nargiss war ins andere Extrem verfallen: Sie schminkte sich mit einem knallroten Lippenstift und trug hohe Absätze, um die Mütter potentieller Bewerber abzuschrecken. Am liebsten war mir Samira, die genau wusste, dass ihre Familie eher gestorben wäre, als für sie eine Heirat mit einem weniger gebildeten Mann zu arrangieren. Sie studierte ununterbrochen und machte schon ihren dritten Doktor.

Wenn junge Männer bei Safia und mir hereinschauten, erhielten ihre Besuche eine besondere Würze durch die Tatsache, dass unsere Verwandten in Peschawar jederzeit unangemeldet auftauchen konnten. Häufig kam ein Amerikaner namens Jim Lindelof mit geschmuggeltem Bier vorbei. Jim war ein großer, gutmütiger Junge mit sonnengebleichtem Haar, der in Peschawar auf die Einreiseerlaubnis nach Afghanistan wartete. In einer Stadt, in der jedermann jederzeit Anschläge ausheckte, vom anderen das Schlimmste vermutete und sich hinter paranoider Geheimniskrämerei versteckte, hatte er die gewinnende und besonders amerikanische Eigenschaft, vollkommen vertrauensselig zu sein. Es war schön, mit einem so lockeren Menschen zusammenzusitzen. Safia und ich tranken mit Jim Bier, plauderten unbeschwert und sonnten uns in dem Fleckchen Kalifornien, das er in unser Leben gebracht hatte.

Es war unvermeidlich, dass unsere unvereinbaren Welten

eines Tages zusammenstießen. Wir saßen mit Jim beim Bier, als es draußen plötzlich wild hupte. Ich schaute aus dem Fenster und sah Onkel Mirzas Toyota Corolla vorfahren, beladen mit Verwandten. Auf dem Beifahrersitz saß Tante Karima höchstpersönlich und widmete sich ihrer Gebetskette. Uns blieb keine Zeit für Erklärungen. Ohne Beratung und Besprechung handelten Safia und ich einhellig: Ich öffnete die Schranktür und sie schob Jim hinein, mitsamt seinen Bierdosen. Sekunden später rauschten die Verwandten herein wie eine Flutwelle. Für eine Stunde wurde das Zimmer zum Außenposten unserer weitläufigen Familie. Die Tante ließ »yellow cake« kommen, Babys wurden gestillt, Waschungen und Gebete vorgenommen. Ab und zu schaute Tante Karima sich misstrauisch um, als sage ihr ein sechster Sinn, dass etwas nicht in Ordnung sei. Aber wie genau sie auch hinschaute, sie sah nichts als zwei sittsame muslimische Mädchen.

Kaum waren die Verwandten fort, sprangen Safia und ich zum Schrank, um Jim freizulassen. Er tauchte daraus hervor, ohne dass ein einziges seiner von der Sonne geküssten Haare verrutscht gewesen wäre, und war offensichtlich nur leicht verwirrt über unsere merkwürdige Art, mit Gästen umzugehen. Sein Gleichmut hatte ihn vor der peinlichen Szene bewahrt, die es gegeben hätte, wenn er die Schranktür geöffnet hätte. Als er schließlich nach Afghanistan hineinwanderte, hoffte ich, eben diese naive amerikanische Gutmütigkeit werde ihn mit einem beschützenden Nebel umgeben.

Im Lauf der Zeit verschwanden auch die rebellischen muslimischen Teenager aus meinem Leben. Eine nach der anderen kapitulierten die Mädchen vor der Entschlossenheit ihrer Familien, eine Heirat zustande zu bringen. Die knabenhafte Akila wurde in die Ehe mit einem pickeligen Jüngling geprügelt, der sich keine Schönheit erwarten durfte. Nargiss, der Vamp, wurde zu einem Polospieler nach Lahore geschickt, wo lockerere Sitten herrschten. Und die arme kleine Samira war am schlechtesten dran: Ihre Familie fing einen klapprigen alten Professor von der Universität Peschawar ein, der über eine so hochgebildete junge Braut entzückt war.

Tief in mir warnte mich eine leise Stimme, dass auch ich nicht für allezeit straflos ausgehen würde. Mein Balanceakt zwischen Ost und West wurde immer komplizierter, und die Wahrscheinlichkeit wuchs, dass ich irgendwann auf die Nase fallen würde.

1987 gab es in Peschawar fast jede Nacht und oft auch tagsüber Explosionen, aber wir nahmen sie nicht ernst. Wenn wir abends zum Essen eingeladen waren, machten wir ein Spiel daraus. Wenn die unvermeidliche Detonation kam, riet einer: »Ungefähr ein halbes Kilo Plastiksprengstoff, zwei Kilometer weit weg.« Ein anderer meinte: »Nein, ein Kilogramm, in drei Kilometer Entfernung.« Dann zwängten wir uns alle betrunken in den Geländewagen einer Hilfsorganisation, um zu überprüfen, wer Recht hatte. Wir kamen an einem Krater vorbei, vielleicht auch mal an einem verblüfften pakistanischen Polizisten und vereinzelt an ein paar Fleischfetzen. Nach einer Weile wurde uns das langweilig. Es gab immer noch Explosionen, aber wir nahmen sie nicht mehr wahr. Sie gehörten zur Hintergrundmusik unseres Lebens in Peschawar, so allgegenwärtig und unauffällig wie Muzak.

Wir rümpften die Nase, wenn Leichen mit durchgeschnittenen Kehlen im Kanal schwammen, aber ich erinnere mich nicht, auch nur einen einzigen Bericht über dieses unerwartete Gemetzel geschrieben zu haben. Niemand hielt es für wichtig. Da wir in den Begriffen eines Konflikts der Supermächte dachten, schenkten wir den Einzelheiten keine Beachtung. Wie in Rumis Fabel vom Elefant im Dunkeln nannten wir seinen Rüssel einen Schlauch und sein Ohr einen Fächer, aber den Elefanten an sich haben wir völlig übersehen.

Die Kontroversen in Peschawar waren wie immer ein matter Abklatsch der zunehmenden Rivalitäten innerhalb Afghanistans. Dort fand ein Kampf um die wesentlichen Inhalte des Widerstands statt, der mit dem gleichzeitigen Krieg gegen die Sowjetunion nichts zu tun hatte. Gulbuddins Partei »Hizb-i-Islami« verkeilte sich im Wettstreit mit einer anderen Mudschaheddin-Splittergruppe namens »Jamiat-i-Islami«, deren berühmtester Befehlshaber Ahmad Shah Massud war. Massud bekam oft Besuch aus dem Westen, und eines schlimmen Tages begannen Massuds Mudschaheddin westliche Mitarbeiter von Hilfsorganisationen und Journalisten zu entführen.

Monate nachdem Jim Lindelof nach Afghanistan entschwunden war, erreichten uns schlechte Nachrichten über ihn – den gutmütigen Jim, der uns Bier mitgebracht und sich in unserem Schrank versteckt hatte. Er war getötet worden, ebenso wie sein Kollege Lee Shapiro. Sie waren zusammen mit den Männern von Gulbuddin Hekmatyar unterwegs gewesen, aber ihr Tod hatte – zur Verwunderung vieler Leute in Peschawar – nichts mit den Rivalitäten der Mudschaheddin zu tun. Sowjetische Hubschrauber hatten ihnen einen

Hinterhalt gelegt. Jim wurde von einer Rakete entzweigerissen. Lee starb nicht sofort; ein Augenzeuge berichtete, dass ein sowjetischer Offizier dem sich vor Schmerz windenden Mann mit einer Pistole den Gnadenschuss gegeben hat. Im Grunde ging der Konflikt der Supermächte also doch weiter.

Die USA fanden die kleinen Rivalitäten unter den Mudschaheddin natürlich irrelevant, verglichen mit dem Kampf zwischen dem Kommunismus und der freien Welt. Es war, als würden ihre ideologisch oder ethnisch begründeten Kabbeleien überhaupt nicht zählen. Amerika hatte zwar Peschawar mit teuren CIA-Agenten voll gestopft, rühmte die heroischen Widerstandskämpfer und gab ihnen etwa fünf Milliarden Dollar Militärhilfe – aber im Grunde glaubte es an den Mythos der unbesiegbaren Roten Armee. Anders als ihre afghanischen Verbündeten konnten sich die Amerikaner nicht vorstellen, dass die Mudschaheddin jemals gewinnen würden.

Reagans Regierung wurde in Peschawar von der US High Commission vertreten. Ob man gut oder schlecht angeschrieben war, ließ sich daran ablesen, ob man zu ihren Cocktailpartys eingeladen wurde oder nicht.

Bevor ich nach Pakistan kam, war ich noch nie auf einer Cocktailparty gewesen, deshalb merkte ich nicht, wie komisch die Partys der US High Commission waren. Genau genommen gab es gar keine Cocktails. Amerikas Verbündete, die islamistischen Radikalen, duldeten so etwas nicht. Also war es der Diskretion des alten pakistanischen Faktotums der High Commission überlassen, ob man in seinem Orangensaft oder seiner Limonade auch einen Wodka fand.

Professor Majrooh war so geistreich, dass er auf jede Exilantenparty in der Stadt eingeladen wurde. Er ging wohl hin, weil er das Exildasein nach der kosmopolitischen Gesellschaft im Kabul der Vorkriegszeit langweilig fand, und auch, um sich mit Whiskey zu versorgen. Aber ich hatte immer den Eindruck, dass er die Supermacht-Paten der Mudschaheddin unvoreingenommen betrachtete.

»Hier sind zu viele Fundamentalisten«, grummelte er bei einer Einladung. »Von dem Coca Cola in meinem Whiskey krieg' ich Magenweh.«

Um ihn aufzuheitern, zeigte ich auf eine Sammlung großartiger Mogulminiaturen an der Wand. »Sind die nicht schön?«, sagte ich.

Das war die falsche Bemerkung. Der Professor wurde wütend. »Sie haben nicht richtig hingesehen. Schauen Sie die mal genauer an!«

Die Bilder zeigten Szenen aus einem unbeschwerteren islamischen Zeitalter: Jäger auf der Wildschweinjagd und ausgelassene schwarzäugige Huris unter Baldachinen. Alles war bis in die kleinste Einzelheit vorhanden, obwohl man ein Vergrößerungsglas brauchte, um es zu sehen. Auf einem Bild saß ein Sultan auf einem Elefanten. Als ich genauer hinschaute, sah ich, dass das Tier eine Collage aus tausend anderen Tieren war. Sie waren so eng ineinander verschlungen, dass sich manche in den Schwanz bissen. Wenn man die Tiere wegnahm, blieb auch kein Elefant übrig. Aber sie waren mehr als nur ein Tiger, ein Fisch, ein Fuchs, ein Eber, ein Hund und so weiter. Zusammen ergaben sie auch einen Elefanten. Am Rand des Bildes stand etwas geschrieben. Ich versuchte es zu entziffern.

»Oh«, sagte ich, »das wurde aus einem Buch rausgerissen.«

Professor Majroohs buschige Augenbrauen senkten sich. »Was ich immer sage. Um dieses einzelne Blatt einrahmen zu können, hat man ein Buch zerstört. Um ein einzelnes Bild herauszunehmen, haben diese Vandalen das Ganze entweiht. Dieses Bild ist nur eines aus einer Reihe von Miniaturen und Texten, die zusammen eine Geschichte erzählen, Weisheit enthalten. Im Namen der Kunst ist sein eigentlicher Zweck verloren gegangen.«

»Es ist ein Jammer!«, sagte ich unpassenderweise. Das besänftigte den Professor keineswegs.

»Daheim in Kabul besaß ich eine herrliche Sammlung solcher Handschriften, weit wertvoller als die hier an der Wand. Ich musste sie zurücklassen. Und die Sowjets sind zwar Mörder und Diebe – aber ich zweifle nicht daran, dass sie diese Bücher vor dem Untergang bewahren. Die Sowjets erkennen wenigstens den Wert von Wissen.«

In dieser Zeit empfing Peschawar eine Flut von Gästen, hoch bezahlte amerikanische Honoratioren. Meist wurden diese auch zu einem Buskaschi-Spiel eingeladen, dem rüden afghanischen Nationalsport, der eine Parodie auf den Krieg ist und vielleicht das einzige Spiel auf Erden, bei dem das Zuschauen gefährlicher ist als das Mitspielen. Hier bot sich den Gästen eine gelungene Metapher für die edle afghanische Liebe zum Kampf, ohne störenden Schmutz und Tod.

Buskaschi – wörtlich »Ziegenziehen« – wird auch »Rugby zu Pferd« genannt, doch eigentlich ist es ein wilder Vorläufer des Polo. Die Spieler kämpfen indes nicht um einen Ball, sondern um ein geköpftes Kalb. Hank verbreitete damals genüsslich das Gerücht, drüben in Afghanistan werde inzwischen vorzugsweise mit den Köpfen gefangener Russen Buskaschi gespielt. Der Gedanke muss in den Herzen der wehrpflichtigen Sowjets, die in ihren Stützpunkten hockten, kiplingsche Schreckensvisionen hervorgerufen haben.

So wie ich überzeugt bin, dass Pilau die Speise der Götter ist, glaube ich leidenschaftlich, dass Buskaschi das aufregendste Mannschaftsspiel ist, das der Mensch je ersonnen hat. Es kann von einer beliebigen Anzahl von Spielern auf einem Spielfeld beliebiger Größe gespielt werden. Gewonnen hat, wem es gelingt, den Kadaver aufzuheben, mit ihm einmal ums Spielfeld zu reiten und ihn dann in der Mitte wieder abzulegen. Es gibt nur wenige Regeln, beide Mannschaften dürfen so ungefähr alles tun, um den Erfolg des Gegners zu verhindern und sich selbst den Kadaver zu schnappen. Die tapferen kleinen Pferde, direkte Nachkommen der mongolischen Reittiere, sind darauf trainiert, alle möglichen Manöver zu vollziehen und sogar die gegnerischen Tiere zu beißen.

In der Stadt wurde ein besonders wichtiger Funktionär erwartet, und wochenlang hatte Hank allen, die es hören wollten, mit sofortiger Ausweisung gedroht, wenn sie es wagen würden, negativ über diesen Besuch zu berichten. Als der große Tag kam, wurde auch das unvermeidliche Buskaschi-Spiel veranstaltet. Die westlichen Gäste saßen unter einem Baldachin, in einem für sicher erachteten Abstand zu dem Tumult.

Ich brachte es nicht übers Herz, mich zu den Ausländern unter den Baldachin zu setzen. Stattdessen zog es mich an den Rand des Spielfelds, wo ich bei den Vorbereitungen zuschaute. Schon das war aufregend; die Pferde machten Scheinangriffe und brachen aus, und zwischen den Spielern kam es zu allerlei Geplänkel. Die Luft war erfüllt von Schreien, Pfiffen und dem Scharren der Pferdehufe. Ich fühlte mich ungeschützt und fürchtete, niedergetrampelt zu werden, aber es war eine berauschende Gefahr – der Preis für einen Blick aus der Nähe auf die wimmelnden Menschen- und Pferdeleiber.

Ein freundlicher Buskaschi-Spieler bot mir sein Pferd an, und als ich glücklich auf dem Rücken der kleinen grauen Stute saß, hatte sich die Welt verwandelt. Jetzt war ich auf Augenhöhe mit den Reitern, war eher Bestandteil des Spiels als bloße Zuschauerin.

Mein Pferd reagierte auf eine komplizierte Reihe von Hand- und Fußbewegungen und Rufen. Ein leichtes Ziehen am Zügel, und es lief geradeaus. Mit einer kleinen Berührung lenkte man es nach rechts oder links. Ein Schrei, und es schoss los wie der Blitz. Ein bestimmter Stoß mit dem Fuß, und es blieb wie angewurzelt stehen. Mir blieb keine Zeit, ich bekam die Befehle unterm Reiten heraus, durch Versuch und Irrtum. Es war erregend, eine urzeitliche Kraft, die mich zu meinen Vorfahren zurückzog.

In meiner Kindheit behauptete mein Vater – wobei er sich nur auf poetische Quellen berufen konnte –, die dunklen Flecken an meinem Rist seien ererbte Druckstellen von Steigbügeln. Unsere Vorfahren galoppierten Tausende von Meilen über Wüsten, Berge und Ebenen und kamen im 8. Jahrhundert mit den arabischen Invasoren nach Afghanistan. Das Buskaschi kam mir vor wie eine komprimierte Erinnerung, genau wie die ererbten Druckstellen und die Familiensaga. Auf dem Rücken meines Pferdes wurde ich Teil von etwas Größerem, nicht nur räumlich, sondern auch zeitlich.

Die Pferde wogten hin und her wie Ebbe und Flut, teilten

sich und vermischten sich wieder. Ich versuchte, mich aus dem Kampf herauszuhalten, aber die Stute wurde von der Herde angezogen wie ein Mond von seinem Planeten. Die Bewegung der Pferde war zu mitreißend, als dass ihr der Wille eines Einzelnen hätte standhalten können. Wir wurden ein Wille, ein Körper, eine Bewegung. Ich dachte: So muss es in der Schlacht gewesen sein – kein Platz mehr für Furcht, nur ein überwältigendes, berauschendes Rasen.

Ich spürte, wie diese Reiter mit anderen Reitern, den ersten Buskaschi-Reitern überhaupt, eins wurden: Mit den furchtbaren, unerbittlichen mongolischen Horden, denen die Zerstörung im Blut lag und die von Norden über die Steppe fegten wie Heuschrecken. »Es gibt keine größere Lust«, sagte Dschingis Khan, »als die Feinde zu besiegen und zu verfolgen, ihnen ihr Hab und Gut wegzunehmen, ihre Familien weinen zu sehen, ihre Pferde zu reiten und ihre Frauen und Töchter in Besitz zu nehmen.« Als ich in diesem Augenblick über das Feld donnerte, begriff ich etwas von dieser wilden Freude.

Die afghanische Kultur ist von ihrem mongolischen Erbe ebenso durchtränkt wie die Erde von all dem vergossenen Blut. Der große afghanische Dichter Dschalaluddin Rumi wurde geboren, als die Heere des Dschingis Khan sich sammelten, um Zentralasien zu verschlingen. Die Barbaren schworen, alle auszurotten, die nicht zu ihrer Rasse gehörten, und fast wäre es ihnen gelungen. Sie töteten dreißig Millionen Menschen im Kampf, durch Massaker an der Zivilbevölkerung und durch absichtlich herbeigeführte Hungersnöte und Krankheiten. Es war die schlimmste von Menschenhand angezettelte Katastrophe, die die Welt je erlebt hat.

Der junge Rumi und sein Vater flohen aus ihrer Heimatstadt Balkh im Norden Afghanistans und schlossen sich dem Strom hungernder Flüchtlinge an, den die Invasoren vor sich hertrieben. Erst suchten sie Zuflucht in Nischapur im heutigen Iran. Aber die Mongolen waren ihnen dicht auf den Fersen. Hinter ihnen wurde die gesamte Einwohnerschaft der afghanischen Stadt Herat niedergemetzelt. Die Mongolen jagten und töteten alle Überlebenden, und um sicherzugehen, dass die, die sie womöglich übersehen hatten, im bitterkalten Winter langsam an Hunger starben, verbrannten sie das Getreide in den Kornspeichern. Nach diesem Blutbad versammelten sich in Herats großer Moschee nur noch vierzig Menschen. Mehr waren nicht übrig geblieben von anderthalb Millionen. Noch sechs Monate vorher hatten die Leute gewitzelt, in Herat könne man keinen Schritt tun, ohne auf einen Poeten oder Philosophen zu treten.

Rumis Vater und sein junger Sohn flohen weiter nach Bagdad, und hier erfuhren sie, dass ihre Heimatstadt Balkh gänzlich zerstört und alle Einwohner umgebracht worden seien. Bald darauf fiel auch Nischapur, ihr erster Zufluchtsort, in die Hände der Barbaren. Jedes Lebewesen, auch Hunde und Katzen, wurde abgeschlachtet, die Stadt dem Erdboden gleichgemacht und auf dem ganzen Areal Gerste ausgesät.

Neun Jahrhunderte später weist Zentralasien noch immer die Narben dieses Völkermords auf. Noch immer wächst Gerste auf den Ruinen von Nischapur. Die Bevölkerung Afghanistans hat sich nie mehr erholt. Die systematische Zerstörung des empfindlichen Bewässerungssystems hat weite, einst fruchtbare Landstriche veröden lassen. Den Menschen, die diese entsetzliche Zeit miterlebt haben, muss es vorgekommen sein, als sei alle Kultur erloschen.

Doch Rumi, der Familie, Heimat, Land und Zukunft verloren hatte – und auch alle Hoffnung auf Frieden oder Stabilität zu Lebzeiten –, wollte sich nicht durch die Gegebenheiten seiner zusammenbrechenden Welt eingrenzen lassen. »Aus dem Blickwinkel des Menschen«, sagt er in seinen *Gesprächen*, »mag ein Ding gut oder böse erscheinen. Aber aus dem Blickwinkel Gottes ist alles gut. Zeige mir etwas Gutes, in dem nichts Böses enthalten ist, oder Böses, das nichts Gutes birgt. Gut und Böse sind untrennbar. Das Gute kann ohne das Böse nicht existieren.«

Die westliche Welt behauptete, es handle sich um einen Kampf zwischen Gut und Böse. Der Sowjetblock war der gleichen Ansicht, er vertauschte nur Gut und Böse. Aber hier, auf dem Rücken eines Buskaschi-Pferdes, gelangte ich zu einer Sehweise, die sich der Aussaat und Ernte zahlloser Invasionen verdankte: Es gibt keine absoluten Werte in unserer zerstückelten Welt. Die Unterteilungen, die wir schaffen und für wahr halten, sind künstlich. Auch die Zeit ist keine gerade Linie geregelten Fortschreitens, sondern ein sich endlos wiederholender Zyklus – durch unser Leben und durch die Geschichte –, aus dem wir lernen dürfen, wenn wir wollen. Der Rest ist eine wirbelnde Masse, eine Urkraft, eine Staubwolke aus donnernden Füßen und schreienden Stimmen, der Schauder der Jagd, des Niederhauens und Aufbauens.

Die Pflanzen, die die Mongolen so brutal beschnitten hatten, wuchsen nach. Die Erinnerung an die Verwüstungen wurde ein Bestandteil Afghanistans, und wir sind davon stärker geworden, so wie uns unsere ganze blutgetränkte Geschichte stärker gemacht hat. Selbst unser geliebtes Nationalgericht, der Pilau, soll bei diesen wilden Raubzügen entstanden sein, als die Horden des Dschingis Khan ihre runden Schilde auf den Boden legten, um das tropfende Fett aus den erbeuteten Tieren aufzufangen, und ein bisschen Reis dazu warfen – eine Pflanze, die sie überhaupt erst in Afghanistan kennen lernten.

Ich starrte hinüber zu den Europäern und Amerikanern unter ihrem sicheren Baldachin und dachte: Mögen sie uns noch so sehr lieben oder hassen, mögen sie noch so fest an die Märchen glauben, die sie über uns in die Welt gesetzt haben – nie werden sie uns den Schnabel, die Schwingen und die ach so grausamen Krallen stutzen und diesen Falken in eine Taube verwandeln.

Ein Reiter stürzte sich wie ein Perlentaucher in dieses Meer von Hufen und verschwand, bis nur noch sein Fuß im Steigbügel hing. Als er wieder hochkam, hielt er das Kalb im Arm. Schnell wie der Wind ritt er davon, die Horde auf den Fersen. Die ausländischen Ehrengäste unter ihrem Baldachin riefen »Oh!« und »Ah!«

Der Reiter machte eine Kehrtwende, um die Verfolger abzuschütteln. Doch auch die Herde ging in die Kurve und wirbelte Staub auf wie eine wandernde Windhose. Die Pferde gerieten aus dem Gleichgewicht und wurden von der eigenen Kraft nach außen getragen. Das Spiel verlagerte sich weit über den Rand des abgesteckten Spielfelds hinaus und donnerte genau auf den Baldachin zu – eben den Baldachin, der die Crème de la Crème aus Europa und Amerika schützen sollte. Kurz bevor er zu Boden stürzte – und dem anstürmenden Haufen die politische Elite zweier Kontinente vor die donnernden Hufe legte –, sah ich ein Bild aus vor Schreck erstarrten, entsetzten amerikanischen Gesichtern.

Sie hatten gedacht, bei diesem Sport, in diesem Land und in diesem Krieg gebe es so etwas wie einen Sicherheitsabstand. Sie hatten auf ihren Baldachin vertraut. Sie fassten es nicht, dass er sie nicht beschützt hatte vor dem wilden, edlen, stolzen und kämpferischen Volk der Afghanen, das an ihrer statt Krieg gegen die Kommunisten führte. Dass die Kraft, die sie losgetreten hatten, ins Rollen gekommen und angewachsen war und sie samt ihrem Zelt, ihren Fahnen, den vergoldeten Stühlen und dem ganzen Zivilisations-Schnickschnack mit sich in den Schlamm gerissen hatte.

Kapitel Neun

Anfang 1987 begannen die USA endlich, den Mudschaheddin hoch entwickelte Waffen zu liefern. Vor allem die tragbaren Luftabwehrraketen, die so genannten Stingers, verschoben das militärische Gleichgewicht. Damit ließ sich ein sowjetischer Jet vom Himmel holen oder, wenn sie in die falschen Hände fielen, auch ein unschuldiges Passagierflugzeug.

Hank fand, wer über die Effektivität der umstrittenen neuen Waffen berichte, nehme nur den Kommunisten die Arbeit ab. Er drohte, seine Beziehungen zum Geheimdienst zu nutzen und jedem ausländischen Reporter das Visum für ungültig erklären zu lassen, der über die Stingers schreibe. Also beschloss ich, auf meinem nächsten Ausflug nach Afghanistan genau das zu versuchen.

Doch vorher musste ich noch etwas Wichtiges erledigen. Nach meiner Rückkehr aus Kunar hatte ich meine kostbaren Schwarzweißfilme einem Behelfsfotolabor in Peschawar anvertraut. Ein paar Tage später waren die Abzüge einfach ausgeblichen. Das Labor hatte abgelaufene Chemikalien aus Osteuropa verwendet. Wenn ich die Stingers im Einsatz fotografieren wollte, musste ich einen Ort finden, wo ich meine Filme selbst entwickeln konnte. Es hieß, ein Schweizer Journalist, Beat Kraettli, habe eine Dunkelkammer. Ich zog also los und suchte ihn. Auf einer kurvenreichen, mit Abwasser überspülten Straße fand ich ein Schild, auf dem in großen, wenn auch etwas ungelenken Buchstaben stand: »Schweizer Informationsbüro«.

Ich hatte noch nicht angeklopft, da sprang die Tür schon mit aller Wucht auf. Ein kleiner Mann mit Filzhut stürmte wie ein Wirbelwind heraus. Ich wurde in ein winziges Büro hineingesaugt, das mit Papieren übersät war, die aussahen, als wären sie von den wütenden Aktivitäten meines Gastgebers durcheinander geblasen worden. In einer Ecke saß ein resigniert wirkender Afghane und schnitt mit einer Riesenschere Zeitungsartikel aus. Ohne sich Gedanken zu machen, ob ich Deutsch sprach, begann Beat mir den Artikel aus einer Schweizer Zeitschrift vorzulesen, der ihn so in Rage gebracht hatte. Gleichzeitig durchwühlte er ungeduldig die Papierberge auf seinem Schreibtisch, als könne er nicht einmal beim Lesen einen Augenblick stillhalten.

Als es mir endlich gelang, meine Frage herauszustottern, rief er: »*Tscha!* Heißt das, du kannst wirklich Filme entwickeln? Das musst du mir sofort beibringen.«

Ich war etwas erstaunt, dass er sich die Mühe gemacht hatte, eine Dunkelkammer einzurichten, wenn er sie nicht zu nutzen verstand. Sein Labor war mit schweizerischer Akribie bis ins kleinste Detail eingerichtet. Flaschen mit Entwicklerflüssigkeit und Fixierbad standen unbenützt im Regal. Es gab Wannen für Papierabzüge, Zangen, Klammern und einen beeindruckenden modernen Vergrößerer. An den Wänden standen mehrere Kommoden. Es fehlte an nichts. Ich stellte mir alles zusammen, was ich brauchte. Es tat gut, die Flüssigkeiten abzumessen, wieder den vertrauten Geruch von Entwickler, Salzsäure und Fixierer zu riechen.

Hingerissen schaute Beat mir bei den Vorbereitungen zu. Das erlöste ihn anscheinend sogar von seinem Zwang zum Reden oder Herumlaufen. Als ich fertig war, machte ich das Licht aus.

»Jetzt nehme ich den Film aus dem Magazin«, erklärte ich, denn ich sollte ihm wohl das Entwickeln beibringen. »Und jetzt schiebe ich ihn in die Spirale.« Das war immer eine etwas knifflige Geschichte. In diesen kurzen Augenblicken war der Film potentiellem Licht ausgesetzt, der winzigste helle Spalt würde ihn ruinieren. Doch als ich den Film in die Spirale eingeführt hatte und auf der Arbeitsplatte nach der Entwicklerdose tastete, merkte ich, dass ich vergessen hatte, mir den Deckel bereitzulegen. Jetzt konnte ich kein Licht mehr anmachen, um danach zu suchen.

Ich zog einige Schubladen auf und tastete darin herum. Sie waren angefüllt mit allerlei seltsamen Gegenständen, von denen sich keiner wie fotografisches Zubehör anfühlte. Ein kleines Plastikgebilde mit zwei Flügeln (ich schüttelte es: offenbar war es mit einer Flüssigkeit gefüllt), eine seltsame, etwa fünfzehn Zentimeter lange Holzschachtel und mehrere ziemlich schwere Metallkugeln.

»Beat«, fragte ich, »was hast du denn alles in diesen Schubladen?«

Ich hörte, wie er sich in der Dunkelheit verlegen wand. »Ach, das – das ist nur meine Sammlung mit nicht detonierten Bomben.«

Ich riss die Tür der Dunkelkammer auf und flüchtete in den Garten. Hinter mir beklagte Beat das Schicksal seines Films. Als ich mich wieder gefasst hatte, zeigte mir Beat seine Sammlung. Das Ding mit den zwei Flügeln war eine

Schmetterlingsmine, die Flüssigkeit, die ich glucksen gehört hatte, Sprengstoff. Beat gab zu, er wisse nicht genau, warum sie bei der Berührung nicht detoniere. Die Schachtel war eine hölzerne Sprengfalle mit altem, sehr instabilem Festsprengstoff, aber Beat brachte es nicht übers Herz, sie wegzuwerfen. Ich hatte es eindeutig mit einem gefährlichen Verrückten zu tun. Auf der Stelle befand ich, dass Beat okay war. Damals erkannte ich es noch nicht, aber in diesem Augenblick begann ein wichtiger Lebensabschnitt für mich.

Beat und ich beschlossen, gemeinsam zu berichten. Als erstes Projekt organisierten wir eine Reise nach Afghanistan; wir wollten es mit einer Dokumentation über die Stingerraketen versuchen. Ein Kommandeur aus Jaji nahe der pakistanischen Grenze willigte ein, uns seine neuesten Waffen zu zeigen. Ein Mudschahed namens Ingenieur Jan sollte uns führen. Für einen Afghanen war Ingenieur Jan ziemlich exzentrisch. In einem Land, in dem der Durchschnittsjunge zum ersten Mal in der Pubertät ein AK-47 Selbstladegewehr in die Hand nimmt, weigerte er sich, eine Waffe zu tragen. Er war ein schmächtiger Mann mit flammend rotem Haar, einem Pferdegebiss und einem anziehenden Lächeln, und es ging das Gerücht, er habe ein Jahr an der Universität in Kabul studiert. Der Krieg hatte ihn gezwungen, das Studium abzubrechen, und ihn zum Widerstandskämpfer gemacht. Er beklagte sich nie über seine zerstörten Hoffnungen, aber hie und da trat ein verschwommener Blick in seine Augen, als verweile er für einen Augenblick auf einer höheren Ebene. Als Zeichen seines Intellektuellen-Status trug er einen himmelblauen *shalwar kamis*, und er hieß bei allen der »Ingenieur«. Obwohl Ingenieur Jan alles für ihn Kostbare verloren hatte, war der Gedanke unvorstellbar, dass er dem Hass oder Fanatismus verfallen könnte. Ich mochte ihn vom ersten Augenblick an.

Am Tag unserer Abreise in Richtung der zu diesem Zeitpunkt wahrscheinlich heißesten Front des Krieges tauchte Ingenieur Jan auf, um uns abzuholen – in seinem blauen Anzug. Zur Vorbereitung auf einen Kampf, in dem beide Seiten die allermodernsten Waffen benutzten, hatte er sich mit einem Luftgewehr gerüstet. Es schien selbstmörderisch, absurd. Als ich das Thema anschnitt, lächelte er nur, und der verschwommene Blick trat in seine Augen.

»Wie Allah es will«, sagte er und schulterte sein Spielzeuggewehr. »Die Afghanen haben keine Angst vor dem Tod.«

Ich versteckte mich unter einer Burka, um an den pakistanischen Wachsoldaten am Stadtrand vorbeizuschlüpfen. Ich war ganz benebelt unter meinem dunklen Zelt, weil ich keine Luft bekam. Als wir die Grenze erreichten, hörten wir das unmissverständliche Heulen einer Granate. Unser Bus fing Feuer. Von den Männern hörte ich nur die Geräusche – Chaos, Panik, Schreie –, ihre Gesichter konnte ich nicht sehen. Es kam eine zweite, dann eine dritte Granate. Noch unter meiner Burka spürte ich den Nachhall. Mein einziger Gedanke war: »Wenn wir weglaufen müssen, schaff ich das nie – ohne meine Stiefel!« Ich wühlte in meiner Tasche nach ihnen und wurde fast zertrampelt, als die anderen hinauskletterten. Die Schuhbänder waren verknotet, und ich musste hinausspringen, obwohl ich noch immer meine Neon-Pink-Plastik-Sandalen anhatte. In meiner Panik schaffte ich es nicht, den Schleier zurückzuwerfen. Durch das Stoffgitter der Burka sah ich, wie die anderen die Berghänge hinauf verschwanden, um außer Schussweite zu gelangen.

Draußen fielen die Granaten haufenweise: Anzeichen für einen Mehrfach-Raketenwerfer, schwerer als der Mörser, der uns in Kunar bombardiert hatte. Ich war gefangen in einer Welt aus kreuzweisen Schatten und erstickten Geräuschen, ein böser Traum unter den Laken. Einen Augenblick lang blieb ich regungslos im Schussbereich stehen, zögerte, klammerte mich an die Illusion, ich sei unter der Burka geschützt, als könnte dieses läppische Stück Stoff ein Schrapnell aufhalten. Dann rannte ich um mein Leben.

Ich hörte ein Schnaufen und merkte, dass da ich selbst atmete. In einer Burka zu rennen – selbst wenn man das Gesicht frei gemacht hat –, ist etwa so, als wenn man unter einem mannshohen, reichbestickten Teewärmer einen Marathon liefe. Schlimmer noch, die Burka war orange, meine Hose war rot und ich fürchtete, furchtbar verdächtig auszusehen. Die anderen wurden zu winzigen Punkten in der Ferne, während ich immer noch mit der Burka kämpfte. Endlich schaffte ich es, mich zu befreien, und eine Zeit lang flatterte die üppige Seide wie ein Fallschirm hinter mir her.

Als ich bei den anderen ankam, bedeuteten mir Beats Blicke, dass er von einem Mädchen nichts anderes erwartet hatte als ein solches Getrödel. Ich platzte heraus: »Ich dachte, die haben es auf meine Hose abgesehen.«

»So ein Unsinn. Denen ging es nur um den Bus.«

Zitternd unter den Nachwirkungen des Schocks, zog ich meine afghanische Männerkleidung an. Beat und ich keuchten beide, außer Atem von unserer Begegnung mit dem Tod. Nur Ingenieur Jan schien völlig unerschüttert.

Nun ging es bergauf. Wir kamen in eine öde, trostlose Landschaft, wie man sie manchmal im Traum sieht. Wo einst ein üppiger Wald gestanden hatte, lag jetzt eine verwüstete Ebene, gesprenkelt mit verkohlten Baumstümpfen. Schaurigerweise brannten einige noch und knisterten in der stillen Luft. Kein Vogel sang, es gab keinerlei Lebenszeichen. Jetzt, wo das Bombardement vorbei war, senkte sich drückendes Schweigen über uns, gelegentlich unterbrochen von einem heftigen Knall und einer Rauchfahne aus einer Schmetterlingsmine. Die Gegend war übersät damit.

Wir suchten uns einen Weg zwischen den Bombentrichtern. Es schien der verlassenste, unheimlichste Fleck auf Erden. Damals wusste es keiner von uns – aber wir waren auf das Schlachtfeld geraten, wo um den Geist des Islams gekämpft wurde.

Die Welt neigt zwar dazu, die verschiedenen Anschauungen innerhalb des Islams als Schulen oder Glaubensrichtungen zu bezeichnen, doch ich meine, dass es sich um einen wesentlich fundamentaleren Zwiespalt handelt, nämlich dem zwischen den Anhängern einer buchstäblichen Auslegung des islamischen Gesetzes und denen, die seinen eigentlichen Sinn betonen. Am einen Ende des Spektrums stehen die Fanatiker und religiösen Eiferer, am anderen die islamischen Mystiker, die sich in Afghanistan früher großer Beliebtheit erfreuten.

Als Kind wurde mir gesagt, kein wahrer Gläubiger dürfe je von sich behaupten, er sei Muslim. Das Wort bedeute »Einer, der sich dem Willen Gottes unterwirft«, und wer werde schon diesem Anspruch gerecht? Dieses Denkmodell, das nicht zulassen will, dass sich jemand hinter einem religiösen Etikett versteckt, ist typisch für die Sufi-Überlieferung in Afghanistan.

Als der heilige Bayazid zu seiner Pilgerfahrt nach Mekka aufbrach, begegnete er einem Mann, der vor Hunger zu sterben drohte. »Lass mich dein Pilgerziel sein«, bat der Arme. Bayazid gab ihm das Geld, das er für die Reise gespart hatte, umrundete den Bettler sieben Mal und befand, dass er – dem Geiste nach – seine Pflicht zur Pilgerfahrt erfüllt habe.

Im 19. Jahrhundert entstand in Saudi-Arabien die strenge Wahhabitenbewegung, die den Islam von derlei ketzerischem Verhalten reinigen wollte. Nun strömten Wahhabi-Freiwillige nach Afghanistan, um gegen die Ungläubigen zu kämpfen – und auch, um mit den laschen religiösen Praktiken der Afghanen selbst aufzuräumen.

Nach ein paar Stunden kamen wir an einer riesigen militärischen Anlage vorbei, in den kahlen Felsen gehauen, der wie eine Wand über uns aufragte. Auf die glatte Fläche hatte jemand – auf Englisch – ein Graffito gekritzelt: »Nieder mit Israel!« Ich lachte laut. Was hatte Israel mit diesem Konflikt zu tun?

Wir sahen mit eigenen Augen die Geburtsstätte einer weltweiten islamischen Bewegung. Wir waren soeben an einer jener militärischen Einrichtungen vorbeigekommen, die von der CIA unterstützt, von Saudi-Arabien finanziert und von einem idealistischen, radikal-islamistischen jungen Aufwiegler organisiert wurden. Er hieß Osama bin Laden.

Die Afghanen bezeichneten die Freiwilligen als Araber – obwohl es eigentlich Radikal-Islamisten aus der ganzen muslimischen Welt waren. Der Großteil von ihnen schloss sich den extremistischen Mudschaheddin-Splittergruppen um

Gulbuddin Hekmatyar und Abdul Rasul Sayyaf an, einen islamischen Gelehrten der wahhabitischen Bewegung. Kaum waren sie in Afghanistan, prägten sie eine neue Sonderform von politischem Islam.

Die Ausländer galten im Allgemeinen nicht als gute Kämpfer. »Sie haben nichts dagegen, sich Sprengstoff an den Leib zu schnallen, um zum Märtyrer zu werden, aber vor ein paar Granaten haben sie Angst«, sagte ein afghanischer Milizführer verärgert.

Doch sie kamen mit Zusatzleistungen. Eine berühmte, wenn auch sicher apokryphe Geschichte schildert, wie Botschafter des Saudischen Geheimdienstes mit Koffern voller Geld auftauchten und nach geeigneten Mudschaheddin-Gruppen Ausschau hielten, die sie unterstützen konnten. Die Führer des Widerstands hießen einer nach dem anderen die arabischen Gäste willkommen, gaben Partys für sie, nötigten ihnen riesige Mengen Pilau auf, überschütteten sie mit Geschenken, schossen mit ihren Gewehren in die Luft und benahmen sich überhaupt recht ungehobelt afghanisch. Sayyafs Gruppe war klein und militärisch unbedeutend, aber er erfasste die Mentalität der nüchternen Männer aus der Wüste. Als die Araber bei ihm auftauchten, saß der graubärtige Gelehrte allein unter einem Baum, augenscheinlich tief in Meditation versunken. Er schaute nicht einmal auf, geschweige denn, dass er die Gäste begrüßte. Ein Jünger erklärte, sein Meister dürfe vor der Gebetsstunde nicht gestört werden. Als es so weit war, lud Sayyaf seine Gäste ein, mit ihm die endlosen Gebete zu sprechen. Erst danach aßen sie gemeinsam die Hand voll Datteln, aus denen das karge Mahl des Weisen bestand. Als die arabischen Botschafter müde, aber glücklich heimkehrten, waren ihre Koffer leer und ihre Herzen voll. Es gab keinen Zweifel, dass sie für das Geld, das sich durch den Verkauf des schwarzen Bluts der Wüste an den verschwenderischen Westen bei ihnen anhäufte, den würdigsten Empfänger ausgewählt hatten.

Das war eine gute Geschichte; mag sein, dass sie inspiriert war von einem Märchen, mit dem ich aufwuchs, dem afghanischen Märchen über den Dorfmullah Nasruddin. Dieser saß einst vor seiner bescheidenen Hütte, ein Fischernetz um die Schultern geschlungen, und zog eine ähnliche Schau ab, um die Freigebigkeit eines Sultans auf sich zu lenken. Der Mullah wurde auch richtig beschenkt, doch als sein Wohltäter unerwartet zurückkehrte, musste er feststellen, dass der angebliche Asket Süßigkeiten aß, mit jungen Mädchen schäkerte und überhaupt ein ungezügeltes, verschwenderisches Leben führte. »Mullah«, rief er, »was ist mit deinem Fischernetz passiert?« – »Ach«, erwiderte der Mullah, »wozu brauche ich noch ein Netz, wenn der Fisch schon gefangen ist?«

Wir kamen an einen Kontrollpunkt, der mit unfreundlichen Mudschaheddin besetzt war. Statt der üblichen warmen Begrüßungsworte gab es nur feindselige Fragen. Noch etwas war anders an ihnen, aber ich konnte es erst nicht benennen. Dann kam ich drauf: Keiner lachte, keiner witzelte respektlos, wie sonst jedes Häuflein Afghanen. Diese Männer mit dem kalten Blick entspannten sich keine Sekunde – erst als sie sahen, dass wir weiterzogen.

Ich begann zu begreifen, dass ein Sinn für Humor das Gegenteil von Fanatismus ist, oder zumindest das Gegengift. Es muss schwierig sein, vom Märtyrertod zu träumen, wenn man die witzige Seite des Lebens sieht. Natürlich hat der große afghanische Dichter Dschalaluddin Rumi dies schon vor Jahrhunderten erkannt und es besser ausgedrückt. »Wenn du keinen Sinn für Humor hast«, behauptete er, »ist deine Seele nicht vollständig.«

Die meisten Afghanen fürchteten die Radikalen und trauten ihnen nicht. Ingenieur Jan war viel zu liebenswürdig, um seine Mitmenschen offen zu kritisieren, aber er murmelte doch etwas wie »Mangel an Humor«. Dann erzählte er einen afghanischen Witz:

»Jeder afghanische Kämpfer will ein *Ghazi* sein, ein Held, die Araber dagegen werden lieber *Shahid*, Märtyrer. Wir helfen ihnen dabei und schicken sie an die Front.«

Er kicherte auf diese komisch mädchenhafte afghanische Art. Auch wir lachten. Das war eine gute Zusammenfassung der zweierlei Auffassungen vom Krieg, von Religion, von allem. Der Witz war eine gute Starthilfe für unsere Wanderung.

Die Mudschaheddin-Basis, die wir besuchten, lag dicht an der Grenze; in der Ferne sahen wir die Lichter Pakistans schimmern.

Auf der anderen Seite, jenseits des Tales, beschoss die Artillerie einen arabischen Posten. Wir hatten einen wunderbaren Ausblick auf den weißen Granatenrauch, der in der Morgensonne schimmerte. Doch noch während wir zusahen, verschob sich das Feuer, es suchte sich Zoll für Zoll seinen Weg am Berg entlang. Sie beschossen das Gelände systematisch, nach einem Rasterprinzip. Alle paar Stunden kamen wir dran. Dann war für ungefähr zehn Minuten die Hölle los.

Granaten heulten durch die Luft und landeten krachend ringsum, während wir in unseren unzureichenden Schützenlöchern kauerten. Danach drehte sich das Roulette wieder weiter, und in den nächsten ein, zwei Stunden wurden andere Teile der Bergflanke beschossen. Jedes Mal, wenn wir dran waren, wuchs die statistische Wahrscheinlichkeit, dass sie früher oder später einen Volltreffer landen und uns alle in Stücke reißen würden.

Bei einem besonders lauten Knall tauchte ich in ein nahes Schützenloch. Als ich in dem engen Graben lag, fiel mir plötzlich auf, dass ich ganz allein war. Ich kroch hinaus und wurde vom brüllenden Gelächter der Mudschaheddin empfangen. Der Krach, der mich so erschreckt hatte, war unser eigener BM-12-Mehrfach-Raketenwerfer. Nach diesem peinlichen Zwischenfall lernte ich zumindest, zwischen feindlichem und eigenem Feuer zu unterscheiden.

Nach einiger Zeit fuhr ich nicht mehr hoch, wenn es in der Ferne krachte. Ich nahm es kaum wahr; erst ab einer bestimmten Lautstärke warnte mich ein unsichtbarer Wachposten in mir, dass es Zeit für die Angst wurde. Ich lernte zu beurteilen, wie nahe die Granaten landen würden, und zwar nach dem Ton, den sie im Flug von sich gaben. Unsere Gastgeber machten sich einen Spaß daraus, direkt hinter meinem Ohr in der richtigen Tonhöhe zu pfeifen, in der Hoffnung, sie könnten mich noch einmal zu einem peinlichen Sprung in ein Schützenloch bewegen.

Die Stinger war ein merkwürdiges Ding, eine ungeschlachte Kiste. Sie sah aus, als wäre sie von einem BBC-Requisiteur aus einem farbbesprühten Karton gebastelt worden. Einer der jungen Männer war auf einem CIA-Spezialkurs gewesen, um zu lernen, wie man damit umgeht, aber seine Vorgesetzten hatten den kostpielig ausgebildeten Schützen zum Teekochen geschickt, um das neue Spielzeug selbst der Reihe nach auszuprobieren. In den ersten Tagen waren die Mudschaheddin entzückt gewesen, wie leicht sich die sowjetischen Jets vom Himmel holen ließen. Doch in letzter Zeit flogen die Flugzeuge in größerer Höhe und warfen Leuchtkugeln ab, um das raffinierte Infrarot-Zielsuchsystem der Stingers irrezuführen. Trotzdem ließen sich die Mudschaheddin immer wieder dazu verleiten, einige der kostbaren Lenkwaffen unter Hurrageschrei und Gelächter auf sie abzufeuern.

Die CIA und der pakistanische Geheimdienst verteilten die meisten Stinger-Luftabwehrraketen an die extremistischen Splittergruppen der Mudschaheddin. Vielleicht war mit den griesgrämigen Fanatikern leichter umzugehen – sie sprachen zwar ewig von ihrem Märtyrertum, aber sie nahmen wenigstens auf ihre Weise den Tod so ernst, wie es sich gehörte.

Der Alltag im Stützpunkt wurde meine Welt. Tagsüber beobachtete ich die in der Ferne aufsteigenden Rauchfahnen des sowjetischen Artilleriefeuers, und die Mudschaheddin schossen vergeblich auf Flugzeuge. Abends, wenn es kalt wurde, hockten wir um den Ofen und spielten Karten, und Beat gewann immer. Jede Nacht kamen die Jets im Schutz der Dunkelheit zurück und bombardierten uns im Tiefflug. Der Lärm der Motoren und das Krachen der Geschütze hallten durch die Berge wie ein Sommergewitter.

Eines Nachts hörte ich ein ungewöhnliches Geräusch, ein

Zerplatzen wie von Tausenden von Knallfröschen. Nach dem gewohnten Bombendonner wirkte dieses Geknatter fast frivol. Wir liefen hinaus, und mir bot sich ein höchst erstaunlicher Anblick: Auf den Bergen wimmelte es von winzigen Lichtblitzen. Selbst als die Jets unter Blitz und Donner verschwanden, hörte das Funkeln und Knallen nicht auf.

Die Flieger hatten Schmetterlingsminen fallen lassen. Sie heißen so wegen ihrer Plastik-«Flügel«, auf denen sie langsam und in Spiralen wie Platanensamen zu Boden segeln. Eine sanfte Landung ist wichtig, denn jede Mine enthält eine bestimmte Menge Flüssigsprengstoff und einen Zünder. Sie explodiert, sobald jemand drauftritt.

Schmetterlingsminen werden eingesetzt, um den Feind zu zermürben und zu demoralisieren: Sie halten ihn an einem Ort fest, während er mit Artilleriefeuer beschossen wird. Zusätzlich zu den Kontaktzündern haben sie Zeitschaltuhren, mit denen sie sich nach 48 Stunden selbst entschärfen, sodass anschließend Bodentruppen einfallen können.

Beat erklärte mir all das, dann sagte er bedachtsam: »Es sieht so aus, als würden sie das hier auch versuchen. Erst Zermürben, dann Bodenoffensive.«

Die anderen gingen wieder hinein, doch ich blieb draußen auf einem Felsen sitzen, mit Blick über das Tal. Ich hatte genug Verletzungen durch Tretminen gesehen, um zu wissen, wie gefährlich sie waren. Aber ich hätte nie gedacht, dass sie so schön waren, wie Millionen feuriger Lebewesen oder wie das betörende Flackern verglimmender Sterne. Ihr unsteter Lichterglanz erhellte die schroffen Berggipfel dahinter. Während jede Mine in Sekundenbruchteilen ihre wahnwitzige Blüte aus Licht und Ton entfaltete, schienen auch die Berge zuzuschauen. Die haben endlos Zeit, dachte ich. Die sind noch da, wenn unser aller Lichter längst erloschen sind. Inzwischen hatten wir unsere Story, einen der ersten Berichte über Stinger-Raketen im Einsatz. Das Problem war nur, dass wir nun am Stützpunkt festsaßen. Jede Nacht wurden neue Schmetterlingsminen ausgesät. Der Weg hinunter zu der Straße Richtung Pakistan war zu einem Minenfeld geworden, und die Straße selbst stand unter anhaltendem Granatfeuer. Die Mudschaheddin waren vom Nachschub aus Pakistan abgeschnitten.

Nach ein paar Tagen war ich völlig benommen. Rückblickend frage ich mich, warum ich kein offenes Entsetzen verspürt habe. Vielleicht hatte das mit meiner Unerfahrenheit zu tun: In dieser neuen Welt war ich wie ein kleines Kind, das an einer Klippe entlanggeht, ohne sich der Gefahr bewusst zu sein. Vielleicht verkannte ich auch die heimtückischen Auswirkungen von traumatischem Stress. Sobald das Bombardement näher kam, rastete ein primitiver Mechanismus ein, und ich war eine Zeit lang nur mit dem Überleben beschäftigt. In der restlichen Zeit stellte mein Gehirn den Betrieb ein und verfiel in einen Ruhezustand aus betäubter Langeweile. Es war, als ob mein Denken, mein Fühlen und alles andere nicht unbedingt Notwendige in Watte weggepackt seien.

Ich vertrieb mir die Zeit, indem ich für eine Story, die ich an einen Rundfunksender verkaufen wollte, die Explosionen auf Tonband aufnahm und mich mit Beat stritt.

»Musst du eigentlich jede dämliche Granate fotografieren? Jedes Mal, wenn eine runterkommt, klickt dein Verschluss. Das verdirbt mir die Aufnahme.«

»Tja, und du verdirbst mir mein Bild.«

»Du hast schon Unmengen von Bildern gemacht. Wozu? Eine Rauchwolke schaut aus wie die andere.« Ich zeigte auf eine Rauchwolke in der Nähe unseres Vorpostens, und wir starrten sie verwundert an. Sie sah ganz anders aus als alle, die wir bisher gesehen hatten, dicht und ölig, wie ein Kumulus, fast kompakt. Aus purer Langeweile überlegten wir, ob es vielleicht eine Giftgaswolke war.

»Das schau ich mir aus der Nähe an«, verkündete Beat.

»Ich komm mit«, sagte ich.

Wir redeten uns ein, dass wir auf dem steinigen Weg die Schmetterlingsminen leicht erkennen würden. Ingenieur Jan bot sich freiwillig als Führer an. Er war es leid, sich von den anderen wegen seines blauen Anzugs hänseln zu lassen.

Keiner von uns sagte etwas. Wir waren zu sehr damit beschäftigt, den Boden nach Minen abzusuchen. Als wir endlich bei dem BM-12-Raketenwerfer der Mudschaheddin ankamen, hatte sich die Gaswolke glücklicherweise verzogen. Aus einer Höhle lugte ein Kopf mit einem leuchtend bunten Turban. Diese Erscheinung sprach uns in dem poetischen Persisch des Nordens an: »Möget ihr euch begraben lassen!«

Ich brauchte einen Augenblick, bis ich begriff, dass er uns aufforderte, in Deckung zu gehen. Er hatte gerade eine Salve aus dem BM-12 abgegeben und rechnete jede Minute mit dem Antwortfeuer. Während wir uns vorstellten und zusammen in die enge Granithöhle krochen, begann es draußen schon zu krachen.

Zwei Mudschaheddin bedienten das Geschütz, beides afghanische Turkmenen. Ja, hier bei den Paschtunen seien sie ziemlich weit weg von zu Hause, aber im Dschihad seien alle Menschen Brüder. Oben im Pandschir-Tal hätten sie eine

Zeit lang mit dem legendären Ahmad Shah Massud zusammengearbeitet und dann mit Ismail Khan in Herat. Danach seien sie langsam und auf Umwegen nach Süden weitergezogen und hätten sich unterwegs in den Hujras einquartiert, den Gästehäusern, die jedes Dorf für seine Besucher bereithielt. Ohne den Dschihad hätten sie nie so viel von der Welt gesehen.

Als das Bombardement nachließ, tauchten wir vorsichtig aus der Höhle auf. Unsere neuen Freunde warfen einen geringschätzigen Blick auf Ingenieur Jans Luftgewehr; einer kicherte sogar hinter den Falten seines Turbans. Ingenieur Jan nahm die Beleidigung gelassen. »Seht ihr diesen Stein?«, fragte er und zeigte auf einen winzigen Kiesel. Sie nickten mit ihren riesigen Turbanköpfen. Sie hatten noch nicht fertiggenickt, da zischte das Steinchen schon durch die Luft. Ingenieur Jan war ein hervorragender Schütze.

Das Funkgerät knisterte, und es folgte ein lautes Gespräch. Dem Sinn nach bekam ich mit, dass der Feind es nahezu geschafft habe, ihre Position zu orten. Sie sollten sich nicht durch Abfeuern des BM-12 verraten, und sobald die Lage sicher genug sei, sollten sie sich zurückziehen. Doch die Männer aus dem Norden waren nicht bereit, die Pflichten der Gastfreundschaft zu vernachlässigen.

»Reisende sind von Gott gesandte Gäste«, rief der mit dem größten Turban und dem irrsten Funkeln in den schwarzen Augen. »Ihr seid von weither gekommen, um uns zu besuchen. Wir werden euch nicht im Stich lassen. Wir werden den Befehl verweigern und euch unsere Rakete vorführen.«

Als wir versuchten, ihnen das auszureden, sagten sie mit einem drohenden Unterton: »Bei uns in Afghanistan gibt es eine Redensart: Die Gäste entscheiden, wann sie kommen, und der Gastgeber entscheidet, wann sie gehen.«

Wir entfernten uns etwa dreißig Meter, während sie den Raketenwerfer abschussbereit machten. Das Gerät ähnelte einer verlängerten Eierschachtel mit zahllosen Walzen; es musste von vorn geladen werden und wurde abgeschossen, indem man an einer Schnur zog. Die Turkmenen lieferten eine regelrechte Slapsticknummer ab, sie vergaßen wegzulaufen und tauchten erst im allerletzten Augenblick weg, was unter den gegebenen Umständen nicht ganz so lustig war, wie es hätte sein können. Endlich gab es einen ohrenbetäubenden Knall, und der BM-12 stieß seine Rakete mit so viel Kraft ab, dass die Abschussvorrichtung nach hinten geschleudert wurde.

»Nun haben wir die Pflicht zur Gastfreundschaft erfüllt, die allen Muslimen auferlegt ist«, riefen unsere Gastgeber. »Wenn wir durch einen Gegenangriff den Tod finden, werden wir gleich von Allah im Paradies belohnt. Jetzt dürft ihr gehen, möget ihr tausend Jahre leben!«

»Möget ihr ewig leben«, erwiderten wir grimmig und liefen davon.

Wir legten so viel Abstand wie möglich zwischen den Vorposten und uns, während die Berge von dem bisher stärksten Angriff widerhallten. Oben auf dem Gipfel fanden wir schließlich einen einzelnen Baum, der noch nicht verbrannt war. Hier stellten wir uns unter, um innezuhalten und wieder zu Atem zu kommen, wie bei einem Gewitter.

Während wir so dastanden, kam eine Gestalt auf einem Pferd herangaloppiert. Es war ein Mann, der die rechte Hand fest unter seinem *shalwar kamis* verborgen hielt. Eine Schmetterlingsmine hatte sie ihm zur Hälfte weggerissen, und jetzt ritt er wie selbstverständlich nach Pakistan, um sich verarzten zu lassen. Ich musste plötzlich an einen Ausspruch des Propheten denken: »Nehmt diese Welt so, wie ich es tue, wie ein Wallfahrer, wie ein Reiter, der eine Weile im Schatten eines Baumes rastet und dann weiterzieht.«

Es war ein Augenblick unverhoffter Ruhe. Wie eine jähe Flut überkam mich das Gefühl der Verbundenheit mit den unterschätzten islamischen Wertvorstellungen meiner Kindheit, die nun, in einer sich wandelnden Welt des Islams, fast vergessen waren. Als ich älter geworden war und erkannte, wie liberal meine Erziehung gewesen war, hatte ich mich sogar gefragt, ob ich überhaupt berechtigt sei, mich eine Muslimin zu nennen.

Ich dachte daran, wie mein Großvater einmal einem unitarischen Geistlichen begegnete und fasziniert war von diesem Christen, der nicht an die Göttlichkeit Jesu glaubte. Er fragte: »Würden Sie mir beipflichten, wenn ich sage: Es gibt nur einen Gott, und Mohammed ist der Gesandte Gottes?« Der Pfarrer bejahte. »In diesem Fall, werter Herr«, antwortete der Sirdar, »darf ich Sie davon in Kenntnis setzen, dass Sie eigentlich seit jeher Muslim sind.«

Jetzt, da wir mit dem Reiter in einträchtigem Schweigen zusammen unter dem Baum standen – Reisegefährten, die auf eine Feuerpause warten, um getrennter Wege weiterzuziehen –, fühlte ich mich eins mit meinem Glauben, wie auch immer die Welt da draußen ihn abstempelte. Vielleicht, dachte ich, war ich doch schon immer Muslimin gewesen.

Im Hauptstützpunkt hatte der letzte Beschuss sogar das Kartenspiel vernichtet. Als wir ankamen, schlug eine Granate in der Nähe der Stinger-Abschussrampe ein. Ein Schrapnell traf den Koch, der die neue US-Waffe gerade einmal ausprobieren wollte. Als wir ihm zu helfen versuchten, wurden wir fast von einer weiteren Granate gestreift, die nur wenige Meter entfernt herunterkam. Zum Glück war der Hang so steil, dass sie weit unterhalb des Lagers aufschlug. Die Kerle mit dem Raster hatten unsere Koordinaten jetzt offenbar rausbekommen.

Es gab noch entmutigendere Nachrichten: Jetzt, da man uns für ausreichend »weich gekocht« hielt, näherte sich langsam, aber unaufhaltsam eine stattliche sowjetische Lastwagenkolonne. Es hieß, die Sowjets könnten jederzeit mit der Bodenoffensive beginnen, durch die sie am Ende Jaji zu Fall zu bringen hofften. Wenn ihnen das gelingen sollte, wäre der Widerstand in dieser Schlüsselregion vollständig ausradiert. Uns ging die schwere Munition aus, wir waren umzingelt und in der Minderheit.

Und wir saßen noch immer fest. Dafür hatte heute Abend eine frische Ladung Schmetterlingsminen gesorgt. Sie schränkten unsere Bewegungsfreiheit außerhalb des Quartiers stark ein. Tief drunten sahen wir die Straße, auf der wir gekommen waren. Der Weg dorthin war nicht weit. Aber das Stück zwischen uns und der Straße war mit Tretminen gepfeffert. Teilweise wuchs dort Gras, und auf diesem Abhang waren die Minen unmöglich zu erkennen.

»Wir können den Bus per Funk rufen«, schlug Ingenieur Jan vor, »aber zu ihm durchzukommen, wird nicht ganz leicht sein.«

»Bei einem Bodenkampf will ich nicht auf der falschen Seite stehen«, sagte ich.

»Vor allem nicht, wo wir doch schon unsere Story in der Tasche haben«, stimmte Beat zu.

Ich schaute ihn an. »Wenn du Pech hast, verlierst du vielleicht einen Fuß.«

Beat nickte. »Einen halben ziemlich sicher.«

Ingenieur Jan war enttäuscht, dass wir nicht bis zur Bodenoffensive und der zu erwartenden Niederlage der islamischen Truppen blieben. Aber er erklärte sich einverstanden, den Bus per Funk herbeizurufen.

Am nächsten Morgen trafen wir uns mit gepackten Rucksäcken. Als winzigen Fleck weit unten sahen wir den wartenden Bus. Von irgendwo in den Bergen gab ein unsichtbarer Mudschahed wahllos einen Schuss auf ihn ab – die typisch afghanische Art von Humor. Aber diese Kugel enthielt eine ernste Botschaft: Wir mussten los.

Die Mudschaheddin verabschiedeten sich und verschwanden rasch. Es war eindeutig, dass ihr Anführer nicht das Risiko eingehen wollte, einen Mann von einer Mine kampfunfähig machen zu lassen, noch ehe der eigentliche Kampf angefangen hatte – nur um ein paar verrückte Journalisten aus dem Lager zu führen. Ingenieur Jan sagten wir gerührt Lebewohl.

»Bist du sicher, dass du nicht mitkommen willst?«

Er warf einen, wie ich meinte, sehnsüchtigen Blick auf den Bus, dann schulterte er sein Luftgewehr. »Nein, ich bleibe bis zur Offensive, schließlich bin ich ein Mudschahed.«

Der Bus schien sehr weit weg zu sein. Ein Rauchfetzen von einer soeben durch den Zeitzünder ausgelösten Mine schoss vor uns aus der Grasböschung, als wolle er uns an ihr Vorhandensein erinnern. Ich fragte mich, ob ich genug Mut hatte. Ein ganzes Leben lang mit nur einem Bein, niemals mehr richtig gesund sein – ganz zu schweigen von den Schmerzen am Anfang und dem Chor des »Ich hab es dir ja gesagt!« meiner Familie.

Beat spürte mein Zögern. »Also gut«, sagte er forsch, »Ich geh als Erster, und du trittst in meine Fußstapfen.«

Er schulterte seinen Rucksack und brach auf, den Abhang hinunter. Als wir die Grasböschung erreichten, trat ich skrupellos in seine Spuren. Dieser Teil der Reise schien sich Stunden hinzuziehen, dauerte aber in Wirklichkeit wahrscheinlich nur ein paar Minuten. Ich hielt die Augen fest auf das lange Gras geheftet. Ein paar Mal fuhr ich zusammen, wenn wenige Fuß entfernt kleine Explosionen zischten und viel sagende Rauchfahnen aufstiegen. Aber wir erreichten sicher den Bus.

Noch nie war mir eine so selbstverständliche, uneitle Beherztheit begegnet wie hier bei Beat. Auch wenn ich später manches Mal zu spüren bekam, dass er reizbar, verrückt und oft rücksichtlos sein konnte, vergaß ich nie, dass er auch Großzügigkeit und einen stillen Mut besaß.

Kapitel Zehn

»Erhebe dich – betrachte den menschlichen Geist.«
Dschalaluddin Rumi

Für mich war die Zeit gekommen, wo ich mit meinen widersprüchlichen Welten, der östlichen und der westlichen, nicht länger herumspielen konnte, sondern mich zwischen ihnen entscheiden musste. Als wir Anfang 1987 aus Jaji zurückkehrten, zog ich aus dem Peschawar-Club aus und mietete mir gemeinsam mit Beat ein Haus. Mir war bewusst, dass ich Schande über meine Familie brachte, indem ich mit einem Mann zusammenlebte, mit dem ich weder verheiratet noch verwandt war.

Onkel Mirza besuchte mich nur einmal in meinem neuen Heim. Ich war an die großartigen Auftritte gewöhnt, wenn er wie ein Herrscher in seinem Reich in seinem mit unzähligen Verwandten vollgestopften Toyota vorfuhr und fröhlich hupte, den Panamahut lässig auf dem Kopf. Diesmal war es anders. Er kam allein und zu Fuß. Als er die lange Auffahrt zu meinem Haus hochging, erschien er mir kleiner und eingeschüchtert, ein alter Mann, der in einem fremden Land verloren war.

Er kam bis zu meiner Veranda und sagte, dass er nicht hineinkommen, sondern mir nur etwas erzählen wolle. Also wappnete ich mich gegen die Vorwürfe: dass ich undankbar sei und den Schutz meiner Familie verlieren würde, wenn ich dieses unabhängige Leben fortsetzte.

Aber deswegen war er nicht gekommen. Er wollte mir nur von Allah Yar Khan erzählen – dem Mann auf dem Schimmel, der für mich all das verkörpert hatte, was an den Mudschaheddin gut und edel war. Allah Yar, der im Garten gesessen und an den Buchararosen gerochen hatte, dessen Frau wir gerettet hatten und den mein Onkel seit Jahren regelmäßig mit Geldbeträgen aus seinen Ersparnissen unterstützte. In diesem Jahr war das Vermögen endgültig erschöpft. Also hatten Allah Yar und seine Männer in ihrer Wut das Haus meines Onkels zerstört.

Onkel Mirza lehnte das Angebot ab, eine Tasse Tee mit mir zu trinken. Nachdem er die Hiobsbotschaft überbracht hatte, setzte er niedergeschlagen seinen Panamahut auf, ging meine Auffahrt hinab und verschwand für immer aus meinem Leben. Zwischen uns hatte es nie die dramatische Auseinandersetzung gegeben, die ich befürchtet hatte – aber als ich nun zusah, wie diese geliebte Gestalt sich allmählich entfernte, erkannte ich, dass wir auf zwei Planeten lebten, deren Umlaufbahnen uns immer weiter auseinander rissen.

Das neue Haus von Beat und mir lag neben dem Kanal, der die Stadt Peschawar von dem ausufernden Flüchtlingslager Nasirbagh trennte. Aus meinem Fenster blickte ich über den Abgrund der Verzweiflung und das Ausmaß an Erfindungsreichtum, zu dem Menschen in der Not fähig sind.

Eines Tages, als ich in Nasirbagh herumspazierte, sprach mich ein Flüchtling an, der schlicht und einfach sagte: »Madam, ich brauche Arbeit, damit ich meine Frau und meine kleinen Kinder ernähren kann. Würden Sie so freundlich sein, mir eine Anstellung zu verschaffen.« Ebenso hätte er auch einen Kaufhausangestellten nach einem unbedeutenden Artikel fragen können oder einen wohlwollenden Fremden nach dem Weg. Ihn abzuweisen wäre grob und unhöflich gewesen.

Sein Name war Rahim, und obwohl ich mir selbst gelobt hatte, niemals Hausangestellte zu beschäftigen, lösten seine dunklen, bohrenden Augen irgendetwas in mir aus, und bevor ich eigentlich wusste, wie mir geschah, hatte ich ihn bei mir angestellt.

Ich sagte mir, dass es meinen Persischkenntnissen gut tun würde, seiner poetischen Ausdrucksweise zuzuhören. Rahim sprach den Dialekt Dari, was »am Hofe« bedeutet. Es ist die Sprache der alten Könige Persiens und der klassischen Literatur des 13. Jahrhunderts. Heute gilt sie im Iran als unerträglich bäuerisch, aber in den Bergen Afghanistans hat sie überlebt. Es war, als hätte man sich einen Diener besorgt, der darauf bestand, Shakespeare-Englisch zu sprechen.

Rahim ging nicht, er »trat die Füße«. Er sprach nicht, er »traf die Worte«. Er wurde nicht alt, seine »Jahre wurden gegessen«. Er war immer in Abenteuer verstrickt, Dinge, die ihm »auf den Kopf fielen«. Sogar ein so alltäglicher Begriff wie »Orange« klang in meinen Ohren anders, wenn Rahim ihn benutzte. *Narang* – vermutlich der Ursprung unseres englischen Wortes – bedeutet wörtlich »ohne Sorge«. Persische Sprichwörter und blumige Zitate flossen ihm von den Lippen – vor allem wenn er mich bei einem unserer häufigen Streite besiegen wollte. Bald erkannte ich, dass Rahim die unbestrittene Herrschaft über unser Leben übernommen hatte. Als er seinen ersten Barscheck entgegennahm, ermahnte er mich streng: »Mein Lohn kommt in Wahrheit von Allah, auch wenn Er ihn durch deine Agentur leiten mag. Wenn es Sein Wille ist, wird Allah für mich sorgen. Entweder durch dich oder durch jemand anderen.«

Rahim ließ mich unentwegt an eine imponierende Gestalt aus der Geschichtensammlung meiner Familie denken – an den treuen paschtunischen Diener meines Großvaters, Ahmad Shah. Er war es gewesen, der vor vielen Jahren die Großmutter des Maharadschas aus ihrem Fischteich im Palast geraubt hatte. Mein Vater erinnerte ihn als einen Mann, der über ein Meter achtzig groß war und die strohfarbene Haut und die grünen Augen eines echten Grenzbewohners hatte. Er trennte sich niemals von seinem Lee-Enfield-Gewehr oder von seinem langen afghanischen Messer, und seine Lieblingsbeschäftigung war, sie in seiner Freizeit zu polieren, bis sie glänzten.

Bobo hat in ihren Memoiren auch über ihn geschrieben: »Ungefähr drei Monate lang arbeitete er gut und zuverlässig. Dann sagte er: Ich muss jetzt gehen. Er fragte nie, ob er gehen dürfe. Das Wort lautete ›muss‹. Wenn man ihn fragte, warum er sich so entschieden ausdrückte, legte er die Hand aufs Herz und warf einen weit schweifenden Blick nach Süden, in Richtung seiner Heimat.«

Ich kann mir gut vorstellen, wie meine gütige schottische Großmutter, die sich für immer von ihrer eigenen Familie getrennt hatte, sehnsüchtig aus dem Fenster auf Kabuls erhabene Bergkette blickte und fortfuhr: »Wenn man selbst aus dem Hochland stammt, wird man verstehen, was er meinte.

Man kann diese innere Bindung an die eigenen Berge nachfühlen, auch wenn man anderswo von höheren umgeben sein mag. Und man weiß mit Sicherheit, dass eine Zeit kommen wird, wo sich das Herz erinnert, die Trauer ihr Haupt erhebt und man zurückkehren muss.«

In Peschawar gab es viele Menschen, die wussten, was Exil bedeutete. Eines Morgens entdeckte ich am Ufer des Kanals neben meinem neuen Zuhause eine Gruppe von Flüchtlingen. Sie hatten sich keinen guten Platz ausgesucht. Der Kanal war von den Exkrementen verseucht, die sich aus Hunderten von armseligen Hütten, Latrinen und Restaurants in seine Fluten ergossen. Wie die faulenden Tentakeln eines scheußlichen Seeungeheuers lag er eiternd in der Sonne. Bis dahin war kein Flüchtling so verzweifelt gewesen, sich dicht neben dem trägen Wasser niederzulassen, doch an diesem Morgen hatte eine kleine Gemeinschaft aus vier oder fünf Familien ihr zerlumptes Lager in einer Mulde von erstickend weißem Staub aufgeschlagen, der die Sonne gnadenlos reflektierte.

Als ich hinunterging, um sie zu begrüßen, hingen die Frauen wie Kletten an mir, zupften an meinem Kleid herum und streichelten mein Gesicht. Sie bettelten nicht, zumindest nicht um Geld. Es ging ihnen um etwas Wichtigeres: meine Zeit, meine Aufmerksamkeit, mein Mitgefühl.

Ihr Anführer beeindruckte mich. Er war ein zerbrechlicher, weißbärtiger alter Mann, der wie eine Bilderbuchillustration eines biblischen Propheten aussah. Er saß still und würdevoll da, die Hand auf seinen hölzernen Stab gelegt, und schaute mit zusammengekniffenen Augen zu den Bergen zurück, die sie gerade verlassen hatten. Aus dieser Staubpfanne heraus konnte man die Berge nicht sehen. Aber der alte Mann hatte etwas von einem Seher an sich. Ich war mir sicher, dass er sie ganz deutlich wahrnehmen konnte.

»Woher kommst du, Vater?«, fragte ich ihn.

»Gottes Gnade hat uns aus der Provinz Kunar hierher gebracht.«

Ich war auf meiner ersten Reise nach Afghanistan mit Zahir Shah in Kunar gewesen. Also sprachen wir über die verschiedenen Dörfer, die ich am Pech River besucht hatte. Die Augen des alten Mannes leuchteten auf, als ich von seinen Bergen und Flüssen sprach, von den Häusern, die sich an die Flanken schmiegen, den Schafherden und den Kindern der Hirten, die auf den Abhängen herumrennen.

»Warum hast du deine Heimat verlassen?«, fragte ich, sobald es die Höflichkeit erlaubte.

»Gott ist großmütig: Irgendwo auf der anderen Seite unseres Berges hatte eine Offensive begonnen. Am nächsten Tag wurde unser Dorf bombardiert, obwohl wir nie etwas mit den kämpfenden Truppen zu tun gehabt hatten. Wir machten uns auf den Weg nach Pakistan. Da beschloss Allah, mir meinen kleinen Enkel zu nehmen, den Segen meines Alters.«

Wir versanken beide in Schweigen, und schließlich fuhr er fort: »Wenn ein Baum wandern oder fliegen könnte, würde er die Qual der Säge oder die Wunden der Klinge nicht ertragen. Allah hat uns hierher geführt, und da wir nicht weiter gehen können, werden wir an diesem Ort bleiben und auf das warten, was Er für uns bereithält.«

»Vater, du kannst hier nicht bleiben. Ihr müsst euch als Flüchtlinge registrieren lassen, dann wird man euch ein richtiges Lager zuweisen, wo ihr Essen und Unterkunft bekommt.«

»Wenn es Allahs Wille ist.«

Ich erzählte ihm, wie der Registrierungsprozess ablief: Zuerst müssten sie sich einen Ausweis von einer der politischen Parteien der Mudschaheddin besorgen, die mit den verschiedenen bewaffneten Gruppen verbunden waren. Damit bekämen sie dann Lebensmittelkarten vom Hohen Flüchtlingskommissariat der Vereinten Nationen (UNHCR).

Der alte Mann sah verwirrt aus. »Aber wir haben noch nie etwas mit Politik oder bewaffneten Gruppen zu tun gehabt«, sagte er. »Und ich habe noch nie um Hilfe bitten müssen.«

»Mach dir keine Sorgen, du bist jetzt in Pakistan«, sagte ich zu ihm.

Er lächelte auf eine Art, die mir nicht mehr aus dem Sinn ging. »Wir sind, wie wir schon immer waren, in den Händen Allahs.«

Der alte Mann wusste nicht, dass sich, kaum hundert Meter von seinem erbärmlichen Lager entfernt, die Schaltzentrale der größten Flüchtlingshilfe der Welt befand, deren Aufgabe es war, Menschen wie ihm zu helfen. In Peschawars noblem Vorort University Town hatten sich über fünfzig internationale Organisationen niedergelassen, die sich um die zweieinhalb Millionen vertriebener Afghanen kümmern sollten. Nur wenige Empfänger ihrer milden Gaben betraten jemals dieses Paradies aus baumgesäumten Alleen, Luxusvillen, Konferenzen unter Ausschluss der Öffentlichkeit, Satellitenschüsseln, bewässerten Gärten und Geländewagen mit Klimaanlagen.

Die Auslandshilfe strömte nach Peschawar: ungefähr achtzig Millionen Dollar im Jahr allein an das UN-Flüchtlingskommissariat. Doch während die Mythen, an die sich der Westen klammerte, immer mehr von der Realität in Afghanistan abwichen, erschwerten die politischen Verhältnisse im Land die Bemühungen um Hilfe. Einer dieser Mythen besagte, dass jeder gesunde Afghane am bewaffneten Kampf beteiligt war: Also mussten sich die Flüchtlinge einer bewaffneten Gruppe anschließen, um Lebensmittelkarten zu erhalten. Ein anderer Mythos hielt daran fest, dass die Flüchtlinge bald nach Haus zurückkehren würden: Also baute man Lager für den Übergang und ohne Hoffnung auf Zukunft.

Als ich am nächsten Tag vom Basar zurückkam, sah ich, dass sich die neuen Flüchtlinge immer noch in der Senke neben dem Kanal aufhielten. Ich ging hin und fragte den alten Mann, warum sie noch nicht in ein besseres Lager gezogen waren.

»Meine Tochter und ich sind zu der Gruppe der Mudschaheddin gegangen, die in unserer Gegend am aktivsten ist. Dort haben wir den ganzen Tag auf die Registrierung gewartet. Der Soldat verlangte eine hohe Bestechungssumme, und wir gaben ihm die Juwelen, die meine Frau an ihrem Hochzeitstag bekommen hatte. Er hat uns gesagt, dass wir morgen wieder in sein Büro kommen sollen.«

»Was wirst du tun?«, fragte ich ihn.

»Der Prophet, Friede sei mit ihm, hat uns beschworen, Gott zu vertrauen. Wir werden morgen in das Büro der Partei gehen und auf unseren Ausweis warten. Dann bekommen wir vielleicht, so Gott will, einige Lebensmittelkarten.«

Der alte Mann bestand darauf, mir die Einkaufstüten in mein Büro zu tragen. Er war gebrechlich und konnte sich unter ihrem Gewicht nur mühsam aufrecht halten. Ich hatte das dringende Bedürfnis, ihm zu helfen, und wollte ihm ein wenig Geld in die Hand drücken. Er wurde fast zornig. »Schämst du dich nicht, das zu bezahlen, was ich für Gott getan habe?«

Für die hiesige Wirtschaft waren die Flüchtlinge ein gutes Geschäft. Peschawar boomte. Wenn man ein örtlicher Unternehmer, ein Kriegsgewinnler oder ein westlicher Ausländer war, stellte sich der Erfolg fast von selbst ein. Sogar bei mir. Die internationale Presse hatte einen unersättlichen Appetit auf Nachrichten aus dem Krieg, und Beat und ich hatten außerdem mehrere lukrative Verträge für Publikationen der Hilfsorganisationen abgeschlossen. In unserer Villa eröffneten wir ein gemeinsames Journalistenbüro, das Beat großspurig das Büro für Internationale Informationen nannte.

Binnen einer Stunde kam eine einsame Gestalt die Auffahrt hoch. Sein brauner *shalwar kamis* bauschte sich, und sein pomadisiertes Haar war sorgfältig zurückgekämmt. Er trug einen Schulranzen.

»Ist das hier das ›Büro für internationale Informationen‹«?, fragte er.

»Ja.«

»Dann möchte ich bitte einige internationale Informationen haben.«

Uns amüsierte dieses Gespräch, aber auf Rahim hatte es eine tiefere Wirkung. Ein paar Stunden später sah ich, dass er bekümmert die Straße vor dem Tor auf und ab ging.

»Madam«, sagte er, »mein Herz ist schwer geworden.«

Ich wartete darauf, dass er mir diese Schwere erklärte.

Rahim ließ seine Bemerkung eine Weile wirken, bevor er verkündete: »Der Gemüsehändler hat mir erzählt, dass unser Nachbar zur Linken von *badmarshis*, Banditen, ausgeraubt wurde. Dieses Haus hier ist unbewacht. Alle möglichen Leute dürfen hineingehen, ohne warten zu müssen. Das wirft kein gutes Licht auf die Besitzer.«

Als er meine Ungeduld spürte, kam Rahim auf den Punkt: »Kurz und gut, Madam, wir brauchen einen *chauki dar*, einen Mann, der die Tür mit einem Gewehr bewacht. Ich würde es ja selber tun, aber ich habe andere Pflichten. Doch ich werde uns einen guten Wächter besorgen. Um sicherzugehen, dass er vertrauenswürdig und so tapfer wie ein Löwe ist, will ich dir meinen eigenen Bruder schicken.«

Am nächsten Tag traf Rahims Bruder Shafi bei uns ein. Entgegen unseren Erwartungen trug er keine Waffe. Er schien auch nicht allzu aufgeweckt zu sein. Seine Augen konnten sich nicht auf eine Stelle konzentrieren, auch wenn sein unsäglich freundliches Dauerlächeln diese Schwäche ein wenig ausgleichen mochte.

»Rahim!«, sagte ich barsch. »Wo ist die Waffe?«

In diesem Augenblick hörten wir ein stockendes Knirschen auf dem Kies der Zufahrt. Ein hochbetagter Mann humpelte auf uns zu. Er war so abgemagert, dass ich fürchtete, er könnte unter dem Gewicht des siebzig Jahre alten Lee-Enfield-Gewehrs, das er auf dem Rücken trug, zusammenbrechen.

Rahim richtete sich mit geschwellter Brust zu voller Größe auf. »Dieser gute Großvater hat die *feranghee*, die britischen Fremden, bekämpft, als er noch ein Kind war. Er erwarb sich den Titel *ghazi*, Held, bevor er zehn Jahre alt war.

Jetzt ist Shafi sein Schüler. Er lernt von dem großen Krieger die Geheimnisse des Kampfes. Die beiden, Schüler und Meister, werden gemeinsam unser Haus bewachen. Dafür hat Rahim gesorgt.«

»Aber Rahim – er ist sehr alt«, sagte ich.

»Und Shafi ist sehr jung«, sagte Rahim gelassen. »So kommt dir beides zugute: die Stärke der Jugend und die Weisheit des Alters.«

Das Argument war kaum zu widerlegen. Ich erklärte mich bereit, sie für einen Monat auf Probe einzustellen. Als ich ins Haus zurückging, stopfte der alte Mann gerade einen Lumpen in den Lauf seines Gewehrs, streckte sich auf einem *charpoy* aus und schlief ein.

Rahim fing an, sein kleines Reich auszubauen. Weil er jetzt einem so großen Haushalt vorstand, brauchte er eine Waschfrau. Er zauberte von irgendwoher ein zahnloses altes Weib herbei, das sich in der Küchenecke niederließ. Außerdem beschaffte er sich einen im Wachstum zurückgebliebenen persönlichen Assistenten, der in meiner Gegenwart niemals aufrecht stehen durfte. Dieser Diener eines Dieners kroch von Zimmer zu Zimmer und fegte die Böden mit einem einzelnen Zweig. Das verschaffte Rahim Zeit für die Aufgaben, die er am allerbesten beherrschte: die Aufsicht zu führen, das Geld zu verwalten und sein eigenes lukratives Recycling-Geschäft zu betreiben.

Unser ganzer Müll wurde sorgfältig gesichtet, sortiert und seinem Verbündeten, dem Gemüsehändler, übergeben, der ihn auf dem Basar verkaufte. Eines Tages musste ich feststellen, dass der öffentliche Schreiber einen Brief von meiner Mutter an die Wand neben seinem Marktstand geheftet hatte. Seine Schüler saßen in einem Halbkreis um ihn herum und versuchten ernsthaft, das nachlässige Gekritzel zu kopieren. Ihre eigenen Notizblöcke bestanden aus den Papierstapeln meiner Artikelentwürfe. Rahim hatte den freien Platz auf der Rückseite verkauft.

Reste von Aluminiumfolie und Gummibänder wurden liebevoll gesammelt und weiterverkauft, während Gegenstände, die Rahim nicht schätzte (ausländische Dosengerichte, Tonkassetten und aus irgendeinem Grund auch Büroklammern) auf rätselhafte Weise in der Mülltonne landeten und auf dem Basar auftauchten. Artikel, die er nie wegwerfen würde (gebrauchte Wattebäusche, die Einwegbehälter für meine Kontaktlinsen und alle Art von Arzneien, wie abgelaufen sie auch sein mochten), wurden sorgsam aufbewahrt und bei den unpassendsten Gelegenheiten präsentiert – zwischen dem zweiten und dritten Gang einer Dinnerparty schien eine besonders günstige Zeit zu sein. Es war das Ende jeder Art von Privatsphäre.

Da keiner unserer *chauki dar* in der Lage war, uns wirklich zu beschützen, beschloss Beat, Gänse zu besorgen, die das Büro bewachen sollten. Eines Tages kehrte er aufgeregt mit ein paar boshaft wirkenden Exemplaren zurück. Rahim beäugte sie kritisch. Sein Gesicht war pflaumenfarben geworden; ich erkannte, dass der Einkauf von Gänsen zu den Aufgaben gehörte, die ausschließlich in seinen Bereich fielen.

»Rahim! Bring die Wachleute dazu, einen Teich zu graben!«, rief Beat, ohne zu ahnen, wie tief Rahim verletzt war. Wortlos und mit großer Würde nahm der Diener die Gänse hoch. Er trug sie die Auffahrt hinab und verschwand auf dem von Menschen wimmelnden Basar, der, nicht weit von unserer Haustür entfernt, gerade eröffnet hatte.

Drei Stunden später kehrte er zurück. Auf den Armen trug er nicht zwei, sondern vier Gänse von gewaltiger Größe. Sie stellten die Gänse, die Beat übereilt und unbedacht gekauft hatte, völlig in den Schatten.

Rahims Gesicht strahlte vor Freude. Wie jemand, der eine Geschichte aus Tausendundeiner Nacht erzählte, deklamierte er:

»Sir – du bist ein Fremder. Daher war es nicht deine Schuld, dass man dich auf dem Basar betrogen hat. Doch der Schuft, der dir diese minderwertigen Gänse verkauft hat, hat nicht gewusst, dass er es mit Rahim zu tun bekommt. Ich bin selbst auf den Markt gegangen und habe den fraglichen Dieb entdeckt. Ich verprügelte ihn, bis er einwilligte, die Vögel zurückzunehmen. Von dem Geld, das er mir als Entschädigung zahlte, weil er versucht hatte, einen Ausländer zu betrügen, habe ich vier Gänse gekauft, die eurem Stand würdig sind. Sie sind die tapfersten und wildesten Gänse im ganzen Hindukusch und haben sich bis jetzt in meinem eigenen Hof aufgehalten, da ich sie von zu Hause, aus Dschalalabad, mitgebracht habe. Man beachte, dass sie keine pakistanischen, sondern afghanische Gänse sind. Sie werden wie eine ganze Armee schnattern, wenn ein Eindringling kommt, und deine Feinde, so Allah will, in die Flucht schlagen. Damit hätten wir das Problem also gelöst.«

Er begann ihnen eigenhändig einen speziellen Teich zu bauen. Dank seines schnellen Eingreifens hatte er soeben noch verhindern können, dass das »Wasser seines Gesichts vergossen wurde«.

In den nächsten Wochen beobachtete ich die afghanischen Flüchtlinge neben dem Kanal. Sie knoteten ein paar Lumpen über einigen Stöcken zusammen und zauberten von irgendwoher einen geschwärzten Blechkessel herbei. Ansonsten blieb der Ort, den sie sich ausgesucht hatten, so unwirtlich wie zuvor. Ich schickte ihnen durch Rahim, unseren Gehilfen, dann und wann Lebensmittel vorbei. Eines Tages kehrte er wütend zurück.

»Bevor das Gegengift aus dem Irak ankommt, wird der mit dem Schlangenbiss tot sein«, schäumte er. »Diese Unglücklichen sagen, dass sie im Büro des UNHCR gewesen sind. Man hat ihnen gesagt, dass die Gegend um Peschawar keine Flüchtlinge mehr verkraften kann. Wenn sie Hilfe bekommen wollen, müssen sie hunderte von Meilen weiter, ins Tiefland der Provinz Sindh. Jetzt warten diese Menschen auf andere aus ihrem Dorf, um sich ihnen anzuschließen. Sie haben vereinbart, dass der Erste, der in Peschawar ankommt, auf die anderen warten soll. Und außerdem wollen sie nicht in die verfluchte Tiefebene ziehen.«

Ich war entsetzt. »Aber was werden sie jetzt tun?«

»Madam, sie werden dort warten, wo sie sind. Sie sagen, dass Gott sie beschützen werde.«

Als ich den alten Mann und seine Familie neben dem Kanal das nächste Mal besuchte, sagte er: »Es gehört sich nicht, dass du ohne ein bisschen *nush-i-jan,* lebensspendende Erfrischung, gehst.« Es war höchst unratsam, auch nur eine Tasse Tee zu trinken, die mit diesem schmutzigen Wasser aufgebrüht war, aber eine Erfrischung abzulehnen, kam einer Beleidigung gleich. Es gab kein Entrinnen.

Aus dem Nichts tauchten Tee und Brot auf. Ein alter

Stofflumpen wurde ausgebreitet, und wir setzten uns so behutsam hin, als wäre es ein seidenes Kissen. In der Rolle des Gastgebers wurde der alte Mann selbstbewusst und aufgeschlossen, ja sogar etwas weihevoll. Ich bekam einen flüchtigen Eindruck von der Person, die er vermutlich gewesen war, bevor sein Leben auf den Kopf gestellt wurde: ein würdevoller alter Scheich, elegant und zuvorkommend, voll weiser Sprüche und moralischer Diskurse. Jetzt, wo er alles andere verloren hatte, hing ich an seinen Lippen und lauschte jedem Wort von ihm.

Wir sprachen von der Zeit, in der wir lebten, über das, was die Afghanen bereits die *musibat* nannten, die Katastrophe. Er erinnerte mich an andere Katastrophen, die das afghanische Volk erleiden musste: die Ankunft von Alexander dem Großen, das kriegerische Jahrhundert, als die Araber einfielen, die entsetzlichen Angriffe der Barbaren aus dem Norden. So viel Krieg, Elend und Tod – und das alles nur, weil die Eindringlinge die Reichtümer begehrten, die sie in diesem Land vermuteten.

Vor langer Zeit, sagte der Alte, trat ein armer Mann auf den großen afghanischen König, Mahmud von Ghasna, zu und bat ihn, etwas in seine Bettlerschale zu tun. Doch das Geld des Königs verschwand, als ob die Schale keinen Boden hätte. Der hochmütige Monarch ließ sich mehr Gold bringen. Als die Hälfte der Schätze seines Königreichs versickert war, gab sich Mahmud geschlagen. »Diese Schale verkörpert das Verlangen der Menschen«, sagte der weise Bettler. »Die menschliche Gier kennt keine Grenzen.«

Eines Tages stand in der Senke, wo die Flüchtlinge lagerten, ein bunt bemalter Bus. Die Frauen und Kinder, die ich inzwischen kannte, standen um ihn herum; ihre armselige Habe lag überall auf dem Boden verstreut. An dem Platz herrschte aufgeregtes Stimmengewirr. Alles deutete darauf hin, dass etwas im Gange war.

Als ich zu ihnen hinuntereilte, begrüßten sie mich fröhlich. Nur der alte Mann, ihr Anführer, blieb reglos auf einem Stein sitzen und beobachtete die Szene. »Mögest du niemals ermüden, Vater«, sagte ich. »Ich freue mich, dass der Bus endlich gekommen ist, der euch nach Sindh bringt.«

»Möge es dir gut gehen, meine Tochter. Das ist nicht der Bus von der Flüchtlingshilfe. Er bringt uns auch nicht nach Sindh.«

»Was ist denn dann hier los?« Ich war so erschrocken, dass ich viel direkter fragte, als es die höflichen afghanischen Umgangsformen erlaubten.

»Der Prophet, Friede sei mit ihm, hat gesagt: ›Vertraue Gott, aber binde dein Kamel an.‹ Wir vertrauen Allah, müssen uns aber auch selbst helfen, wenn wir können. Die Leute aus unserem Dorf sind nicht gekommen; vielleicht ist ihnen unterwegs ein Unglück zugestoßen. Hier in Pakistan werden unsere Kinder krank. Jeden Tag müssen wir noch ein paar Habseligkeiten verkaufen, um zu überleben. Wir sehnen uns nach unseren Berghängen und Obstgärten. Daher habe ich beschlossen heimzukehren. Meine älteste Tochter, die Witwe ist, hat sich bereit erklärt, ihre goldenen Ohrringe zu verkaufen, und so konnten wir diesen Bus mieten. Er fährt uns bis zur Grenze. Von dort aus werden wir zu Fuß gehen, bis wir unser Dorf erreicht haben. Auch wenn es zerstört ist,

ist es besser, dort zu sterben, als lebendig in dieser Staubwüste begraben zu sein. Jeder Atemzug, den wir hier tun, ist ein langsamer Tod. In unserem eigenen Dorf werden wir vielleicht verhungern, ohne jemandem etwas zu schulden. Hier verhungern wir als Almosenempfänger, als Sklaven der Menschen, die uns sagen, wie und wo wir leben sollen.«

Ich beobachtete, wie die letzten Frauen und Kinder in den Bus kletterten. Als alle ihren Platz eingenommen hatten, erhob sich auch der alte Mann würdevoll und ohne Hilfe von seinem Stein. Er ging langsam zum Bus, grüßte mich und stieg ein.

Ich winkte ihm zum Abschied zu und stand noch lange nachdenklich da, als die Hupe verklungen und der grellbunte, fette Bauch des Fahrzeugs verschwunden war.

Kapitel Elf

1988 beschloss Beat, dass es interessant sein könnte, in das Gebiet um die zweite große Stadt Afghanistans, Kandahar, zu fahren. Ich hatte Bedenken. Nur wenige Journalisten hatten diese Region betreten, seit der Amerikaner Charles Thornton vor zwei Jahren durch einen hinterhältigen Angriff der Sowjets getötet worden war. Im Süden des Landes war alles anders. Die Gegend um Kandahar war eben und bot den Mudschaheddin keinen Schutz durch die Berge. Überdies genossen die Bewohner Kandahars sogar unter einem Volk, das so blutrünstig wie die Afghanen ist, einen gewissen Ruf der Grausamkeit. Als Kind hatte man mir erzählt, woran man einen Kandaharani erkennen kann: Er schneidet dir die Kehle mit einem rostigen Messer durch, weil es schmerzhafter ist.

Damals ahnten wir es noch nicht, aber sechs Jahre später entstand in dieser Gegend die religiöse Studentenbewegung der Taliban, die die Unberechenbarkeit der örtlichen Stammesangehörigen mit dem Eifer eines puristischen Islams verbanden.

Wir statteten unserem alten Freund Hamid Karzai, der aus dieser Gegend stammte, einen Besuch ab. Er wirkte genauso weltmännisch wie immer. In einer Stadt, die in einer staubigen Mulde lag, wo man sofort schwitzte und schmutzig wurde, wenn man das Haus verließ, sah man ihn nie anders als in einem blütenweißen seidenen *shalwar kamis.* Unter den männlichen Erwachsenen, die sich bei den Guerillakämpfern Respekt verschaffen wollten, war er praktisch der Einzige, der sich nicht nur den Bart, sondern auch den Kopf rasierte. Er hatte kluge, leicht vorstehende Augen und einen scharfen Verstand. Außerdem hatte er eine Vorliebe für das »Gesamtbild«, wie er es zu nennen pflegte.

»Ich bin so froh, dass ihr gekommen seid … Ich arbeite gerade an einem kleinen Aufsatz über den Durchschnittsbürger in Afghanistan, zu dem mich eines der aufdringlicheren französischen Institute gedrängt hat. Eure Meinung dazu würde mich wirklich interessieren.«

Karzai liebte es, über den Durchschnittsbürger zu reden. Er ließ den Ausdruck wie einen Leckerbissen auf der Zunge zergehen. In Friedenszeiten hätte er an der Universität Karriere machen oder Sozialreformer werden können. Hier im Exil war er der Sprecher einer kleinen, gemäßigten oppositionellen Partei.

Nach ungefähr einer halben Stunde fragte er: »Nun dann, was kann ich für euch tun?«

»Wir würden gern nach Kandahar fahren.«

Hamids Erwiderung erfolgte mit spürbarer Verspätung. »Ihr beide?«

»Ja«, sagten wir entschlossen.

»Es ist sehr gefährlich.«

Die Art, wie er es sagte, bedeutete für mich, dass wir fahren würden.

Ein paar Tage später entdeckte ich einen drahtigen, unglücklich wirkenden Mann mit schmalem Gesicht und huschenden Augen, der irgendwie an all unseren Beschützern vorbeigekommen war und in einem Korbstuhl auf der Veranda Platz genommen hatte. Er trug einen übergroßen schwarzen Seidenturban im Stil von Kandahar und rief: »Ich Ghaffar Khan – ihr jetzt nach Quetta. Wir gehen zu Kandahar. Zack! Zack! Ha«! Ha!«

Ghaffar Khan war gekommen, um uns zum Hauptquartier eines Mudschaheddin-Kommandeurs in Arghandab zu bringen, nahe der Stadt Kandahar. Der Rest unserer Reisegefährten ließ meine Kindheitsängste vor den verrückten Afghanen im Süden wieder aufleben. Ihre Augen, funkelnd und wild, waren dick mit schwarzer Farbe umringt. Sie lachten über alles und nichts. Ihre Bärte waren ungewöhnlich lang, schwarz und wollig; ihre gewaltigen Seidenturbane hatten herabhängende Enden, an denen sie auf kindische Art saugten. Jede Form sozialen Verhaltens schien ihnen fremd zu sein. Zusammen mit dem üblichen Patronengurt und den AK-47's spielten sie mit Rosen auf eine Art herum, die befürchten ließ, dass sie dich zuerst erschießen und danach an ihren Rosen riechen würden.

Wir besuchten ihre Waffenarsenale – eine Reihe von Höhlen, die mit Kalaschnikows, schweren Maschinengewehren und raketengetriebenen Granaten bestückt waren. Vom Anblick so vieler Waffen berauscht, feuerten die Männer wahllos mit den Maschinengewehren in die Luft. Schließlich beluden sie den Pick-up mit ihren Vorräten. Sie schienen sich königlich zu amüsieren, bildeten eine Kette und warfen sich gegenseitig die Granaten zu. Der letzte Mann in der Reihe schleuderte die Geschosse auf das Metall der Ladefläche, wo sie mit einem befriedigenden Knall landeten. Die Granaten wurden ohne Zünder aufbewahrt, dennoch schien es leichtsinnig zu sein. Als nächstes hievten sie ein riesiges, offenes Fass auf den hinteren Teil des Wagens, das bis zum Rand mit Treibstoff gefüllt war, und ließen es ohne Deckel stehen. Beat und ich mussten uns auf mehrere Lagen RPG-Granaten setzen, wo wir aus einem offenen Behälter mit Diesel bespritzt wurden, wenn wir über einen Stein fuhren.

Die Sonne glühte auf uns herab, und aus unserem offenen Dieselkanister stiegen Dämpfe auf. Ringsum erstreckte sich der Sand einer riesigen flachen Wüste, der keine Deckung bot. Ein paarmal hörten wir das dumpfe Brummen von Flugzeugen. Zum Glück waren es keine Jets, sondern leichte Aufklärer, die vermutlich mit Kameras und hoch entwickelter thermographischer Ausrüstung bewehrt waren. Die Menge an Geld, Soldaten und Hightech-Material, die der Roten Armee zur Verfügung stand, ließ uns nachdenklich werden, während wir in unserem mit Granaten gepolsterten Kleinlaster inmitten einer Gruppe vorwärtsholperten, die ich nur als begeisterte Amateure bezeichnen konnte. Wir gaben eine gute Zielscheibe ab.

Die Männer schienen sich keine Sorgen zu machen. Sie überließen solche Kleinigkeiten der Güte Allahs, der außerdem noch die Aufgabe hatte, einen Gutteil unserer Route zu planen. Während wir weiterrumpelten, vermutlich im Kreis, sahen Beat und ich unseren gesamten Vorrat an Mineralwasser dahinschwinden. Niemand außer uns hatte irgendetwas zum Trinken mitgebracht.

Zur Zeit von Alexander dem Großen war diese trockene Wüste voller Gärten und Blumen. Hier wuchsen Granatäpfel und Feigen, und es gab viele prachtvolle Städte. Dann tauchte ein Dämon in Gestalt einer wilden Bestie auf und verwandelte das Land in eine Einöde. Alexander befragte seine Minister, aber niemand wusste, was man tun konnte. Schließlich baute der Philosoph Aristoteles einen riesigen Spiegel und befestigte ihn auf einem Wagen, mit dem er auf das Monster zufuhr. Sobald es sein eigenes Spiegelbild erblickte, ließ es ein schreckliches Heulen ertönen und starb.

Aristoteles erklärte, dass die Menschen in dieser Gegend böse und unrein waren. Das Ungeheuer sei aus ihren schlechten Gedanken und Taten entstanden. Als es sich im Spiegel sah, wurde es durch seinen eigenen bösen Blick getötet.

Nachdem unser Fahrer diese Geschichte erzählt hatte, zwinkerte er mir zu. Er war eine verwegene Gestalt mit einem limonengrünen Turban und reichlich Kajal um die Augen und ging kein Risiko ein, wenn es um den bösen Blick ging. Die Hälfte seines Rückspiegels wurde durch einen Vers aus dem Koran verdeckt. Auf der anderen Hälfte prangte ein fluoreszierender Aufkleber mit einem großen blauen Auge, ein wirksamer Schutz vor dem Neid, den entweder sein prächtiges Fahrzeug oder sein gutes Aussehen hervorrufen konnte. Die Seitenspiegel und das Fahrgestell des Kleinlasters waren mit Bändern und klirrenden Ketten geschmückt. Das sollte die Dschinnen fernhalten, denn es ist wohl bekannt, dass diese Geister, die sich in den Lüften aufhalten, flatternde und rasselnde Gegenstände verabscheuen.

Mit solchen Vorsichtsmaßnahmen glaubte der Fahrer genug für unsere Sicherheit getan zu haben. Häufig suchte man seine Hände auf dem Lenkrad vergebens. Er schaute auch nicht besonders gern auf die Straße und zog es vor, uns mit lustigen Geschichten zu unterhalten, wobei er seinen Kopf zurückwarf und lauthals lachte. Ein andermal drehte er sich auf seinem Sitz herum und schenkte mir tiefe, innige Blicke.

Ich war mir inzwischen sicher, dass er mit mir flirtete. Das war eigenartig, weil ich mich zur Sicherheit als Junge verkleidet hatte. Ghaffar Khan hatte mir gezeigt, wie ich meinen schwarzen Seidenturban binden sollte, den ich zum Teil auch über das Gesicht zog. Ich hatte meine Oberlippe übermalt und meine Brüste flach gebunden, die ohnehin schon von meiner lockeren Weste verborgen wurden. Jedenfalls sah ich nicht wie eine Frau aus.

Bei Sonnenuntergang hielten wir an einer Oase an, wo ein schlammiger Wassertümpel für etwas Grün sorgte. Die Männer gaben sich große Mühe, den Pick-up mit Zweigen zu tarnen, weil sie offenbar nicht wussten, dass ihn eine Warmbildkamera jederzeit sichtbar machen konnte. Nur Ghaffar Khan hatte ein offenes Auge für die Gefahr, in der wir schwebten; den ganzen Tag hatte er sich furchtsam im Wagen zusammengekauert. »Ich bin ein gebildeter Mann«, sagte er. »Ich habe die Schule der Mullahs besucht und einen Erste-Hilfe-Kurs beim Roten Kreuz absolviert.« Er demonstrierte seine Erste-Hilfe-Künste, indem er mit einer stumpfen, unsterilen Schere in das eitrige Bein eines Kameraden piekste.

Nach dem Gebet brachten mir die Mudschaheddin bei, wie man das Spiel »Den Mullah steinigen« spielt. Sie bauten eine Reihe von fünf oder sechs Steinen auf. Der erste war der Mullah, die übrigen seine Gemeinde. Wie bei einem Murmelspiel musste man einen anderen Stein benutzen, um sie umzustoßen. Es gab extra Punkte, wenn man den Mullah traf.

Jeder Afghane kennt ein oder zwei Witze über die Mullahs,

die inoffizielle Geistlichkeit des Islams – und die Männer, die eines Tages die Bewegung der Taliban anführen sollten. Kein Dorf kommt ohne sie aus. Sie können religiöse Gelehrte sein oder, was häufiger ist, ungebildete dörfliche Frömmler. In meiner Jugend habe ich viele Geschichten über die volkstümliche Gestalt des afghanischen Mullahs Nasruddin gehört.

Nasruddin beschloss, den Mullah seines Dorfs vom Thron zu stoßen. Er forderte ihn zu einem Wettstreit heraus, um herauszufinden, wer am meisten wusste. Nasruddin stellte die erste Frage: »Was bedeutet das arabische Wort *marafsh?*«

»Ich weiß nicht«, sagte der Mullah, indem er es übersetzte.

Da erhoben sich die Dorfbewohner und hießen Nasruddin als ihren neuen geistlichen Führer willkommen. Im Gehen sagte der in Ungnade gefallene Mullah zu Nasruddin: »Du hast mich hereingelegt.«

»Wie viele Jahre bist du schon Mullah in diesem Dorf?«, fragte Nasruddin.

»Fünfunddreißig Jahre«, sagte der alte Mann.

»Und in fünfunddreißig Jahren«, sagte Nasruddin, »hast du diesen Menschen nicht einmal beigebracht, dass man sich nicht betrügen lässt?«

An diesem Abend kamen wir in einem Dorf an, während der Mullah seine Gebete sprach. Statt seine Gäste zu begrüßen, dehnte er die Andacht aus, weil er seine Frömmigkeit beweisen wollte. Um seinen geistlichen Rang zu betonen, trug er einen gewaltigen Turban, unter dem schlaue und gierige Augen hervorblitzten.

Den Mudschaheddin war es unangenehm, diesem verehrungswürdigen Betbruder westliche Journalisten vorzustellen. Bevor ich es verhindern konnte, gaben sie uns als junge Araber aus, die hier für den Islam kämpfen wollten. Ein aufgeregtes Murmeln lief durch die Gemeinde der Dörfler. Sie erzählten uns, dass ihr Mullah fließend Arabisch spräche. Er beklage sich oft, dass er sich mit niemandem in der Sprache des heiligen Korans unterhalten könne, die schließlich ganz besonders geeignet sei, um die brennenden Fragen des islamischen Rechts zu diskutieren.

Ich konnte gerade einmal eine lockere Unterhaltung auf Arabisch bestreiten, aber es reichte nicht aus, um einen islamischen Gelehrten zu täuschen. Als er seine Gebete beendet hatte, setzte sich der Mullah mit mir in die Mitte der erwartungsvollen Dorfbewohner.

»*As-salaam aleikum*«, psalmodierte er. »Friede sei mit dir.«

»*Wa aleikum as-salaam,* Friede sei auch mit dir.«

Dann folgte eine unbehagliche Pause. Ich beschloss, dem Mullah die einleitenden Bemerkungen zu überlassen. Er warf einen flüchtigen Blick über die Gesichter seiner Herde. Dann begann er zu sprechen.

Für einen Augenblick starrte ich ihn nur verdutzt an. Ich dachte, er sei verrückt geworden. Das war kein Arabisch oder irgendeine andere Sprache dieser Welt; es war komplettes Kauderwelsch, vermischt mit gelegentlichen frommen arabischen Sprüchen. Ich begann zu begreifen: Der arme Mullah sprach kein einziges Wort der heiligen Sprache des Islams. Als letzten Ausweg hatte er in seiner Verzweiflung zu dieser List gegriffen.

Nach etwa fünf Minuten hielt er inne und nickte mir zu. Ich atmete tief durch. »Verehrter Herr«, sagte ich auf Persisch. »Wenn ich höre, wie jemand meine Sprache so gut beherrscht, weiß ich, dass ich einem wahren Muslim begegnet bin. Aber ich bemühe mich gerade, Persisch zu lernen. Wäre es euch recht, wenn wir uns in dieser Sprache unterhielten?«

Der Mullah strahlte, er hatte sein Gesicht gewahrt. Jetzt konnte er mit Würde vor das ganze Dorf treten, weil er für einen Gast eine Unterhaltung auf Arabisch geführt hatte.

Des Mullahs Kenntnis der islamischen Gesetze war so dürftig wie sein Arabisch. Als die Dorfbewohner in einen nahegelegenen Fluss wateten, um *wudu*, die rituelle Waschung vor dem Gebet, zu vollziehen, fiel mir auf, dass sie Wasser auf ihre Stiefel spritzten, statt sie auszuziehen – wie es von Albanien bis Indonesien üblich ist.

»Im Islam«, sagte der Mullah hochnäsig, »kann man die Schuhe bei der Gebetswaschung anbehalten, wenn sie einem nicht über die Knöchel reichen.«

»Aber viele der Männer tragen Stiefel, die ihre Knöchel bedecken«, führte ich an.

»Dann sind sie *keine* guten Muslime«, sagte der Mullah.

Ich dachte oft an diesen Mullah zurück, als die Taliban an die Macht gekommen waren. Seine Auffassungen warfen ein Licht auf die kulturellen Werte der Paschtunen, die die Grundlage für ihren islamischen Glauben bildeten. Nach dem Gebet hielt er uns einen Vortrag über den lasterhaften Westen. »Wisst ihr, dass Frauen in Amerika sogar Hunde heiraten dürfen?«

»Allah schütze uns! Wie entsetzlich! Seid ihr ganz sicher?«

»Ganz sicher – sie nehmen den Hund mit in ihre Kirche, wo sie der Priester traut. Am nächsten Tag wollen sie sich vielleicht von ihrem Hund scheiden lassen, und der Priester erlaubt ihnen auch das noch.«

Im Jahre 1928 brach König Aman Ullah Khan die Macht der Mullahs. Er war ein fortschrittlicher König, der davon träumte, im Hindukusch eine Zufluchtsstätte europäischer Kultur zu errichten. Sein Hof war nach dem Vorbild der Pariser Salons gestaltet, er raste in einem staubigen Rolls Royce über die Schnellstraßen Afghanistans und erbaute in den Vorstädten Kabuls einen prächtigen Flugplatz, sein großes Denkmal an den Fortschritt.

Aman Ullah verfügte, dass alle Leute in den Städten westliche Kleidung tragen sollten. Seine Frau, Königin Soraya, entblößte öffentlich ihr Gesicht, während seine Soldaten den Frauen auf den Straßen die Schleier herabrissen. Vor Kabul und Kandahar entstanden riesige Flohmärkte, die stundenweise westliche Kleidung vermieteten. Es war ein beschämendes Schauspiel. Bauern trotteten in zerlumpten Ballkleidern zum Markt, und die Frauen versuchten, ihre Beschämung unter zerbeulten Melonen zu verbergen.

Doch die Mullahs schlugen zurück. Sie brachten Bilder von Königin Soraya in Umlauf, auf denen sie ein schulterfreies Kleid trug und mit einem Mann tanzte, der nicht mit ihr verwandt war. Sie donnerten von der Predigtkanzel herab, dass ein König, der nicht einmal seine eigene Frau im Griff hatte, nicht über ein Männerland wie Afghanistan regieren könne.

Aman Ullah überlebte diese öffentliche Schmach nicht. Die rückständigen Traditionen, die er hatte besiegen wollen, erhoben sich und verschlangen ihn. Auf den Straßen verbrannten die Menschen die europäische Kleidung. Der König musste in seinem Rolls Royce außer Landes fliehen.

Ebenso wie die anarchischen Zustände nach dem Abzug

der Russen den Aufstieg der Taliban ermöglicht hatten, brachte das Chaos, das Aman Ullahs Flucht folgte, einen Banditen an die Macht. Bacha Saqao – der Sohn eines Wasserträgers – verwandelte Aman Ullahs schönen Flugplatz in eine Folterkammer. In den prächtigen europäischen Palast zogen Rüpel und Raufbolde ein – die auf den Billardtischen schliefen und in dem vergoldeten Audienzsaal im Stile Ludwigs XIV. Hahnenkämpfe abhielten.

Es scheint so, als ob es in Afghanistan ein unsichtbares Heilmittel gegen den Westen gäbe, eine Kraft der Natur, die das Land wieder zu seinen Wurzeln zurückzieht.

Am nächsten Tag entdeckten wir wieder zwei Aufklärungsflugzeuge am Himmel. Sie flogen jetzt in engeren Kreisen und schienen zu wissen, wo sie suchen sollten. Vielleicht hatten sich die Dorfbewohner in der vorigen Nacht ihre Sicherheit einfach erkauft.

Besorgt stellten wir fest, dass wir auf Sandpisten fuhren, die ein leichtes Ziel für Angriffe boten. Ghaffar Khan hatte mit seiner urwüchsigen Schlauheit beschlossen, dass der sicherste Platz hinten auf unserem Lastwagen war, wo er die Beine über die Heckklappe baumeln ließ. Er rechnete sich aus, dass ein Vorderrad am ehesten auf eine Mine treffen konnte und dass es ihn in dieser Stellung vielleicht ins Freie schleudern würde. Mit seinem dünnen schwarzen Turban und dem zerlumpten schwarzen *shalwar kamis*, in den er sich kauerte, sah er wie eine Krähe aus.

»Bitte, was heißt ›puck you?‹« fragte er.

»Wie bitte?«

»Puck you, puck you, ich wollte immer wisssen, was ›puck

you‹ heißt.« Einen Augenblick lang war ich ehrlich verwirrt, dann sagte Ghaffar Khan: »Meester Charles hat immer gesagt: ›Puck you, Ghaffar Khan. Puck you, du Mistkerl.‹ Also was heißt ›puck you‹?«

»Wer ist Meester Charles?«, fragte ich misstrauisch.

Ghaffar Khan schüttelte den fettig glänzenden Kopf und schnalzte mit der Zunge – eine Geste, die Mitgefühl ausdrücken sollte, aber vor allem seine verfaulten Zähne enthüllte.

»Meester Charles Pornton sagen: ›du Pucker, du bringst uns noch um.‹«

»Heißt das, du warst mit Charles Thornton unterwegs?«

»Ja, der arme Meester Charles, ich hab ihn nach Kandahar gebracht.«

Es war schon beunruhigend genug, dass Charles Thornton zwei Jahre zuvor in dieser Gegend getötet worden war. Jetzt wurde mir auch noch klar, dass wir denselben Führer hatten. Bei unserer Rückkehr in Peschawar fand ich in einer Ausgabe des kommunistischen Magazins »Kabul Today« ein Bild von Ghaffar Khan und Charles Thornton. Es war aus einer Filmrolle entwickelt worden, die man an der Stelle des Überfalls gefunden hatte.

Damals gab Ghaffar Khan zu, mit Charles Thornton zum Zeitpunkt seines Todes zusammen gewesen zu sein, aber als ich ihn nach Einzelheiten fragte, beugte er sich noch tiefer über die Heckklappe und murmelte: »Der arme Meester Charles.«

Wir passierten eine Gruppe Mudschaheddin, die uns vor einem Angriff auf dieser Straße warnten, weil der Widerstand in der Gegend sehr schwach geworden sei.

»Die USA liefern keine Stinger mehr in diesen Teil des Landes«, sagten sie. Das war eine außergewöhnliche Nachricht, und wir fragten, warum die CIA diese Waffen einem so wichtigen Gebiet verweigern sollte.

Die beiläufige Antwort der Mudschaheddin erstaunte mich. Sie sagten, dass zwei Kommandeure aus einer radikalen islamischen Gruppe ihre Stinger an den Iran verkauft hatten. Die Männer hätten einen Überfall iranischer Truppen auf ihren Waffentransport vorgetäuscht, aber hier ging das Gerücht, dass man die Waffen einfach verkauft habe.

Beat und ich erkannten sofort, dass diese Geschichte von großer Bedeutung war, sofern sie der Wahrheit entsprach. In den falschen Händen konnte eine Stinger viel Schaden anrichten und ohne weiteres ein Passagierflugzeug vom Himmel holen. Zu der Zeit war der Iran der Hauptfeind der USA. Und trotz all ihrer Fehler und Schwächen konnte ich immer noch nicht glauben, dass die Mudschaheddin zu einem solchen Verrat fähig waren. Wir beschlossen, dieses Gerücht mit äußerster Vorsicht zu behandeln.

An diesem Abend hielten wir an einem Dorf an, wo Melonen und Weintrauben wuchsen und Tiere um die Lehmhäuser streiften. Es schien wohlhabend zu sein, aber den Bewohnern waren wir nicht willkommen. Der Stammesälteste teilte uns ohne Entschuldigung mit, dass ihr Land im Krieg verwüstet worden sei und sie nur ein paar Weintrauben entbehren könnten, bevor wir uns wieder auf den Weg machten. Unseren Männer fiel nichts Besseres ein, als mit ihren Kalaschnikows in Reichweite auf dem Dorfplatz zu beten. Die schnatternde Schar der Bewohner sah uns mürrisch zu, während wir abfuhren.

Wir legten uns hinten im Lastwagen auf den knubbligen RPG-Granaten zur Ruhe. Die Wüstenluft war sehr kalt, und niemand von uns wollte aufbleiben, um Wache zu halten, obwohl wir ein leichtes Ziel für einen Angriff boten. Ich war so hundemüde, dass ich trotz meiner Sorgen fast auf der Stelle einschlief. Drei bis vier Stunden später wachte ich in der tiefschwarzen Dunkelheit auf und musste feststellen, dass jemand an mir herumfummelte. Ich versetzte der vorwitzigen Hand einen kräftigen Klaps und nickte wieder ein.

Am nächsten Morgen hatte der Fahrer offenbar gemerkt, dass ich eine Frau war. Das anzügliche Grinsen war ihm vergangen; er konnte mich jetzt kaum mehr ansehen. Es war klar, dass er sein Gesicht verloren hatte. Anstatt uns mit Geschichten und Witzen zu unterhalten und mich mit seinem strahlend weißen Lächeln zu beglücken, ruhten seine Hände fest auf dem Lenkrad und seine Augen auf der Straße. Von nun an schenkte er seine Aufmerksamkeit dem jüngsten Burschen in unserer Gruppe.

Unsere Lage spitzte sich zu. Wir hatten seit zwei Tagen nicht mehr richtig gegessen und uns völlig verirrt. Doch als wir bei Einbruch der Dunkelheit in einem kleinen Dorf ankamen, wurden wir feindseliger denn je empfangen. Als ob sie uns deutlich machen wollten, wie unerwünscht wir waren, brachten uns die Bewohner in einem verfallenen Schuppen unter, durch dessen Lehmwand sich eine nicht explodierte Granate bohrte.

Wir warteten darauf, dass man uns irgendetwas anbot. Doch wir bekamen nicht einmal ein Glas Wasser. Ich bemerkte, dass Ghaffar Khan blass wurde. Nach dem Paschtunwali, dem Ehrenkodex der paschtunischen Stämme, darfst du einen Mann nicht umbringen, der dein Brot und Salz gegessen hat. Umgekehrt kann man sich erst dann unter Freunden fühlen, wenn einem Essen oder Trinken angeboten wurde.

Allmählich kamen die Dorfältesten an. Ich konnte am Ton ihrer Gespräche auf Paschtu erkennen, dass es um unsere Sache nicht gut stand. Die freundlichste paschtunische Begrüßung hört sich ruppig an, doch das hier war ein echter Streit. Ich hatte noch nie so eine Situation erlebt; nur die Stärke unserer Zahl schützte uns noch.

»Was sagen sie, Ghaffar Khan?«

Ghaffar Khan konnte vor Angst nur noch stöhnen. Schließlich brachte ich aus ihm heraus: »Das hier sehr schlechte Menschen, kein Respekt vor Mudschaheddin.«

Die Dörfler hatten sich zusammengeschlossen und eine eigene Miliz gebildet. Sie hatten mit der von der Sowjetunion unterstützten Armee vereinbart, dass man sie in Ruhe lassen würde, wenn sie den Mudschaheddin keine Zuflucht gewährten. Inzwischen, so sagten sie uns, habe sich die Nachricht verbreitet, dass sich in unserer Gruppe ausländische Journalisten befänden. Das ließ sich gut für Propagandazwecke verwenden, und so hatte man sich zum Ziel gesetzt, uns zu ergreifen.

Die Dorfbewohner wollten, dass wir auf der Stelle abfuhren. Ein wenig Ausschlafen kam nicht in Frage. Heute Nacht würden in dieser Gegend weitere Truppen mit dem Fallschirm landen. Man munkelte, dass auch die gefürchtete Spetsnaz dabei war, die sowjetischen Spezialkommandos. Die Straße, die wir hatten fahren wollen, war zu gefährlich. Wir würden einen Nebenweg nehmen müssen und konnten nur hoffen, dass der nicht ebenso versperrt war.

Müde rappelten wir uns auf. Wir wurden gejagt. Das Feuer der Artillerie hatte mir noch nie solche Angst eingeflößt wie jetzt. Sonst hatte dieser Beschuss etwas beruhigend Willkürliches an sich. Ich konnte mir ausrechnen, wie viele Milliarden Kubikmeter leeren Raum es gab und was für ein winziges Ziel ich darin bot. Aber das hier war etwas anderes. Oben in den Jets saßen Piloten, die nach uns suchten, und auf diesen kalten Ebenen warteten in der Dunkelheit Dutzende, vielleicht Hunderte von Soldaten, die nur ein Ziel verfolgten: uns zu schnappen. Wenn man den Dorfbewohnern glauben durfte, befanden sich darunter auch Spezialeinheiten aus der mächtigen Armee einer Supermacht. Was konnten wir, ein Haufen untüchtiger, untrainierter Leute gegen sie ausrichten? Der Gedanke krallte sich in mein Herz und versetzte mich in echte Panik.

Ich konnte es den Bauern nicht verübeln, dass sie uns hinauswarfen. Sie hatten genug vom Krieg, sie wollten ein ruhiges Leben. Was bedeutete es für sie schon, wer in Kabul oder auch in Kandahar das Zepter schwang? Die Zentralregierung würde ihr dörfliches Leben nicht verändern, aber der Krieg.

Kapitel Zwölf

Die Not erschafft neue Fähigkeiten,
Also bring dich, o Mensch, in größere Not.
Dschalaluddin Rumi, Mathnawi

Wir nahmen die Nebenstraßen, fuhren vorsichtig an zerstörten Dörfern vorbei und machten um bewohnte einen großen Bogen. Dann hörten wir, kurz vor Tagesanbruch, das Geräusch der Jets.

Wir hielten eine *dschirga*, einen Kriegsrat, ab. In dieser Gegend ging die flache Ebene zum Glück in sanfte Hügel über, die etwas Deckung boten. Dennoch war der kleine Laster immer noch zu auffällig. Wir beschlossen, uns zu teilen: Wir würden zu Fuß über die Hügel wandern, während der Fahrer mit dem Wagen allein zu einem verabredeten Treffpunkt fahren und sich als harmloser Reisender ausgeben sollte.

Wir kletterten den Abhang hinauf und konnten in der pechschwarzen Dunkelheit vor dem Morgengrauen kaum sehen, wohin wir traten. Als wir fast auf dem Gipfel angelangt waren, hörten wir auf der anderen Seite einen Hubschrauber in der Luft schweben. Wir schmiegten uns wieder an den Hang, während ein Mann aus unserer Gruppe aufbrach, um nachzusehen, was dort drüben los war. Er kam zurück und berichtete, dass über dem Tal Truppen absprangen.

Die Schlinge zog sich um uns zusammen. In der Nacht und am folgenden Tag marschierten wir um sandige Hochebenen und Hügel herum. Die ganze Gegend schien unbewohnt zu sein. Wir hatten einen großen Umweg machen müssen, und die Mudschaheddin hatten sich wie gewöhnlich verirrt. Sie hielten immer wieder an, um sich über die Route zu beraten. Gegen Abend waren wir erschöpft und sehr hungrig. Ich glaubte nicht, dass ich in dieser Nacht noch weitergehen konnte, machte mir aber Sorgen, dass wir nach Einbruch der Dunkelheit erfrieren würden.

Dann sahen wir auf einem flachen Bergkamm weidende Schafe. Das kleine Mädchen, das sie hütete, war dunkelhäutig und von zarter Gestalt; ihr farbenfrohes Gewand war abgerissen. Sie war eine *Kochi,* aus dem afghanischen Nomadenvolk, das zu den Zigeunern gehört. Wir beäugten uns behutsam, als wir aneinander vorübergingen; die Kochis leben sehr zurückgezogen.

Wir kamen zu ihrem Lager, einer zerlumpten Ansammlung schwarzer Zelte. In meinem Zustand der Verzweiflung erschien es mir wie ein Wunder. Wir setzten uns und warteten ab, während zwei unserer Männer sie um Essen und Obdach für die Nacht baten. Zehn Minuten später kehrten sie zurück und sagten uns, dass es die Kochis nicht riskieren wollten, uns zu helfen. Wir müssten weiterziehen.

Diese Abfuhr war wie ein Schlag ins Gesicht. Die Kochis sind Außenseiter in der afghanischen Gesellschaft. Aber sogar diese Parias wollten nichts mit uns zu tun haben. In anderen Teilen des Landes waren die Mudschaheddin eine populäre Bewegung, die auf die Unterstützung der Menschen rechnen konnte. Wenn sich die einheimische Bevölkerung bereits vor dem Widerstand fürchtete, was hatte er dann noch für eine Existenzberechtigung?

Die Mudschaheddin griffen nach ihren Kalaschnikows, und einen Augenblick lang dachte ich, es würde einen Kampf geben. Dann standen sie einfach auf, nahmen ihre Waffen und gingen fort. Wir ließen uns ungefähr sechshundert Meter von dem Lager der Kochis entfernt nieder. Wir waren zu müde, um noch einen Schritt weiterzugehen.

Es war ein Lager der schlimmsten Sorte. Kein Feuer, kein Wasser für Tee oder um *wudu*, die rituelle Waschung, zu vollziehen. Kein Schutz vor dem Wind. Schweigend und fröstelnd sahen wir zu, wie die Sonne unterging. An eine Mahlzeit war gar nicht zu denken, und die Nachtluft in der Wüste war bitterkalt. Wir hatten einen Tiefpunkt erreicht.

Irgendwo in meinem Kopf erhob sich ein leichter Wind, der zu einem Wirbelsturm anwuchs. Hier in Kandahar zerplatzte endlich der Mythos vom edlen Mudschahed. Schneeflocken wirbelten durch mein Gehirn: all die Dinge, die ich ignoriert hatte, weil sie nicht in mein Bild passten. Die Leichen mit den durchgeschnittenen Kehlen, die den Kanal in Peschawar hinabtrieben, und die Bomben, die dort Nacht für Nacht explodierten. Allah Yar Khan, der das Haus meines Onkel zerstört hatte. Und vor allem die Nachricht, dass die Mudschaheddin möglicherweise Stinger an den Iran verkauft hatten.

Ich war bereit gewesen, jedem die Schuld zu geben – dem Westen, den Arabern, den islamischen Fundamentalisten –, nur nicht meinen edelmütigen Mudschaheddin. Weil sie zu meinem Mythos gehörten und in gewissem Sinn ein Teil von mir waren.

Ich fummelte an meinem Haar herum und stellte fest, dass eine Strähne weiß geworden war. Es erschien mir wie ein Omen.

Im Morgengrauen wanderten wir weiter und erreichten nach fünf bis sechs Kilometern einen kleinen Fluss, wo wir Wasser schöpfen konnten. Wir waren einfach zu zermürbt gewesen, um unser Lager an einem vernünftigeren Platz aufzuschlagen. Die Männer machten Feuer, und wir kochten Wasser für unseren letzten Tee. Ich wühlte in meinem Rucksack und fand einen Vorrat an Würfelzucker, den ich in einer Socke versteckt hatte. Das war ein echter Schatz. Ich ließ etwas in den Tee fallen, den Beat und ich tranken, und tat so, als sei es Medizin. »Diese Medizin riecht sehr köstlich«, murmelte Ghaffar Khan.

Die Morgenluft war kühl und sonnig und zauberte nach der Dämmerung ein widersinnig fröhliches Leuchten über die rauen, weißen Felsen. Die Angst vor unseren Verfolgern ging mir nicht mehr aus dem Sinn, schien aber in diesem magischen Augenblick irgendwie aufgeschoben.

Auch den nächsten Tag zogen wir scheinbar ziellos herum. Am späten Nachmittag erreichten wir endlich das Dorf, wo der Lastwagen auf uns warten sollte. Wir näherten uns vorsichtig und schlichen um hohe Maisfelder herum, damit man uns nicht sehen konnte.

An den Pflanzen hingen kleine Kolben mit unreifen Körnern, und plötzlich konnte ich mich nicht mehr bezähmen. Wenn ich mir nun einen nähme, wer würde es bemerken? Rasch riss ich mir den nächstbesten ab und futterte ihn beim Gehen auf. Der Happen war im Nu verschwunden, und ich streckte die Hand aus, um mir noch einen in die Tasche zu stecken. Da erwischte mich Ghaffar Khan.

Er wollte mich gerade vorwurfsvoll ansehen, als ich eine schreckliche Versuchung über sein Gesicht huschen sah. Statt mit mir zu schimpfen, stibitzte er gleich ein Bündel Kolben. Nun waren wir Komplizen. Doch dann sahen die anderen Männer natürlich, was wir da machten. Kaum hatten sie den grünen Mais erblickt, war er vor ihnen nicht mehr sicher. Binnen Sekunden hatten sie ein kleines Feuer aus den Hüllblättern gemacht und rösteten die Kolben. Es roch verführerisch. Und als ob sie ihre Missetat damit entschuldigen könnten, deuteten sie mit Gesten und Gebärden an, dass das erste Stück für mich gedacht sei. Zum ersten Mal seit Tagen scherzten und lachten wir. Just als der Mais fertig war, humpelte eine alte Frau durch das Feld. Sie erspähte die Männer und hielt ihnen eine gewaltige Standpauke. Verlegen traten sie das Feuer aus und übergaben die geraubten Kolben. Dann eilten wir, beschämt und schweigend, weiter.

Diese Begegnung ließ mich an die Zeit denken, als der große Held der Paschtunen, der legendäre Krieger Mahmud von Ghasna, von seiner Jagdgesellschaft getrennt wurde. Stundenlang irrte er durch den Wald. Als er müde und hungrig war, roch er köstliche Essensdüfte und entdeckte auf einer Lichtung eine alte Frau, die über einem Feuer in einem Topf Bohnen herumrührte. Doch als der König demütig um ein paar Bohnen bat, schlug sie ihm die Bitte ab und sagte: »Dein Königreich ist weniger wert als diese Bohnen. Schau dir all die Feinde an, die es bedrohen. Ich bin frei und habe meine eigenen Bohnen.« Und der mächtige Mahmud dachte an sein umkämpftes Königreich und weinte.

Erstaunlicherweise wartete der Pick-up an dem verabredeten Treffpunkt. Wir waren heilfroh, unseren Fahrer wieder zu sehen und sogar das grässliche Fahrzeug mit dem Dieselfass und den harten RPGs. Vermutlich um unsere Abfahrt zu befördern, gaben uns die Dorfbewohner etwas Brot. Es war aus grob gemahlenem Mais und hatte einen leichten Nussgeschmack. Weil es ohne Klebermehl gebacken war, zerkrümelte es bei der leichtesten Berührung.

Als wir wieder im Wagen waren, wurde mir von dem Geruckel so schlecht, dass ich ein antiallergisches Mittel einnahm und hoffte, es würde mir helfen. Es war weder der richtige Ort noch die Zeit, um festzustellen, dass mich gewisse Antihistamine extrem sedierten. Die Pille jedenfalls versetzte mich in tiefe Benommenheit.

Undeutlich hörte ich Ghaffar Khan rufen: »Halte dich hinten auf der Ladefläche! Viele Minen!« Dann krachte ich in die RPG-Raketen und verlor das Bewusstsein. Ghaffar Khan versuchte immer wieder, mich zu wecken, und erzählte mir, dass es riskant sei zu schlafen, weil wir uns in einer sehr gefährlichen Gegend befänden; dass es hier Minen gebe und die Dorfbewohner feindselig seien. Ich wusste, dass ich wach bleiben sollte für den Fall, dass wir aufspringen und losrennen mussten. Aber es war zu spät, ich hatte die Tablette schon geschluckt. Es war der beste Schlaf, den ich seit Tagen bekommen hatte.

Ich erwachte durch das unverkennbare Rattern der Kalaschnikows, die, auf Automatik gestellt, panikartig losballerten. Niemand von uns schien getroffen. Eine Warnung also. Aus der Dunkelheit hörte man zornige Rufe und die Antwort unserer Männer.

Wie zum Abschluss feuerte ein hitzköpfiger Mudschahed einen einzelnen Schuss ab, der eine weitere Salve hervorrief. Eine Kugel prallte an der Seite des Kleinlasters ab und verfehlte nur knapp das Fass mit Diesel. Ghaffar Khan, der immer in Panik geriet, brüllte: »Abspringen!«

Mir wurde klar, dass sich Charles Thornton wahrscheinlich in einer ähnlichen Situation befunden hatte. Die ganze Szene war wie ein Traum. Von der Tablette immer noch betäubt, sprang ich von der Seite des Wagens ab, und meine Beine versagten ihren Dienst. Ich taumelte an den Straßenrand und ging in Deckung. Dann verlor ich vermutlich erneut das Bewusstsein.

Es waren Dorfbewohner, denen es nicht passte, dass wir durch ihr Land fuhren. Sie erzählten uns, dass die Straße vor uns vermint war. Nach einigem Hin und Her erkannten wir, dass sie es selbst getan hatten. Sie wollten nicht, dass die Mudschaheddin diesen Weg nahmen, weil ihr Dorf dadurch in Schwierigkeiten kommen konnte.

Wir wussten, dass wir unseren Verfolgern in die Hände fallen würden, wenn wir auf dem Weg zurückfuhren, den wir gekommen waren. Wir hatten keine andere Wahl, als wie Ratten in einem Labyrinth weiterzulaufen. Eine ganze Weile standen wir herum und bedrängten die Dorfbewohner, uns die Lage der Minen zu verraten. Sie blieben stur. Seit drei Jahren hatte das Dorf in Frieden gelebt, weil niemand diese Straße benutzte. Sie wollten nicht, dass sich das änderte. Wir müssten zurückfahren, meinten sie.

Es bestand die – wenn auch geringe – Möglichkeit, dass sie blufften. In jedem Fall handelte es sich um Tretminen. Die Mudschaheddin aus Kandahar brüteten einen Plan aus.

Unser Fahrer entpuppte sich als Held. Er würde den unbeladenen Laster vor uns herfahren, und wir konnten seinen Spuren zu Fuß folgen und hoffen, dass unser Gewicht zu leicht war, um die Minen zur Explosion zu bringen, wenn es der Wagen nicht geschafft hatte. Er sprang so unbekümmert auf den Fahrersitz, als wolle er eine Spritztour machen. In diesem Moment gingen einem Dorfbewohner die Nerven durch, und er schwang sich ebenfalls in die Kabine. Nun hatten wir einen einheimischen Führer, der uns aber vermutlich nicht viel nützen würde, weil die Minen, wie mir bekannt war, ihre Position in der Erde verlagern konnten.

Ich hörte den Fahrer fröhlich pfeifen, als er, Zentimeter für Zentimeter, in der Dunkelheit verschwand.

Und was die Mudschaheddin dachten, war so klar, dass niemand es aussprechen musste: »Auch das hier liegt, wie alles andere, in Allahs Händen.« Jetzt waren wir an der Reihe. Ich folgte der frischen Fährte des Lastwagens. Wir hatten keine Taschenlampen, der Fahrer fuhr ohne Scheinwerfer, und mir blieb nur das Licht der Sterne, um meine Füße zu sehen. Als sich meine Augen an die Dunkelheit gewöhnt hatten, stellte ich fest, dass es mehr als ausreichend war. Meine Sinne hatten sich in ungewöhnlichem Maß verschärft, und ich dachte daran, dass wir in unserem Leben meist nur einen Bruchteil unserer Fähigkeiten nutzten. Doch sie sind da und warten, bis wir sie brauchen.

Wir schleppten uns weiter: Ungefähr dreißig Leute, die irgendwie verbunden waren, als wären sie ein Organismus. Ich hatte keine Angst mehr und betete auch nicht; aber ich fühlte eine Nähe zu meiner Gruppe und dem, was ich nur als unsere Existenz bezeichnen kann. Die Gewissheit, dass mich weder das Leben noch der Tod bekümmern mussten. Ich spürte, dass diese Gewissheit mich schützen würde, im Leben und über den Tod hinaus. Man sagt, dass es auf See keine Atheisten gebe. Vielleicht war das psychologische Phänomen des Glaubens ansteckend, und ich hatte mich mit dem Glauben jener, die mich umgaben, infiziert.

Ein paar Stunden fuhren wir in diesem Schneckentempo weiter, bis wir die äußersten Grenzen des Dorfs hinter uns gelassen hatten. Weder dem Lastwagen noch uns war etwas zugestoßen. War dieses Gerede von den Minen ein Bluff gewesen? In diesem psychologischen Zermürbungskrieg konnte ich das nicht ausschließen, aber die hiesigen Mudschaheddin hatten diese Straße gemieden, und es brauchte gewöhnlich mehr als einen Bluff, um einen Haufen verrückter Afghanen fernzuhalten. Hatten wir einfach Glück gehabt? Vermutlich. Standen wir unter dem Schutz des Einen, der größer ist als wir? Die Mudschaheddin glaubten es, genauso wie sie annahmen, dass die Sonne am nächsten Morgen aufgehen wird.

Als wir sicher waren, dass wir uns weit genug vom Dorf entfernt hatten, kletterten wir alle in den Pick-up zurück. Der Fahrer war so fröhlich und redselig wie immer. Ich betrachtete seine Anti-Dschinn-Talismane und Koransprüche mit neuem Respekt. Offensichtlich erfüllten sie ihren Zweck.

Die Wanderung hatte die letzten Spuren der Allergiepillen getilgt, und Beat, Ghaffar Khan und ich saßen hinten im Wagen, hielten die Augen offen und waren bereit, in jedem Augenblick abzuspringen. Die Zeit vor dem Morgengrauen war besonders dunkel. Der Mond verschwand; die

Sterne verblassten allmählich. Der Laster fuhr ohne Scheinwerferlicht durch die immer schwärzer werdende Nacht.

Dann spürte ich, wie das Holpern und Vibrieren des Fahrzeugs verebbte, wie wenn ein Pferd die Gangart gewechselt hätte und aus dem Traben ins Kantern gefallen sei. Es war ein unnatürliches Gefühl. Zuerst konnte ich mir nicht vorstellen, was geschehen war. Dann erkannte ich, dass wir uns auf einer geteerten Straße befanden. Während mein Körper fast vor Dankbarkeit weinte, sagte mir mein Kopf, wie gefährlich das war.

In Afghanistan gibt es nur wenig asphaltierte Straßen. Wir mussten auf einem größeren Highway gelandet sein, einer der Hauptverkehrsadern, die bedeutende Städte verbinden. Diese Straßen waren streng bewachtes militärisches Gelände und wurden für Truppentransporte benutzt. Die Mudschaheddin mochten sich an sie heranschleichen, um einen Überraschungsangriff zu wagen. Aber ziellos auf ihnen herumzufahren war bestimmt kein guter Einfall.

»Hörst du das?«, fragte Beat.

»Was?«

»Ein leises Wimmern … sehr schwach.«

Wir spitzten in der kalten Luft die Ohren. Durch den Wind glaubte ich es auch zu hören, ein vertrautes hohes Summen. »Panzer?«

Jetzt bekam ich wieder Angst.

Beat nickte. »Schau«, sagte er. In der Kurve tauchte in weiter Entfernung ein Licht auf.

Unser Fahrer sah es ebenfalls. Ohne die Geschwindigkeit zu verringern, bog er plötzlich in einen Feldweg ein. Hinter uns wurde das Wimmern lauter und klang allmählich ab.

Mit ausgeschalteten Scheinwerfern rollte der Wagen zurück auf die Asphaltstraße. Wir waren immer noch auf dem Highway von Kabul nach Kandahar gefangen. Und Beat sagte: »Zumindest wissen wir hier, wohin wir fahren.«

»Ja«, bemühte ich mich zu scherzen. »Entweder nach Kandahar oder nach Kabul, nicht wahr?«

Nach dem Gerumpel der letzten Tage hatten wir das Gefühl zu fliegen. Die Mudschaheddin standen abwechselnd mit einem RPG-Raketenwerfer Wache, um einen Angriff abzuwehren. Wir beobachteten, wie die schroffen, dunklen Berghänge vorüberglitten, und hielten Ausschau nach dem Blitz, der einen Überfall ankündigen würde. Angespannt lauschten wir auf das Zischen einer Granate. Wenn wir die Waffe hörten oder sahen, wären wir erst einmal gerettet. Beim Anblick des Leuchtfeuers hätte uns das Geschoss schon verfehlt, und wir könnten vor dem unvermeidlichen zweiten Versuch ins Freie springen.

Die Monotonie dieser Konzentration war einschläfernd und irgendwie friedlich. Der alte Mann, der jetzt an der Reihe war, versuchte, sich durch Singen wach zu halten. Wir ließen die Berge hinter uns und fuhren an ausgebrannten Panzern vorbei durch die samtschwarze Dunkelheit. Als die Dämmerung anbrach, wurden die Bergketten düsterer und zerklüfteter, und der alte Krieger zeichnete sich mitsamt seinem RPG vor dem heller werdenden Himmel ab. Ein paar Morgensterne erschienen am Firmament, und die zittrige Stimme sang immer noch ein Lied ohne Worte. Vielleicht war es dasselbe paschtunische Kriegslied, das seine Vorfahren gesungen hatten, als sie im 19. Jahrhundert im Hinterhalt lagen, um die britischen Invasoren zu überfallen, oder im dreizehnten die Mongolen Dschingis Khans oder im achten die Araber oder im ersten die zentralasiatischen Horden – oder sogar, drei Jahrhunderte vor Christus, die Griechen Alexanders des Großen.

Urplötzlich wurde mir bewusst, dass dieses Lied nie enden würde, ebenso wie diese Straße, diese Berge oder der Krieg nicht aufhörten zu existieren: weder jetzt noch irgendwann. Nationen und politische Systeme, Streitfragen und Ideale, waren zweitrangig und bedeutungslos. Das hier war ewig, und wir waren nur Besucher auf der Durchreise.

Kapitel Dreizehn

Überall, wo wir in Kandahar hingingen, hörten wir dieselbe Geschichte: Stinger-Luftabwehrraketen waren in die Hände des Irans gefallen. Einige Leute sagten, dass sie aus einem Überfall stammten, andere, dass man sie verkauft habe, aber alle waren sich einig, dass die CIA insgeheim die Waffenlieferungen in diese Gegend eingestellt hatte. Zwei Kommandeure – beide mit Verbindungen zum Iran – waren daran beteiligt. Sechzehn Geschosse waren verschwunden.

Als wir wieder in Pakistan waren, stießen wir auf Quellen, die diese Geschichte bestätigten. Für mich war das mehr als nur ein journalistischer Knüller. Es war der endgültige Beweis, dass der Mythos vom edlen Mudschahed eine Lüge war. Und wenn das stimmte, wie konnte ich dann noch an meine anderen Mythen über Afghanistan glauben?

Als ich für eine britische Zeitung über den Verkauf oder den Raub der Stinger schrieb, hielt ich mich strikt an die Fakten. Ich versuchte, ein ausgewogenes und faires Bild zu zeichnen. »In den meisten Gebieten sind die Mudschaheddin eine populäre Bewegung …«, formulierte ich vorsichtig. »Die überwältigende Mehrheit der Kommandeure ist ehrlich …«

Ich war hoffnungslos naiv. Eine Aushilfskraft in der Redaktion riss die Geschichte aus dem Zusammenhang, in den ich sie sorgfältig eingebettet hatte. Das Ergebnis war ein Sensationsartikel, den ich kaum mehr wieder erkannte. Aber ich konnte nichts dagegen unternehmen; die Fakten stimmten.

Eine Weile dachte ich, dass ich noch einmal davongekommen war. Die Mudschheddin waren eine kurze Zeit lang betroffen; die westlichen Ausländer in Peschawar gingen davon aus, dass die Behauptungen nicht der Wahrheit entsprächen, was US-Beamte bekräftigten. Dann entdeckte man auf einer iranischen Fregatte im Golf Stinger-Teile, und das zerbrechliche Gerüst meiner Welt brach zusammen.

Einer der Männer, die ich beschuldigt hatte, die Stinger verkauft zu haben, wollte mich sprechen. Abdul Haq, ein Kommandeur der Mudschaheddin, vor dem ich große Achtung hatte, arrangierte ein Treffen. Haq war ein enger Verbündeter der Vereinigten Staaten – ein vernünftiger, anständiger Mann, der sich geweigert hatte, Kabul von seiner militärischen Basis in Sarobi aus mit Granaten zu beschießen, weil er Opfer unter den Zivilisten vermeiden wollte. Derzeit hielt er sich in Peschawar auf und erholte sich von einer Verletzung durch eine Schmetterlingsmine, die ihm den halben Fuß zerfetzt hatte. Er begrüßte mich freundlich, beeilte sich aber, den Raum zu verlassen, bevor mein Gegner eintrat.

Ich fand mich mit einem Mann allein gelassen, der wie der Dorfmullah aussah, den ich bei Kandahar getroffen hatte: wütend und habgierig zugleich, mit dem schmutzig grauen Turban und dem strähnigen Bart eines religiösen Eiferers. Ich konnte mir gut vorstellen, dass er Stinger an den Iran verkaufte – und wahrscheinlich auch glaubte, dass die Frauen in Amerika Hunde heiraten dürften. Er bebte vor Zorn, und vielleicht auch deshalb, weil ihn eine Frau beleidigt und gedemütigt hatte. Als ich ihn fragte, ob das, was man ihm vorwarf, wahr sei, schien er ehrlich verwirrt. »Aber darum geht es doch gar nicht«, sagte er.

Nach seinen Maßstäben war er natürlich im Recht. Es ging um seine persönliche Ehre und nicht um die Fakten. Egal, ob er nun die Stinger verkauft hatte oder nicht, er hatte durch mich sein Gesicht verloren. Seine politische Partei hatte die Waffenlieferung gestoppt. Um seine Würde wieder zu erlangen, musste er Rache nehmen.

Abdul Haq, der Friedensstifter, war hinter den Kulissen tätig geworden. Der Kommandeur zeigte sich kompromissbereit. »Nennen Sie mir den Namen der Person, die Ihnen diese Geschichte über mich erzählt hat.«

»Warum wollen Sie das wissen?«

»Damit ich ihn töten kann.«

Voller Empörung fiel mir die Entscheidung nicht schwer. Vielleicht war ich sogar erleichtert, endlich einmal auf eine moralische Frage zu stoßen, die sich so eindeutig mit Schwarz oder Weiß beantworten ließ, nachdem ich mich so lang mit den Grautönen herumgeschlagen hatte.

»Das kann ich Ihnen nicht sagen.«

»Wenn Sie mir seinen Namen nicht nennen«, meinte der Kommandeur, »werde ich Sie umbringen lassen.«

Später, als der Kommandeur gegangen war, fragte ich Abdul Haq, ob er mich beschützen würde. Er zuckte bedauernd die Achseln; ihm waren die Hände gebunden. »Das ist eine Sache zwischen Ihnen und ihm«, sagte er. »Ich bin nur der Vermittler.«

Die westlichen Ausländer in Peschawar hätten es mir verziehen, wenn ich Lügen verbreitet hätte, aber ich hatte etwas

Schlimmeres getan: Ich hatte etwas Wahres über *ihre* Seite enthüllt. Hank, der angebliche CIA-Mann, setzte sich an die Spitze der Kampagne. Ich hätte die Ehre des Mudschahed verletzt, und je schneller sie mich umbrächten, desto besser. In der Bar des American Club murmelte man Zustimmung.

Zu dieser Zeit wurde die kleine Schicht gebildeter Afghanen in der Stadt systematisch ausgelöscht. Wir alle glaubten, dass der extremistische Führer der Mudschaheddin, Gulbuddin Hekmatyar, ein wichtiger Verbündeter des Westens, dafür verantwortlich war. Seine Opfer – Schriftsteller, Ärzte, Journalisten und Rechtsanwälte – waren politisch gemäßigt und genau die Art von Menschen, die das Land eines Tages brauchen würde, um seine vom Krieg zerstörte Gesellschaft wieder aufzubauen. Obwohl diese Leute in Europa und Amerika gefeiert wurden, konnte man nichts tun, um sie zu retten. Sie lebten in einer schattenhaften Welt zwischen zwei Welten und fanden weder bei ihren afghanischen Landsleuten noch bei den aus dem Westen stammenden Ausländern Zuflucht. Sie wurden von niemandem geschützt, und alle wussten es. Es wäre mir nie in den Sinn gekommen, dass ich einmal zu ihnen gehören könnte.

Jetzt wollten auch die westlichen Ausländer meinen Tod. Es ist schwer zu erklären, wie man sich dabei fühlt. Wenn ich in den American Club ging, erstarben die Gespräche. Man deutete an, dass ich keine richtige Ausländerin sei, und versuchte, mich auszuweisen. Hank verbreitete die alten Geschichten, dass Beat und ich KGB-Agenten seien, und diesmal glaubte man ihm. Jemand fotokopierte meinen Artikel, unterstrich die Verfasserzeile und sandte ihn eilfertig an das Büro von Gulbuddin Hekmatyar. In University Town fand man auf einem unbebauten Grundstück in der Nähe unseres Hauses ein halbes Dutzend erhängter Hunde. Man munkelte schadenfroh, dass Beat und ich bald ihrem Beispiel folgen würden.

In Korsika haben die Bewohner eines Dorfes bis vor kurzem behauptet, immer wieder denselben Traum zu haben. Im Schlaf waren sie eine Meute auf der Jagd. Sie rasten durch die Dunkelheit, bis ihre Beute auftauchte. Manchmal war es ein Fuchs, manchmal auch ein Hase; irgendwann erkannten sie dann immer, dass das Tier die Seele eines Mitglieds ihrer eigenen Gemeinde verkörperte. Der Traum endete stets damit, dass die Meute ihre Beute fing und in Stücke riss. Jeder im Dorf wusste, dass diese Person im wirklichen Leben zum Tode verurteilt war.

Ihr Opfer hielt nie mehr als ein paar Wochen durch. Es hätte übermenschliche Kraft erfordert, die schuldbewussten Blicke, die anzüglichen Fragen, das rasch verstummende Geflüster zu überleben. Mit dieser Geschichte kann ich am besten beschreiben, wie man sich fühlt, wenn man den Wünschen und Erwartungen der Gemeinschaft, in der man lebt, nicht entspricht. Etwas in dir bricht zusammen und wünscht sich den Tod.

Wenn ich aus dem Fenster von Lala's Grill blickte, sah ich nicht länger den wunderbaren alltäglichen Wahnsinn, sondern nur noch die drohende Gefahr. Im hiesigen Leichenschauhaus zog ein Angestellter eine Schublade auf und zeigte mir die Leiche einer jungen Frau – der letzten jungen Frau vor mir, die die Regeln gebrochen hatte.

Die Grenze zwischen Leben und Tod ist fließend. Ich

habe Menschen gesehen, die gerade verstorben waren und aussahen, als ob sie schliefen. Doch nach drei Tagen in den Kühlfächern des Leichenschauhauses von Peschawar war der Körper dieser Frau auf den doppelten Umfang angeschwollen und mit purpurfarbenen Striemen übersät. Die Form des Mundes und der Nase war erschreckend; man konnte in diesem Wesen kaum mehr einen Menschen erkennen.

Man hatte sie mit eingeschlagenem Hinterkopf und hervortretenden Augen gefunden. Überall an ihren Armen, den Oberschenkeln und dem Bauch waren blaue Flecken zu sehen, die sich an dem Büschel rötlichbrauner Schamhaare verdunkelten und verdichteten. Unter ihren Fingernägeln befanden sich Hautreste. Ein flüchtig genähter Schnitt der Autopsie verlief vom Nabel bis über die Brust. Ihr Kopf war auf die gleiche Art seziert. Zu Tode geprügelt und dann wie ein Stück Fleisch zerschnitten, hatte man sie zweifach missbraucht. Ihre Leiche lag, wie eine Warnung an mich, in einer von Fliegen verseuchten schwarzen Blutlache.

Bevor ich mich mit ihrem Leben beschäftigte, hatte ich nicht begriffen, wie leicht man in Peschawar umkommen konnte. Sie war eine Anthropologin aus der Schweiz, furchtlos und freimütig. Sie studierte das Verhältnis zwischen den Geschlechtern in Afghanistan und war der Ansicht, dass die afghanischen Frauen von einer überholten, von Männern dominierten Kultur unterdrückt würden. Sie trug herausfordernd freizügige Kleidung und hatte den Ruf der Promiskuität. Manchmal sprach sie auf dem Basar fremde Männer an und fragte sie nach ihrem Sexualleben aus. Sie war links und hatte sich mit dem Drogenhandel beschäftigt. Zeitweise war sie Mitglied einer maoistischen Gruppe gewesen. Es war schwer zu entscheiden, wer von den vielen Menschen, die sie sich zum Feind gemacht hatte, für das Verbrechen verantwortlich war.

Jetzt hatte ein Vertreter der Macho-Kultur, die sie verachtete, ihren Fall übernommen. Captain Nizami zeigte mir die Polizeifotos von der Leiche, die man von der Taille bis zu den Füßen nackt aufgefunden hatte. Zur Probe hatten sie ihr eine Schlinge um den Hals gelegt und sie an dem Deckenventilator befestigt. Es gab Anzeichen eines Kampfes. Ich deutete an, dass man sie vielleicht vergewaltigt hatte, aber Captain Nizami wies diese Idee weit von sich. Er hatte seine eigene Theorie. »Sie müssen sich in ihre Psyche hineinversetzen«, höhnte er. »Das ist eine Frau von niederer Moral. Einer sehr niedrigen Moralauffassung. Jemand klopft an ihre Tür. Sie macht auf, nackt …« Er hielt inne, um sich an diesem lüsternen Bild zu ergötzen. »Es ist ein Mann, also lässt sie ihn natürlich in ihr Zimmer, um mit ihm zu schlafen. Während sie wilden Sex miteinander haben, tötet er sie und legt ihr die Schlinge um den Hals, um uns – der pakistanischen Polizei – weiszumachen, dass sie versucht hat, sich selbst zu erhängen.«

Er war über seine Schlussfolgerungen sichtlich erbaut. »Wirklich, es ist die Schuld der westlichen Frauen. Ich bin verheirat. Ich habe vier Frauen. Wenn ich abends nach Hause komme, erfreue ich mich an einer meiner Frauen. So hat es der Islam gewollt; ein Mann soll sich an seiner Frau erfreuen. Aber ein Mädchen, das allein reist und sich so benimmt wie sie, entflammt die Begierde der Männer. Daher kann Allah solche Dinge nicht gutheißen.« Zärtlich betastete er einen Schlüpfer. »Den hat man neben ihrem Bett gefunden.«

Ich verspürte den Drang, alles zusammenzuraffen, was ihr gehörte, um sie vor diesen groben Händen zu schützen. Das billige Hotelzimmer war von ihren persönlichen Sachen übersät. Mein Blick fiel auf ihre Notizbücher, die auf dem Tisch lagen. Sie waren in Deutsch abgefasst, und ich bot zögernd an, sie zu übersetzen. Captain Nizami, der immer noch mit der Unterhose und seinen eigenen lüsternen Gedanken beschäftigt war, winkte mir lässig zu: »Nehmen Sie sie mit, nehmen Sie sie.«

Als ich nach Haus kam, bemerkte ich, dass es sich um ihre handschriftlichen Tagebücher handelte. Ich fühlte mich schuldig, weil ich in ihrer Intimsphäre herumschnüffelte, aber ich platzte vor Neugier und wollte alles über sie wissen. Sie schrieb nicht darüber, was sie tat, sondern zeichnete Gedanken, Eindrücke und Gefühle auf. Beim Lesen war mir, als könnte ich in ihren Kopf und ihr Herz sehen. Wie ich war sie von einer Sehnsucht erfüllt, Neues zu entdecken, zu lernen. Aber wir waren so verschieden: Sie war frei und zornig und bereit zu kämpfen.

Während ich mich bemühte, ihre Handschrift zu entziffern, geschah etwas Seltsames mit mir. Mein vertrautes Peschawar verschwand, und ich lebte in einer anderen Version derselben Stadt – einem Ort aus engen Gassen, überschwemmten Abwasserkanälen und verlockenden Wegen. Ich kannte diese Stadt und doch wieder nicht. Alles, was ich sah, sah ich mit ihren Augen. Wir schritten durch die Straßen, selbstsicher und unangreifbar. Sie äußerte sich offen und freimütig, sie wollte die Probleme lösen und alle Ungerechtigkeiten beseitigen.

Ich war immer noch in meinen Tagträumen versunken, als

der Mann, der Gerüchte in die Welt setzte, bei mir aufkreuzte.

Seine Stellung in der High Commission der USA war nicht genau bekannt – ich nannte ihn den Gerüchtebeamten, weil er die Angewohnheit hatte, Geschichten dadurch zu verbreiten, dass er sie bestritt. Ich war sehr überrascht, ihn zu sehen. Die ganze Zeit, als Hank Beat und mich verleumdet hatte, hatten uns die Beamten der US-Behörde geflissentlich gemieden.

Im Augenblick schien er besonders angespannt zu sein, auch wenn er immer nervös war. Er hatte die unangenehme Eigenart zu zwinkern, bevor er sprach, und seine Haut war so dünn, dass man unter ihr das wässrige Blut pochen sah. »Haben Sie von der Offensive bei Nangrahar gehört?«, fragte er beiläufig.

»Was ist damit?«

Seine Augenlider flatterten wie gefangene Motten. »Wir wollen mal annehmen«, sagte er auf seine langsame Art, »dass es nicht passiert ist. Es gab keine Offensive und keinen sowjetischen Angriff mit chemischen Waffen. Vor allem ist es nicht wahr, dass eine Gruppe von siebzehn afghanischen Vorschulkindern, deren Gesichter wie Mozzarella geschmolzen sind, bei Sonnenuntergang in einer tiefen Grube gleich hinter der Grenze vergraben wurden.«

Ich stand wohl immer noch unter dem Einfluss des toten Mädchens, als ich schroff erwiderte: »Sie sind doch kaum hierher gekommen, um mir etwas zu erzählen, das nicht passiert ist. Was also wollen Sie?«

Er erweckte einen panischen Eindruck. »Äh … Sie sollen, wie man hört, vertrauliche Informationen über die ermordete

Frau aus der Schweiz haben. Sind das da ihre Tagebücher? Irgendwas Interessantes dabei?«

»Nichts, was Sie interessieren könnte, keine Fakten.«

»Seelenergüsse, vermute ich. So wie in meinen.«

Ich sah ihn verunsichert an. Nach einer peinlichen Pause sagte er: »Wissen Sie, uns ist zu Ohren gekommen, dass sie einige Verbindungen hatte, die sehr interessant sein könnten. Sehr interessant. Wir glauben, dass sie vielleicht nicht das war, was sie vorgab zu sein. Einige Freunde von mir haben sich gefragt, ob Sie ein Lineal bei ihr gefunden haben. Etwa so lang«, und er deutete die Länge von zehn Zentimetern an. »Für Codes.«

Ich bin von Natur aus eher diplomatisch, aber jetzt verwandelte ich mich in eine kämpferische Furie und erschrak vor der Heftigkeit, mit der ich ihn fortjagte. Es war, als ob sich ihre zornigen Ansichten nicht einfach verflüchtigen könnten, sondern für eine Weile irgendwo Unterschlupf suchen mussten. Ich bezweifelte, dass ich sie gemocht hätte, wenn wir uns begegnet wären, aber das schien jetzt genauso unwichtig wie die Frage, ob ich mich selbst mochte. Eine Zeit lang ergriff ihre arrogante, dumme, heroische Überzeugung, alles verändern zu können, von mir Besitz. An meiner Stelle hätte sie nie aufgegeben.

Ich ging nicht mehr in den American Club. Ich schlief mit einer Pistole unter dem Kopfkissen und ließ das Licht auf der Veranda brennen. Außerdem glaubte ich mich nur noch von Feinden umgeben. Ich erinnerte mich daran, wie der alte Professor Majrooh drohend seinen Spazierstock schwang, als der Name eines Journalisten fiel, der die Mudschaheddin kritisiert hatte, und wie er gerufen hatte: »Ich werde ihn mit meinem Stock erschlagen!« Jetzt musste er sicher dasselbe von mir denken. Ich konnte die Drohungen der islamischen Extremisten ertragen und die Verachtung der westlichen Ausländer – aber nicht die Enttäuschung in den Augen des Professors. Also verhielt ich mich wie ein Feigling und besuchte ihn nicht mehr.

Kurz darauf, als Majroohs kleiner Diener eines Nachmittags einkaufen gegangen und der Professor allein zu Hause war, klingelte es an der Tür. Majrooh öffnete einem Mann, der ihn mit Kalaschnikow-Kugeln durchsiebte. In diesem Monat erschien auf der ersten Seite des Mitteilungsblattes, das er herausgab, ein Farbfoto seines blutgetränkten, vom Tode verzerrten und entweihten Körpers.

Die bekannteren Leute aus den meisten politischen Parteien der Mudschaheddin nahmen an seinem Begräbnis teil, aber niemand von Gulbuddins Männern. Man ging allgemein davon aus, dass es Gulbuddin war, der ihn hatte umbringen lassen. Doch dies hier war Peschawar, und niemand machte sich wirklich die Mühe, es herauszufinden.

Noch Wochen nach Professor Majroohs Tod zerriss mir der Kummer das Herz. Ich hatte viel mehr als einen Freund, einen Mentor, eine Vaterfigur verloren. In meinen Augen war der Professor der Mensch gewesen, der das märchenhafte Afghanistan verkörperte, an dem ich die ganze Zeit so verzweifelt festgehalten hatte. Seine Ermordung hatte meinen persönlichen Mythen den letzten Schlag versetzt. Stundenlang starrte ich auf das Bild seiner Leiche. Zum ersten Mal seit dem Zusammenbruch meiner Welt weinte ich. Vermutlich weinte ich aus vielen Gründen: Um ihn, um das verlorene

Afghanistan, das er repräsentierte, um meiner Hilflosigkeit willen – und aus Angst, was aus mir werden würde. Es schien, als ob die Lichter in meinem Dasein verlöschen würden, eines nach dem anderen.

Kapitel Vierzehn

»O Fremder, greif uns nicht an –
das besorgen wir schon selbst!«

Sprichwort

Ich blieb noch eine Weile in Peschawar, weil man mir sonst hätte vorwerfen können, aus Angst vor meinen Feinden geflohen zu sein. Doch als die Sowjets 1988 plötzlich ihren Rückzug ankündigten, ergriff ich die Gelegenheit und plante für den Beginn des Jahres 1989 meine Rückkehr nach Europa. Ich sagte mir, dass ich als Journalistin dort besser aufgehoben war und dass diese Geschichte hier sowieso fast vorüber war. Abdul Haq verkündete im US-Fernsehen, dass sich die Mudschaheddin für den Sturm auf die Hauptstadt rüsteten. Die meisten Menschen glaubten ihm. Amerika – und wir alle – wollten, dass es so war.

Zuerst verließen die Sowjets die Grenzgebiete Afghanistans, und als sie gingen, fluteten die jubelnden Massen zurück, wie Blut, das in ein abgeklemmtes Glied fließt. Seit zehn Jahren waren sie amputiert gewesen. Nun hatte man die Grenzen mit Schwindel erregender Schnelligkeit geöffnet, und durch die Adern floss der Strom des Lebens. Ich schloss mich einer Menschenmenge an, die sich auf einen soeben verlassenen Stützpunkt bei Ali Khel zubewegte, unweit der pakistanischen Grenze. Die kommunistischen afghanischen Truppen, die auf dem Rückzug waren, beschossen ihn gelegentlich noch mit Granaten, aber die Menge kümmerte sich nicht darum. Sie waren gekommen, um zu feiern, um sich alles anzusehen und um einer uralten afghanischen Tradition zu huldigen – dem *ghanimat,* der Plünderung.

Von den Hügeln kamen behaarte Männer mit wildem Blick herab. Einige hatten sich seit Jahren in den Bergen aufgehalten. Am meisten erinnere ich mich an ihre erstaunten, weit aufgerissenen Augen, die sich gar nicht satt sehen konnten. Ali Khel war eine der ersten aufgegebenen Basen, und diese Männer genossen diesen Anblick mit unverfälschter kindlicher Freude. Seit fast zehn Jahren, als einige von ihnen vielleicht zwölf oder dreizehn waren, hatten sie in den Bergen gelebt und diesen Stützpunkt immer wieder angegriffen. Sie hatten auf Schulbildung, Kleidung, Jobs, auf ein Zuhause, auf Ehe und Familie verzichtet, um ihn einzunehmen. Jetzt konnten sie zum ersten Mal durch seine Mauern gehen.

In der Eile des Aufbruchs hatten die kommunistischen Truppen haufenweise Ausrüstung hinterlassen. Die Mudschaheddin machten daraus einen improvisierten Jahrmarkt. Sie fuhren mit den verlassenen Panzern herum und schossen mit der schweren Artillerie, als wären sie in einer Wurfbude. Sie stopften sich mit Dosennahrung voll.

Paschtunen mit buschigen Bärten trugen sowjetische Gasmasken zur Schau. Einige wenige Auserwählte – meist Stammesälteste – stolzierten mit Offiziersstöcken herum. Ich ging an einem Jungen vorbei, der Hunderte von Dosen mit Erbsen bewachte. Ein zahnloser Mudschahed zog sich ein gestreiftes russisches Armeeunterhemd über seinen *shalwar kamis*. Zur Feier des Tages erbeutete ich eine Gasmaske.

Die Männer riefen wie berauscht aus: »Allah Takbir! Allahu Akbar!« »Preiset den Herrn! Gott ist groß!« Sie hatten gewonnen. Das Wunder war geschehen. Afghanistan war endlich frei.

Die Mudschaheddin machten Puppen von sowjetischen Offizieren, ließen sie unter Hurrarufen vorbeimarschieren und verbrannten sie, als wäre es die Krönung der Parade. Ich erinnerte mich, wie Onkel Mirza vor langer Zeit einmal gesagt hatte: »Als wir sahen, dass die Briten Angst hatten, erkannten wir, dass sie nicht unbesiegbar waren und dass wir sie zu guter Letzt schlagen würden.« Auf den Gesichtern der Mudschaheddin malte sich das gleiche Erstaunen. Der Mythos der unschlagbaren Roten Armee hatte sich vor ihren Augen in Luft aufgelöst – so wie der von den unbezwinglichen Briten zur Zeit ihrer Großväter. Die Kindeskinder dieser Männer würden einmal lernen, dass hier – an diesem wundervollen, strahlenden Tag, auf diesem windigen Berghang – eines der größten Imperien unserer Tage zusammengebrochen war. Es hatte die Kraft von Irrsinnigen erfordert, um Löcher in das Monster zu schießen, nur um am Ende festzustellen, dass es bloß mit Luft gefüllt war.

Die Afghanen hatten die Unterkünfte der sowjetischen Militärberater aus Aberglauben unberührt gelassen. Sie wollten das menschliche Antlitz ihres Feindes nicht sehen, ganz im Gegensatz zu mir. Man konnte sich immer noch vorstellen, wie sie hier in diesen halb unterirdischen Kasernen aus Lehmwänden und leeren Munitionskisten kauerten und sich mit Sandsäcken gegen Artillerieangriffe schützten. So hatten sie hier also gelebt – eingesperrt hinter einem verminten Zaun, in einem rätselhaften Bergland, dessen Bevölkerung blutrünstig und unzivilisiert war. Überall lagen Wodkaflaschen herum. Es musste Augenblicke völliger Verzweiflung gegeben haben und Monate voller Langeweile. Ein Mann hatte sich aus Altmetall ein Turngerät gebaut, ein anderer eine Sauna aus Munitionsschachteln. Dieses Gefängnis war ihre Zuflucht vor der Fremdheit der Berge, der Kälte und dem Feind, der draußen lauerte, um ihnen die Kehle durchzuschneiden. Als wir ehrfürchtig um diese Basis herumschlichen, konnte ich mir überhaupt nicht vorstellen, wie sehr sie sich gefürchtet und zurückgesehnt haben müssen.

Von einem Haufen Personalausweise starrte mich der Schreckensmann an. Die Gesichter waren nachdenklich, traurig, verloren, ängstlich, von sich eingenommen. Vor allem waren sie abenteuerlich jung. Ich nahm ein Foto eines rotblonden Jungen mit blühender Gesichtsfarbe auf. War er tot, oder wartete seine Mutter auch heute noch auf ihn? Sah er immer noch so unschuldig aus, oder hatte ihn Afghanistan verändert – so wie es mich verändert hatte?

Der Krieg hatte Afghanistan verändert. Eineinhalb Millionen Menschen – fast acht Prozent der Bevölkerung – waren getötet worden. Weitere vier Millionen hatte man in erbärmliche Flüchtlingslager verbannt. Eine Generation von Kindern war ohne Schulbildung aufgewachsen, ihre Zukunft so gut wie zerstört. Die Landwirtschaft war durch die Bomben zerstört worden, die Terrassenfelder an den Berghängen – über Generationen von Hand angelegt – waren verwüstet, und die der Erosion preisgegebene Erde war mit unauffindbaren Minen übersät, dem Salz vergleichbar, das die Römer hier einst gesät hatten. Der Sieg war teuer erkauft. Meine Schritte wirbelten den Staub von der abgetragenen Erde auf. Dieses Land war seit Jahren nicht mehr umgegraben worden. Jetzt wusste man überhaupt nicht mehr, wie man das machte. Die verwahrlosten Männer, die wie Kinder im Sonnenschein herumtollten, hatten sich an das erregende Gefühl der Schlacht gewöhnt, an den Glanz des Märtyrertods. Was bedeutete ihnen noch Saat oder Ernte oder der Aufbau eines vom Krieg verwüsteten Landes? Ich hatte gedacht, dass das hier ein Ende war, aber es war nur der Anfang.

Während die Mudschaheddin um mich herum jauchzten und jubelten, nahm ich die Gasmaske, die ich gemopst hatte, in die Hand und machte mich auf den Weg zur Grenze.

DRITTES BUCH

Am Tag, als es Feuer regnete

Jedes Herz schaut durch ein Fenster in andere Herzen.
Sie sind nicht getrennt wie zwei Körper.
Sie gleichen dem Licht zweier Lampen, das sich,
obwohl nicht verbunden,
in einem einzigen Strahl vereint.

Dschalaluddin Rumi, Mathnawi

Kapitel Fünfzehn

11. September 2001.

Aus dem World Trade Center dringen Rauchwolken. Im morgendlichen Sonnenlicht sehen sie schön aus. Der Ton ist leise gestellt.

Ich befinde mich in einer Zeitungsredaktion in London, wo alles um mich herum zum Stillstand kommt. Niemand kann hier wirklich glauben, was dort geschieht. Das Fernsehen hat uns an Dinge gewöhnt, die nicht wirklich sind. Wir empfinden Furcht und auch so etwas wie Erregung. Die Welt ist auf den Kopf gestellt. Es ist ein Film, großartig und bedeutsam. Ein Film, der Geschichte schreibt.

Ich höre mich mit dem beruflich bedingten Zynismus des Journalisten sagen: »Was für ein außergewöhnlicher Tag für die Nachrichten.« In diesem Moment kracht ein Flugzeug in den zweiten Turm. Hinter mir japst jemand: »Aber es war doch so ein schönes Gebäude.«

Dann sehen wir durch die Fenster des Turms Hände winken. Menschen rufen um Hilfe. Eine Frau hat eine Botschaft auf dem Anrufbeantworter ihres Mannes hinterlassen. Sie spielen es in den Nachrichten ab. Sie sagt verzweifelt: »Wir sollen in das Gebäude zurückkehren.« Ihre Stimme ist von Tränen erstickt.

Und plötzlich ist das kein Film mehr oder Geschichte

oder erhabene Schönheit. Und wir weinen, weil wir endlich, endlich begriffen haben, dass sich dort Menschen befinden, denen wir nicht helfen können.

Aber ich weine nicht nur um die Menschen, die aus dem Fenster des World Trade Center winken. Ich weine, weil niemand von uns losgelöst von den eigenen Erfahrungen leidet und das Leben in Zyklen verläuft. Ich weine, weil ich einmal, vor vielen Jahren, in einem anderen Land unten am Boden war, als der Schrecken vom blauen Himmel herabfuhr. Diese Bilder, die ich seit Jahren zu vergessen suchte, gehen mir nun durch den Kopf.

Der Geruch: Schießpulver und Blut. Das Geräusch: ein brausender Lärm – vielleicht das Blut in meinen Ohren, vielleicht auch herabstürzende Granaten. Füße, die rennen? Es fällt schwer, kein Bild zu projizieren; der Geist versucht, die Lücken zu füllen. Der Anblick: eine Granate, die sich mit der Nase in die Straße bohrt und dort wie ein Wurfspeer zitternd stecken bleibt. Der Asphalt schmilzt und hüllt sie wie ein Mantel ein. Funken fliegen aus ihrer Nase, ein Feuerwerk am hellen Tag. Ich stehe da und sehe wie betäubt zu. Sicherlich zischt sie, aber auf meinem Tonband ist sie stumm. Eine Frau läuft vorbei, deren Mund sich bewegt. Sie schreit, aber ich kann sie nicht hören.

Wenn ich sehe, ist alles still; wenn ich rieche, bin ich taub; wenn ich höre, bin ich blind. Das Zeugnis meiner Sinne ist auf verschiedenen Bändern gespeichert. Sie widersprechen einander – willkürliche, disparate Szenen aus einem Film. Nichts ist verbunden.

Ein Geschoss in Sichtweite. Die Luft ist voller Speere.

Ihre Spitzen glitzern wie Regentropfen. Sie fallen in einem anmutigen Bogen in meine Richtung.

Ein durchdringender Blutgeruch.

Der Lärm erinnert an Feuerwerkskracher. Irgendjemand in der Dunkelheit schreit.

Ich stehe auf einer Straße in der pakistanischen Hauptstadt Islamabad. An der Bordkante neben mir hockt eine alte Frau. Um sie herum regnet es Granaten.

Unter einem Baum schläft ein Mann in einem *charpoy*. Oder ist er tot? Eine Granate kracht in langsamer Bewegung durch die Zweige und bohrt sich in seine Leiste. Er sieht absurd aus, wie ein missgestalteter afrikanischer Fruchtbarkeitsgott.

Ich weiß nicht, was vor oder nach diesen Vorfällen geschehen ist. Das Band in meinem Kopf ist abgelaufen. Ich bleibe zurück mit schemenhaften Bildern, stumm und immer wiederkehrend. Einem Video in einer Endlosschleife.

Eine Woge aus Menschen, die stumm vor sich hin rennen. Sie sind zu einer Einheit verschmolzen, einem Menschenmeer, das als Ganzes vorwärtsrollt. Sogar ihr Ausdruck ist gleich – jeder ist in seiner eigenen Welt aus Angst gefangen. Es gibt keine normalen menschlichen Interaktionen; niemand spricht oder blickt den anderen an. Eine Frau stolpert, und keiner hält inne, um ihr zu helfen.

Beat und ich kämpfen in einem Jeep gegen diese riesige, sich langsam bewegende Flut an. Ich bemühe mich herauszufinden, was hier vor sich geht, doch niemand beachtet mich. Ich habe das Fenster des Jeeps heruntergedreht und spreche die Menschen an. Ich versuche, ihre Aufmerksamkeit zu gewinnen, aber niemand bleibt stehen, um meine Fragen zu beantworten. Ich packe einen Mann am Arm, der mich ansieht, als hätte ich ihn unsanft geweckt. »Israel greift an!«, keucht er und reißt sich los, um weiterzurennen. Doch andere, die ich aufhalte, sagen: »Die Russen sind hinter uns her!« oder »Indien hat uns überfallen!«

Sie wissen wirklich nicht, warum sie laufen. Sie fliehen vor ihrer eigenen Angst.

An diesem Tag im Jahr 1988, als die Knallerei losging, saßen Beat und ich im Büro des kommunistischen afghanischen Presseattachés. Viele Mitglieder des Pressekorps von Peschawar lehnten jeden Kontakt mit der von der Sowjetunion unterstützten Regierung ab, aber als verfemte Personen fühlten wir uns frei. Wir hatten beschlossen, offiziell Visa für Kabul zu beantragen.

»Krieg? In Afghanistan?«, sagte der Attaché mit einem öligen Lächeln. »Die Banditen sind geschlagen, und im ganzen Land herrscht wieder Frieden.«

Darauf antworteten zwei ohrenbetäubende Explosionen im Abstand von weniger als einer Sekunde. Der Presseattaché tauchte schnell und geübt unter das Sofa und gewann als Erster seine Fassung wieder. »Da sehen Sie«, sagte er triumphierend. »Islamabad ist *viel* gefährlicher als Kabul.«

Den ersten Explosionen folgte ein anhaltender, gedämpfter Beschuss. Schnell verabschiedeten wir uns und fuhren auf dieses Geräusch zu.

Wir steuern den Flughafen an. Am Horizont erscheint eine Rauchsäule, die anders ist als alle, die ich früher gesehen habe. Dick, grau und fast dreidimensional ragt sie senkrecht zum Himmel empor. Beim Näherkommen können wir kleinere Detonationen erkennen, weiße Blitze am Firmament, Lichtfetzen, die sich von der zentralen Säule entfernen. Einen leichten Goldregen. Es hört sich nach einem Artilleriegefecht an. Es wird lauter und klingt, als wir weiterfahren, ab. Wir kommen an einem Mann vorbei, der mit den Händen überm Gesicht davonläuft, blind und blutüberströmt. Jetzt nehmen wir Zeichen von Zerstörung wahr – Häuser mit eingestürzten Dächern, eine Granate, die nicht explodiert ist, und noch eine. Es sieht aus, als ob es hier erst vor wenigen Sekunden einen Artillerieangriff gegeben hätte, und in den Straßen liegen zerfetzte Leichen. Der Lärm von der Rauchsäule wird wieder lauter – wir rasen immer noch direkt auf sie zu.

Ich sage zu Beat: »Hältst du es wirklich für eine gute Idee, noch näher ranzufahren?«

Im Munitionsdepot des Militärlagers Ojri wurden viele Waffen aufbewahrt, die die USA an Pakistan geliefert hatten, damit man sie an die Mudschaheddin verteilte.

Es wurde nie geklärt, ob das, was dort geschah, ein Unfall oder Sabotage war. Als das Ganze in die Luft flog, stand eine US-Überprüfung bevor, und es gab Gerüchte, dass einige Waffen verschwunden waren. Der zivile Premierminister des Landes ordnete eine Untersuchung darüber an, ob es sich um ein Verbrechen des pakistanischen Geheimdienstes handelte. Doch der militärische Herrscher des Landes, General Zia ul-Haq, entließ den Premierminister und hat den Bericht nie freigegeben.

Die offizielle Zahl der Opfer betrug einhundert. Tausende

von Menschen waren verletzt worden. Die Granaten wurden ohne Zünder aufbewahrt, sodass nur wenige von ihnen bei der Landung explodierten. Stattdessen fielen sie wie schwere Regentropfen aus Messing herunter und spießten die Menschen auf.

Beat wendet den Jeep, und wir rasen im Zickzack den Weg zurück, den wir gekommen sind. Es ist, als ob man einem Tornado davonlaufen wollte: Als der Rauchtrichter hinter uns höher steigt, wird die Flugbahn der Granaten, die er auswirft, weiter. Kann man einen Hagelschauer überstehen, ohne von einem einzigen Eisstück getroffen zu werden?

Dann tauchen durch den Rauchvorhang Gespenster auf. Alle Straßen sind voller Kinder. Sie sind sehr jung – einige von ihnen erst vier oder fünf Jahre alt. Zu jung, um Angst zu haben. Sie sind benommen. Ein Junge weint, die anderen sehen nur verwirrt aus. Sie wandern ziellos durch den Rauch und das Durcheinander. Ihre Lehrer haben Panik bekommen und sie aus der Schule nach Haus geschickt, aber das erfahre ich erst später. Also verstehe ich jetzt noch nicht, woher sie alle gekommen sind. Ich fühle mich bei klarem Verstand, aber ich muss auch in einem Zustand der Verwirrung sein, weil ich den Eindruck habe, dass es vielleicht Kinder geregnet hat. Sie sind wie Wesen von einem anderen Stern. Es kommt mir gar nicht in den Sinn, ihnen zu helfen.

Ein weißer Kleinbus vom Fernsehen fährt vor dem Krankenhaus vor. Die Mannschaft zieht die Tür auf und fängt beim Aussteigen sofort zu filmen an. Sie haben ihr eigenes Material mitgebracht – eine verwundete Frau. Von der Anwesenheit der Kamera elektrisiert, stürmt das medizinische Personal heraus und lädt die Frau auf eine Bahre. Der Produktionsleiter fummelt hinter seinem Sitz herum, holt ihre abgetrennten Beine hervor und legt sie auf sie drauf. Dann folgt ihr die Mannschaft mit laufender Kamera ins Krankenhaus.

Die Stromleitung ist unterbrochen, das Krankenhaus dunkel und das Licht der Fernsehkamera unser einziger Wegweiser. Alle drängen in den Operationssaal, aber das übersteigt meine Kraft. Ich mache kehrt und fliehe, ohne etwas zu sehen, einen anderen Flur entlang; ich taste mich durch eine Tür zu einem Bett und setze mich hin. In der Dunkelheit wird mir allmählich bewusst, dass ich in einem Raum mit vielen Menschen bin. Ich kann das Blut riechen.

Dann kommt das grelle Licht des Fernsehteams auf mich zu, und ich merke, dass ich in einer Leichenhalle sitze. Überall ist geronnenes Blut – auf dem Fußboden, auf den Betten, an den Wänden. Aus jedem Bett blickt – im Schock erstarrt – ein Gesicht. Einige haben Verbände, die meisten jedoch nicht. Ich kann weder sprechen noch mich bewegen. Ich starre auf diesen monströsen Anblick der Verstümmelten und Verbluteten, und ihre toten Augen starren zurück. Das Fernsehteam geht von Bett zu Bett und filmt.

Ein Mann wird von vier Männern ins Krankenhaus getragen, die jeweils einen Arm oder ein Bein in der Hand halten. Mitten aus seinem Bauch ragt eine Granate, einen Meter lang und zehn Zentimeter im Durchmesser. Sie hat eine überraschend saubere Wunde geschaffen und ihn wie ein riesiger Reißnagel glatt und ordentlich aufgespießt.

An der Tür des Krankenhauses versperrt ein Arzt im weißen Kittel den Weg. Der Verletzte ist nicht nur ein Patient, er hat eine nicht explodierte Granate im Körper stecken. Im Krankenhaus und in seiner näheren Umgebung wimmelt es nur so von Menschen; der Arzt kann das Risiko nicht eingehen, eine menschliche Bombe hereinzulassen.

Die Träger streiten sich mit ihm herum. Sie werden müde, können den Mann aber nicht absetzen. Die Hälfte der Granate ragt aus seinem Rücken, die andere Hälfte aus seinem Bauch. Alle werden gereizt und – angesichts der drohenden Möglichkeit einer Explosion – auch ein wenig nervös. Man ist in einer Sackgasse angelangt.

In diesem Augenblick realisiere ich, dass der Patient immer noch bei Bewusstsein ist. Er ist gelähmt, kann aber, wie ich sehe, der Diskussion folgen. Seine dunklen Augen durchbohren mich. Es ist unmöglich, die Kraft eines anderen menschlichen Wesens zu beschreiben, das sich mit aller Macht und äußerster Verzweiflung auf dich konzentriert. Ich fühle mich, als würde ich in meine eigene gequälte Seele schauen.

Ich wende meine Augen ab. Hinter ihm erhebt sich ein Graswall. Er ist voller Menschen, die sitzen, liegen oder sich vor Schmerzen krümmen. Jeder hat ein Glied verloren oder umklammert mit der Hand eine blutende Wunde. Je mehr ich hinschaue, desto stärker erkenne ich, dass sie sich über die Grenzen dieses Gartens, dieser Stadt, dieses Landes erstrecken. In diesem Moment begreife ich, dass unsere Sinne gewöhnlich zerstreut sind, geteilt. In seltenen Augenblicken gewinnen wir einen flüchtigen Eindruck von dem, was wirklich ist: Wir sind gleich, wir sind alle miteinander verbunden.

Vor mir sitzt ein Mann, der offenbar ein afghanischer Mudschahed ist. Aus einer Kopfwunde strömt ihm das Blut übers Gesicht, aber er hält sich trotz allem aufrecht. Von der Bedeutung meiner Erkenntnis und der großen Verpflichtung, die sie mir aufbürdet, ergriffen, gehe ich taumelnd auf ihn zu und sage auf Persisch: »Bruder, wie geht es dir? Kann ich dir helfen? Wie ist dein Name?«

Sein Gesicht verzerrt sich vor Wut. »Du kennst meinen Namen nicht – aber ich kenne deinen. Du bist Saira Shah, du hast Lügen über meinen Kommandeur geschrieben, und wenn ich die Gelegenheit habe, werde ich dich töten.«

Blut strömt aus seiner Wunde. Er ist benommen, beinahe schon tot, aber sein Hass ist immer noch lebendig. Der Schock trifft mich wie ein Faustschlag, und ich wanke zurück in die Masse der Verletzten und Sterbenden.

Kapitel Sechzehn

Noch Jahre nach der Explosion im Munitionslager von Ojri wachte ich nachts schweißgebadet und zitternd auf, weil ich immer wieder von den zahllosen blutüberströmten Menschen träumte, die sich vor mir in einem unendlichen Meer aus Not und Leid erstreckten, und von dem geballten, giftigen Hass jenes Mannes, dem ich versucht hatte zu helfen.

Damals war ich wieder sicher in Europa gelandet. Ich hatte mich Anfang des Jahres 1989 aus dem Staub gemacht, als die sowjetischen Truppen ihren Rückzug aus Afghanistan beendeten. Während der Westen erleichtert aufatmete und beschloss, Afghanistan vergessen zu können, heiratete ich Beat und begann mit ihm ein neues Leben in der Schweiz.

Ich hatte aufgegeben. Ich konnte es einfach nicht mehr aushalten und rannte davon. Ich hatte ein Märchenland gesucht und einen Albtraum vorgefunden. Jetzt war ich verheiratet und konnte mich hinter einer neuen Identität verbergen. Ich war Bürgerin der neutralen Schweiz. Wie der Rest der Welt beobachtete ich von der Seitenlinie aus, wie Afghanistan zerfiel.

Die kommunistische Regierung Afghanistans kämpfte nach dem Rückzug der Roten Armee weiter. Zu dieser Zeit war eine ganze Generation von Afghanen unter der sowjetischen Besatzung aufgewachsen, und Tausende von Kindern hatte man zur Ausbildung in die UdSSR geschickt. Am Ende bedurfte es militärischer und diplomatischer Offensiven, um die Kommunisten zu entmachten.

Ich besuchte Kabul, die Hauptstadt meines Vaterlandes, zum ersten Mal, als es 1992 von den Mudschaheddin eingenommen worden war. Damals arbeitete ich in London für einen Nachrichtensender in arabischer Sprache.

Als ich die Stadt betrat, meldete sich mein stolzer afghanischer Patriotismus zurück. Ich konnte nicht anders, als laut auszurufen: »Schaut her! Ein Straßenschild! Eine Verkehrsinsel! Und dort sogar ein Telegrafenmast!« Meine Kollegen müssen mich für völlig verrückt gehalten haben. In all den Jahren, in denen ich über die Berge gezogen oder um die Außenbezirke der Städte herumgeschlichen war, war ich noch nie auf Telegrafenmasten oder Verkehrsinseln gestoßen; ich hatte nie richtig begriffen, dass das Afghanistan der Mudschaheddin nur ein Bruchteil des Ganzen darstellte.

Aus jedem Gewehr in der Stadt wurden Freudenschüsse abgefeuert. Die Kugeln purzelten vom Himmel und prallten mit leichtem Klingen vom Pflaster ab. Kabul war ein einziges großes Straßenfest. Ich gewann den Eindruck, dass die Feiern nie ein Ende nehmen würden. Auch ich schwebte in den Wolken, so hoch, wie mich die Flügel meiner Fantasie tragen konnten: weit über den Bombenkratern, in denen unser Fahrzeug immer wieder stecken blieb, weit über Vergeltung und Leid. Ich würde meinen Job aufgeben und in meine Heimat zurückkehren. Ich würde dabei helfen, sie wieder aufzubauen. Wir würden jene prächtigen Häuser und Blumen wieder bekommen, die Bobo kannte. Wir würden Aprikosen und Persianer exportieren, statt Krieg zu führen.

Nach dreizehn Jahren kommunistischer Herrschaft hatte sich das Personal von Kabuls Intercontinental zu verhutzelten Ostblock-Westlern entwickelt, mit gefärbten Schnurrbärten und servilen Pagenuniformen. Unter diesen geschlagenen Kreaturen bewegten sich Menschen, die von einem anderen Planeten zu stammen schienen. Die siegreichen Mudschaheddin-Soldaten – bärtige, zerlumpte Männer, die nach Ziegen rochen – liefen jubelnd durch die Flure, fuhren zum Spaß mit den Fahrstühlen auf und ab und zwangen das Hotelrestaurant, ihnen kostenlos Pilau zu servieren.

Am Abend flogen in hohem Bogen rote Leuchtkugeln über unsere Köpfe, die Funken sprühten wie ein Schweißbrenner. Wenn ich aufmerksamer hingeschaut hätte, hätte ich darin vielleicht zwei zusammenprallende Welten erkennen können, die sich aneinander rieben. Aber ich hielt sie bloß für Funken des Glücks, die himmelwärts flogen.

Kurz nachdem die Mudschaheddin 1992 an die Macht gekommen waren, entfachten die Rivalitäten zwischen den Führern der verschiedenen Gruppen einen Bürgerkrieg. Vor allem Gulbuddin Hekmatyar und sein alter Feind, Ahmad Shah Massud, begannen um die Vorherrschaft zu kämpfen.

Eigentlich gehörten die beiden Männer derselben Regierung an: Gulbuddin Hekmatyar war Premierminister und Ahmad Shah Massud Verteidigungsminister. Doch das hat keinen von beiden davon abgehalten, den anderen zu bekriegen.

Gulbuddin Hekmatyar ließ sich in den Vorstädten Kabuls nieder und beschoss die Innenstadt mit schwerer Artillerie, Panzerkanonen, Mörsern und raketengetriebenen Granaten. Im Gegenzug bombardierten Flugzeuge des Verteidigungsministeriums, das ihn entmachten wollte, die Wohngebiete der Vorstädte. Keine Seite bemühte sich, die Zivilisten zu schonen. 25 000 Menschen wurden getötet.

1994 verhängte Gulbuddin eine Blockade über Kabul. Elf Monate erhielt die Stadt keine Lebensmittel oder andere Hilfsgüter. Die Menschen litten Hunger. Eine Frau kroch in einer Feuerpause hinaus, um etwas Essbares aufzutreiben. Sie wurde von einer Bande ehemaliger Mudschaheddin aufgegriffen und von zweiundzwanzig Männern drei Tage lang vergewaltigt. Als sie schließlich nach Hause taumelte, waren ihre Kinder erfroren. Ihre Geschichte wurde von Amnesty International groß herausgebracht, fand aber trotzdem keine Beachtung.

Es wurde wichtig, welcher ethnischen Gruppe man angehörte. Gulbuddin war Paschtune und Massud Tadschike. Folglich brannten Gulbuddins Männer die Häuser der tadschikischen Zivilisten nieder, und Massuds Anhänger vergewaltigten paschtunische Frauen. Alle machten sich die Hände schmutzig; auch andere ethnische Gruppen wie die Usbeken beteiligten sich daran.

Gulbuddins Leute verhafteten zwei Frauen, zeigten ihnen eine Reihe von Containern und öffneten einen. An den Innenseiten waren ausgedrückte Augen aufgespießt. Die Frauen konnten nicht sagen, wie viele es waren, vielleicht fünfzig oder sechzig. Das, sagten die Soldaten, würde mit denen geschehen, die ihnen Widerstand leisteten.

Überall in Kabul tauchten Leichen und Leichenteile auf, in Brunnen oder Ziegelöfen, in verlassenen Gebäuden, ja sogar im Keller der medizinischen Fakultät, wo man etwa zwanzig Leichen fand, die ordentlich in den Regalen des Labors aufgestapelt waren. Im Institut für Sozialwissenschaft vergewaltigte und tötete eine bewaffnete Gruppe sechzig Frauen. Niemand hat je herausgefunden, zu welcher Miliz die Männer gehörten.

All diese Ereignisse habe ich aus Berichten von Amnesty International und den Nachrichten erfahren. Obwohl ich einen großen Teil der internationalen Berichterstattung abdeckte, habe ich Kabul während dieser Zeit nicht einmal besucht. Inzwischen hatte ich in London eine neue journalistische Aufgabe gefunden. Der Fernsehsender, für den ich arbeitete, war seriös und liberal. Wir waren stolz darauf, die Dinge von allen Seiten zu betrachten. Auf einer unserer morgendlichen Redaktionskonferenzen besprachen wir, ob wir über den Völkermord in Ruanda berichten sollten. Ein älterer Journalist führte aus, dass das Interesse Großbritanniens an diesem Land gering sei, das Morden nichts mit unserem Leben zu tun habe und dass es unfair sei, die Zuschauer mit dem Anblick von Leid zu verstören, das sie nicht ändern konnten.

Als ich vorschlug, den Bürgerkrieg in Afghanistan zu behandeln, drückte der ehrliche, offene Blick meines Redakteurs aus, was er ein paar Sekunden später in Worte fasste: »Ist das in irgendeiner Weise unsere Schuld? Kannst du mir einen überzeugenden Grund nennen, warum wir uns darum kümmern sollten?«

Afghanistan kam vom Regen in die Traufe. Im Jahre 1994 begann ein obskurer muslimischer Geistlicher namens Mullah Omar seinen Aufstieg, indem er das Leben zweier junger Mädchen rettete. Einer der früheren Kommandeure der Mudschaheddin hatte sie entführt, ihnen die Köpfe kahl geschoren und sie in seine militärische Basis nahe Kandahar gebracht, um sie zu vergewaltigen. Während alle anderen tatenlos zusahen, weil sie zu viel Angst hatten einzugreifen, stürmten der Mullah und ein paar seiner Religionsschüler das Lager. Sie befreiten die Mädchen, hängten den Kommandeur an einer Panzerkanone auf, erbeuteten seine Waffen – und die Bewegung der Taliban-Milizen war geboren.

Im Gegensatz zu den marodierenden Mudschaheddin waren Mullah Omar und seine islamische Armee nicht an Geld, Besitz oder Sex interessiert; sie wollten den Krieg beenden und ein gerechtes islamisches System errichten. Bald wurde der pakistanische Geheimdienst auf sie aufmerksam. Pakistan wollte für Afghanistan eine paschtunische Regierung und hatte bislang Gulbuddin Hekmatyar unterstützt. Doch dann fühlte es sich durch den Krieg vor seiner Haustür zunehmend bedroht, wechselte im Herbst 1994 still und leise die Seiten und half den Taliban, Kandahar einzunehmen.

Noch bevor die internationale Gemeinschaft aufwachte und begriff, was hier vor sich ging, liefen Kommandeure der Mudschaheddin im Süden zu den Taliban über. Schließlich desertierten sogar Gulbuddin Hekmatyars paschtunische Truppen, und er musste ins Exil gehen. Kriegsherren aus anderen ethnischen Gruppen – wie der Tadschike Ahmed Shah Massud und der Usbeke General Abdul Raschid Dostum – zogen sich nach Norden zurück. Das Land war nach ethnischen Gesichtspunkten aufgeteilt: Während die Taliban den paschtunischen Süden beherrschten, leistete ihnen eine Allianz verschiedener ethnischer Gruppen im Norden Widerstand.

Die Taliban mussten die wilden paschtunischen Kommandeure nicht bekämpfen; sie kauften sie mit pakistanischem und saudi-arabischem Geld und nahmen sie einfach in ihre Reihen auf.

1996 tauchte Kabul wieder in den Nachrichten auf. Ich kehrte zurück, um über die Einnahme der Stadt durch die Taliban zu berichten. Westliche Hilfsorganisationen mussten sich entscheiden, ob sie sich zurückziehen oder innerhalb der Grenzen, die ihnen das neue Regime setzte, weiterarbeiten wollten. Ich besuchte den Mitarbeiter einer Hilfsorganisation, der sich zum Bleiben entschlossen hatte. Er leitete ein Zentrum, das die Straßenkinder von Kabul mit warmen Mahlzeiten versorgte und sie ein wenig unterrichtete. Der Bürgerkrieg hatte eine große Anzahl von Waisen ohne Verwandte hinterlassen, die versuchten, durch Betteln zu überleben. Aber in Kabul hatten alle so wenig zu essen, dass ein Bettler leicht verhungern konnte.

Der Mitarbeiter der Hilfsorganisation erzählte mir, dass ihm die Taliban erlaubt hätten, sich weiter um die Jungen zu kümmern, aber auf keinen Fall um die Mädchen. Ihm machte seine Anwesenheit in Kabul zu schaffen, weil es offensichtlich war, dass die Auslandshilfe die Taliban an der Macht hielt. Andererseits war ungefähr ein Drittel der Bevölkerung auf die Lebensmittelspenden angewiesen – wenn die Hilfsorganisationen sich zurückzögen, würden die Menschen verhungern.

Bei meiner Ankunft saßen die Jungs im Kreis herum und warteten auf ihre Mahlzeit. Das kleine Mädchen, das man bisher hier immer versorgt hatte, lugte durch das verschlossene Tor und sah zu, während die anderen aßen.

In Kabul herrschte eine unheimliche Stille. Die Stadt war

eine Mondlandschaft aus Trümmern, Ziegeln und verbogenen Trägern. Einmal erblickte ich eine Frau, die einen Säureangriff überlebt hatte. Im Profil sah sie immer noch schön aus, doch auf der einen Gesichtshälfte war das Fleisch zerschmolzen und hatte Sehnen und ein ensetzliches Gemisch von Zähnen und Knochen freigelegt. Das war Kabul nach vier Jahren Raketenbeschuss.

Im Westen gab es Leute, die darauf hinwiesen, dass den Taliban – die den Frauen die schärfsten Einschränkungen auf der Welt zugemutet hatten; die diejenigen, die ihre Gesetze übertraten, öffentlich hinrichteten und insgeheim religiöse und ethnische Minoritäten verfolgten –, dass diesen Eiferern immerhin das gelungen sei, worum sich andere vergeblich bemüht hätten: das Artilleriefeuer zu beenden.

Am Abend versammelten sich die Ausländer in der Bar der Vereinten Nationen. Niemand blieb dort lange nüchtern. Zuerst kam immer ein spindeldürrer französischer Fotograf, der die hohlen Wangen eines Junkies hatte. Er schüttete sich bis zur Sperrstunde mit Whiskey voll. Ich habe ihn nur einmal sprechen hören.

Zwei Mitarbeiter der Hilfsorganisationen hatten sich in die ewige Diskussion verstrickt, ob es moralisch richtig war, abzuhauen oder zu bleiben. Der französische Fotograf schaute von seinem Glas auf und sagte: »In Sarajewo habe ich einen Heckenschützen kennen gelernt. Einmal hat er mir erlaubt, ihn bei der Arbeit zu fotografieren. Als wir zusammen auf einem Dach saßen, gingen unten auf der Straße zwei Frauen vorbei. Plötzlich fragte er mich: ›Welche von ihnen soll ich umlegen?‹ Ich sagte ihm, dass ich nicht in der Lage sei, mir eine auszusuchen. Aber er lachte bloß. ›Tja – wenn du keine wählst, erschieße ich eben beide. Du kannst eine retten. Es liegt an dir.‹«

Der Fotograf sah sich im Raum um, seine Augen waren völlig leer; er hatte so viele schreckliche Dinge erlebt und tatenlos zugesehen, dass er innerlich abgestorben war.

Er zuckte die Achseln. »Was sollte ich machen? Es gab nichts, was ich hätte tun können.«

Kapitel Siebzehn

2001.

Von den Tribünen im Stadion von Kabul, die gerammelt voll sind, dringt erregtes Stöhnen. Doch hier findet kein Fußballspiel statt. Diesen Lärm – erwartungsfroh und angsterfüllt zugleich – macht der Mob, wenn ein Mensch vor seinen Augen getötet werden soll.

Auch wenn das Video vom wiederholten Kopieren schneeig geworden ist, kann man unschwer erkennen, wie der Datsun-Geländewagen triumphierend um das Spielfeld herumfährt. Auf seiner offenen Ladefläche kauern weibliche Gestalten, die in blassblaue Burkas gehüllt sind. Eine der Frauen wird vom Wagen gezerrt und über das Feld geführt. Ein leises Keuchen, fast ein Seufzer, läuft durch die Menge.

In der Burka ist sie orientierungslos. Sie kann nicht viel erkennen, aber ihr ist undeutlich bewusst, dass sie von vielen Augen beobachtet wird. Sie hört die Menge und fühlt die pulsierende Erregung, als man sie auf der Elfmeterlinie niederknien lässt.

Ein Mann geht auf sie zu und hält ihr lässig seine Kalaschnikow an den Hinterkopf. Vielleicht spürt sie ihn in ihrem Rücken. Sie dreht sich um und späht durch das Gitter der Burka, um einen Blick auf ihn zu werfen. Ihre Haltung ist von religiöser Demut: Sie kniet und streckt die Arme wie zum Gebet aus. Einen Moment lang sehen sie sich in die Augen. Dann drückt er ab, und während die Menge ein letztes erregtes Stöhnen vernehmen lässt, fliegt ihr Kopf über das Spielfeld, und die Burka färbt sich rot.

Es wurde Februar 2001, als ich schließlich nach Afghanistan zurückkkehrte. Nicht aus eigenem Antrieb, sondern weil ein scharfsichtiger Produzent von Channel 4 in London im Internet auf das Video von der Frau gestoßen war, die man im Fußballstadion von Kabul hingerichtet hatte. Dadurch fühlten sich wichtige Leute der aktuellen Nachrichten im Fernsehen bemüßigt, einen genaueren Blick auf die Gräueltaten der Taliban zu werfen.

Ich ergriff diese Chance. Zusammen mit dem Programmdirektor Cassian Harrison und dem Kameramann James Miller begann ich die Arbeit an dem Dokumentarfilm »Unter dem Schleier«.

Ich war als Beobachterin zurückgekommen – als professionelle Journalistin mit jahrelanger Erfahrung, die ihre Arbeit mit kühlem Kopf und sorgfältigen Recherchen durchführen wollte.

In Islamabad traf ich den Mitarbeiter einer westlichen Hilfsorganisation, dessen Namen ich nicht erwähnen kann. Er war zu lange dort gewesen und hatte zu viel gesehen. Sein Gehirn konnte das, was er sah und hörte, nicht mehr verarbeiten. Er war dorthin gegangen, um Gutes zu tun, aber das, was er erlebt hatte, hatte ihn an den Rand der Verzweiflung gebracht. Er bemühte sich sehr, wie die Einheimischen zu werden, aber er hatte das Stadium totaler Resignation noch nicht erreicht. Er war immer noch betroffen. Er lachte ein wenig zu laut und an den unpassenden Stellen zu lange.

»Haha – die Mörder schrieben ihre Namen an die Wand. Haha – Taliban-Graffiti. Ihre eigenen Namen, verstehst du? Ziemlich blöd. Kriegsverbrechertribunale und so … Haha.«

Mein Gesprächspartner hatte Beweise für ein Massaker in Yakaolang in Zentral-Afghanistan, das die Taliban unter der dortigen schiitischen Minderheit angerichtet hatten. Aber wir beide wussten, dass es nie ein Kriegsverbrechertribunal geben würde, um die Mörder zu bestrafen. Die Mörder wussten es auch. Deswegen schrieben sie ihre Namen auf.

Vielleicht war er traumatisiert. Vielleicht hatte er Dinge gesehen, die sich nicht damit erklären ließen, dass sie zur Wirklichkeit gehören. Vielleicht war er es auch nur leid, nach den Gründen zu suchen. Während unseres Gesprächs befand sich die Welt in heller Aufregung, weil die Taliban beschlossen hatten, die antiken buddhistischen Statuen Afghanistans in die Luft zu sprengen. Er hatte zwei Jahre lang vergeblich versucht, die internationale Gemeinschaft für eine Hungersnot zu interessieren, die Tausenden von Afghanen das Leben gekostet hatte. Dieser Mann, der die Taliban bis an die Grenze einer Psychose hasste, fragte sich nun gemeinsam mit ihnen, warum sich der Westen mehr um Statuen als um Menschenleben sorgte. Er hatte den Punkt erreicht, wo die Logik versagte.

»Haha – die Taliban: keinen Sinn für Statuen, keinen Respekt vor ihrer Geschichte. Ich habe einen guten Vorschlag. Warum packen wir den Staub der Buddhas nicht ein, verscherbeln ihn an die Japaner und kaufen davon Lebensmittel?«

»Haha. Sie haben meinen Mitarbeiter in meinem Bürostuhl gefesselt, in die Niere geschossen und dann sterben lassen! Haha! Sie haben einem Jungen bei lebendigem Leib die Haut abgezogen. Mit ihren Bajonetten.«

Sein Lachen verriet nicht länger Heiterkeit, Zynismus oder Humor. Es war, als hätte er die Maulsperre bekommen; es war seine Art, mit all dem hier fertig zu werden. Natürlich wusste ich das. Ich wusste, dass seine Witze nicht geschmacklos waren, sondern ein Versuch, sich in einem Strudel, der ihn jederzeit verschlingen konnte, durch verzweifeltes Paddeln über Wasser zu halten. Aber ich konnte nicht mitlachen und machte aus meinem Entsetzen keinen Hehl. Er hörte auf zu lachen, und sein Gesicht drückte für einen Moment Panik aus. »Haha«, sagte er. »Haha.«

Er erzählte uns, dass es Gerüchte über andere Massaker im fernen Nordosten des Landes gab. Also machten sich Cassian, James und ich vor unserem Besuch in das von den Taliban kontrollierte Afghanistan auf den Weg nach Nawabad, einem der letzten Bollwerke der Opposition nahe der Grenze zu Tadschikistan.

Wir stießen auf dreißigtausend Menschen, die man in diesen winzigen Zipfel des Landes gedrängt hatte. Im Jargon der Mitarbeiter der Hilfsorganisationen waren es »Internally Displaced People«, Binnenvertriebene. In Wahrheit handelte es sich um Menschen, die das Pech hatten, keine Paschtunen zu sein, wie die Taliban, die das Land allmählich eroberten. Wenn diese religiösen Soldaten auf andere ethnische Gruppen trafen, brannten sie ihre Häuser nieder, töteten die Männer und nahmen ihnen das Land weg. Ein Massaker hier, ein Massaker da – und ganze Gemeinden flohen nach

Norden. Diese zurückweichende Flut der Entrechteten hatte die nördliche Grenze Afghanistans erreicht. Jetzt saßen sie in der Falle und konnten nirgendwo mehr hin.

Hier begegneten wir John Weaver, einem Mitarbeiter der Hilfsorganisationen aus North Carolina, der sich – im Unterschied zu den meisten Leuten aus dem Westen – durch die Hoffnungslosigkeit der Situation nicht beirren ließ und bereit war, sich den Bedingungen in diesem Land anzupassen.

Johns Kollegen behaupteten, dass er in den acht Monaten, die er hier verbracht hatte, zu einem Afghanen geworden sei. Und in der Tat, man konnte ihn kaum mehr von einem Einheimischen unterscheiden, wenn man ihn mit dem schmuddeligen Lumpen sah, den er sich um den Hals geschlungen hatte, den hängenden Schultern und der Art, wie er seinen *pakol*, die Filzmütze, schräg über dem goldblonden Haar trug. Er hatte den ungezwungenen Gang eines Mannes angenommen, der sein Leben lang über die Berge gewandert war, und neben anderen Herausforderungen der fremden Kultur auch noch ein wenig Persisch gelernt. Er war jung – vermutlich Ende zwanzig – und hatte auffallend blaue Augen, die sich oft in Lachfalten legten.

John stellte uns sein Gästehaus zur Verfügung. Es war leer und beherbergte nur einen kleinen Blechkoffer, der seine persönliche Habe enthielt: einen Laptop, Kleider zum Wechseln, eine Zahnbürste und ein paar Dari-Lehrbücher. Obwohl ich es schon ahnte, fragte ich ihn, ob das hier sein ganzer Besitz auf dieser Welt sei. Er sah mich verlegen an, als hätte ich ihn bei einem zügellosen Lebenswandel erwischt. »O nein, ich habe zu Haus in Amerika noch eine schöne Sammlung Baseballkarten, die ich hier aber nicht unbedingt brauche.«

Johns offenkundige Bedürfnislosigkeit verursachte mir ein leichtes Unbehagen, wie es die Menschen in alter Zeit verspürt haben mögen, wenn sie die Propheten mit ihrer Verachtung für weltliche Güter beschämten. Auf Nachfragen gab er zu, ein frommer Christ zu sein, aber gewöhnlich erwähnte er es nicht. Einige seiner Kollegen erzählten mir, dass John im Grunde ein Muslim war.

Es war ein Feiertag, das Fest, das das Ende des Ramadans ankündigte. Zehn Familien hatten jeweils ein Gericht gekocht. Ihre Oberhäupter, die zu diesem Anlass ernste Mienen zur Schau trugen, hatten ihre eigenen Feierlichkeiten verlassen, um mit uns zu essen. Das Gras war mit winzigen Blumen gesprenkelt. Wir saßen auf dem Friedhof, weil sich die Flüchtlinge nicht hatten einigen können, wem von ihnen die Ehre gebührte, uns in seinem Zelt zu empfangen. Jetzt machten sich die Ältesten Sorgen, dass wir gekränkt sein könnten, weil sie uns gebeten hatten, draußen zu sitzen. »Ist es hier nicht schön?«, sagten sie.

Weiße Fahnen wehten auf den Gräbern derjenigen, die im Krieg gefallen waren; die meisten Gräber trugen Fahnen. Und zur Erinnerung daran, dass der Krieg näher rückte, waren im weichen Gras neben unserem Picknickplatz zwanzig neue Erdhügel entstanden. Unter ihnen lagen die Opfer einer Granate der Taliban, die am Tag zuvor im Feld hinter uns eingeschlagen war.

Die Flüchtlinge brachten eine Ziege mit, die geopfert werden sollte. Man hatte ihr das Gesicht gewaschen, die Augen mit Kajal umrandet und das Maul mit Salz ausgerieben. Gebete wurden gesungen, als der Älteste sein Messer erhob.

Die Klinge schnitt durch die Wolle tief ins Fleisch. Das tiefrote Blut sprudelte hervor, aber der alte Mann hatte sein Ziel nicht erreicht. Die Ziege atmete aus der klaffenden Wunde tief aus und ein. Niemand von uns sagte etwas; wir alle beobachteten, wie sich das Loch in ihrem Hals öffnete und schloss, als ob ein rotlippiger Mund verzweifelt nach Luft schnappte.

Kurz bevor ich hier heraufkam, hatte ich auf einem Video gesehen, wie eine Frau ein Messer erhob und dem Mann die Kehle durchschnitt, der angeklagt war, sie vergewaltigt zu haben. Das Blut des Mannes quoll auf den Boden. Er gab denselben Laut von sich wie die Ziege: ein qualvolles, sprudelndes Keuchen. Die Taliban hatten es erlaubt, dass man diese Hinrichtung filmte, um zu zeigen, dass sie Gewalt gegen Frauen nicht tolerieren würden, dass sie für islamische Gerechtigkeit standen und entschlossen waren, mit der Korruption, dem Zusammenbruch von Gesetz und Ordnung und der Orgie von Entführungen, Vergewaltigungen und Morden aufzuräumen, die die Mudschaheddin – diese Schachfiguren des Westens – entfesselt hatten.

Es war nur noch eine Frage der Zeit, bis diese Enklave in die Hände der Taliban fiel. Wenn das geschah, würde es ein Blutbad geben. Aber die Welt schien mit Blindheit und Taubheit geschlagen. Und ich fragte mich inzwischen, wie wir unseren Sinnen noch trauen können, wenn wir nur das wahrnehmen, was wir sehen wollen. Wie können wir vernünftig denken, wenn unsere Voraussetzungen nicht stimmen?

»Willkommen in Afghanistan«, sagten unsere Gastgeber. »Seid ihr Chinesen?«

Als ich einmal über Córdoba geflogen bin, sagte ein spanischer Freund von mir: »Willkommen in meinem schönen Land.« Ich verspürte einen stechenden Schmerz, weil ich kein Land hatte, auf das ich stolz sein konnte. Und jetzt fuhren wir auf unserem Weg zu dem Posten der Opposition an der Front bei Ay Khanom über eine unglaublich grüne Ebene, die von weiß gestreiften Bergen umringt und von Schafen übersät war. Ich stand im hinteren Teil des offenen Lastwagens und atmete die Schönheit ein. Dieser Ort war von betörender Anmut. Ich konnte mich vor Freude kaum mehr beherrschen. Verstohlen schlang ich meine Arme um mich und flüsterte: »Willkommen in meinem schönen Land.« Die Worte zergingen mir auf der Zunge.

Das Licht hatte eine wundervolle goldene Durchsichtigkeit, die ich in Afghanistan bisher nur einmal erlebt hatte. Von der Straßenseite winkten Schäferinnen. Ihre Kleider, die wie Juwelen glänzten, waren smaragdgrün, rubinrot, türkisfarben und violett. Die Bäume standen in voller Blüte. Ein graubärtiger Mullah mit einem weißen Turban trottete auf seinem Esel an uns vorbei; seine Schüler gingen respektvoll zu Fuß hinterher.

Wie kann ich die Schönheit dieses Ortes beschreiben? Er war schön wie ein Lied, das dich zum Weinen bringt. Über den Feldern, den Bergen, den Menschen und den Bäumen lag ein Zauber, den bislang niemand zerstört hatte, niemand.

An diesem Tag erfuhr ich, dass die Massaker geplant waren und vom Oberkommando der Taliban gebilligt wurden. Am Abend saßen wir in den Gräben bei Ay Khanom mit Soldaten der Opposition zusammen, die sich nicht erinnern konnten, was Frieden bedeutete. Zum Spaß brüllten sie auf der Frequenz der Taliban Tierlaute in ihr Funkgerät und sangen ihren Feinden Lieder vor.

Als die Taliban 1998 die Stadt Masar-i-Scharif im Norden einnahmen, sagte Mullah Omar zu seinen Männern, dass sie zwei Stunden lang so viele umbringen dürften, wie sie nur wollten. Sie gehorchten ihm nicht. Das Gemetzel währte tagelang.

Die Taliban fuhren in offenen Lastwagen durch die Straßen der Stadt. Zuerst feuerten sie auf alles, was sie zu Gesicht bekamen: auf Gebäude, Männer, Frauen und Kinder, ja sogar auf Esel und Ziegen. Bald stapelten sich die Leichen, aber da die Taliban niemandem erlaubten, sie zu begraben, verwesten sie dort, wo sie lagen, oder wurden von streunenden Hunden gefressen.

Nach einer Weile begann die Jagd auf die Volksgruppe der Hazara, die vor einem Jahr eine Rebellion gegen die Taliban angeführt hatte. Die Hazara und ihre Verbündeten, die sich im Labyrinth der gewundenen Straßen dieser Stadt gut auskannten, hatten die Taliban in Sackgassen gedrängt und sie von den Dächern der Häuser beschossen. Hunderte von Soldaten der Taliban waren in diesem Kampf getötet und zweitausend Kriegsgefangene kaltblütig hingerichtet worden.

Dieses Mal waren die Taliban vorbereitet. Sie hatten Paschtunen mitgebracht, die die Stadt wie ihre Westentasche kannten. Diese Führer deuteten auf die Häuser der Hazara, und die Taliban-Soldaten schlachteten ganze Familien ab – zwischen zwei- und fünftausend Menschen. Das war sogar für Afghanistan ein außergewöhnliches Massaker.

Jetzt blickten wir von der Stellung der Nordallianz bei Ay

Khanom über einen breiten, trägen Fluss auf ein Tal hinab, wo es, einem Gerücht zufolge, vor sechs Wochen ein gewöhnliches Massaker gegeben hatte.

Dort unten, am Kokscha-Fluss, lagen vier Dörfer zwischen den Linien der Taliban und der Nordallianz. Das Tal war mit Mandelblüten und Rauchblumen der Artillerie übersät. Aus dieser Entfernung konnte man sie nicht auseinander halten.

Im Januar waren die Taliban für eine kurze Zeit vorgerückt und hatten die Dörfer eingenommen. Als sie sich zurückzogen, erschossen sie, wie die Einheimischen sagten, »zum Abschied« in jedem von ihnen ein Dutzend Zivilisten.

Um diese Behauptungen zu überprüfen, mussten wir in das Tal hinabsteigen, ins Niemandsland. Wir brauchten jemand, der uns in eines dieser Dörfer begleitete.

Auf Usman stießen wir fast zufällig. Er war jung, gut aussehend und, soweit das für einen Mudschahed der Nordallianz, den es an die Front verschlagen hatte, möglich war, total cool. Bei unserer ersten Begegnung versuchte er, mit einem russischen Heckenschützengewehr Jets der Taliban abzuschießen. Das war meines Wissens nach technisch unmöglich, aber es machte sich gut, wie Usman wusste. In einer anderen Welt wäre er ein verwöhnter, reicher Junge geworden – mit Handy, schnellen Autos und vielen Frauen. Er schien aus tiefer Selbsterkenntnis heraus zu wissen, dass man ihn um etwas Wesentliches gebracht hatte.

Am nächsten war er dem lockeren Lebenstil, nach dem er sich sehnte, gekommen, als er an der medizinischen Hochschule in der tadschikischen Hauptstadt Duschanbe studierte. »In meiner Klasse waren Mädchen, mit denen ich mich unterhalten konnte«, sagte er. Einmal besuchte er sogar eine Diskothek. Nach nur einem Jahr musste er sein Medizinstudium abbrechen, weil er an der Front gebraucht wurde. Er bat uns um Tonbänder von Madonna und um Whiskey, und ehe wir uns versahen, war er unser inoffizieller Leibwächter und Reiseführer geworden.

Eines Abends setzte sich Usman vorteilhaft auf einem Panzer in Positur und sang ein sentimentales, eingängiges Lied über die Grausamkeit des Krieges. Die untergehende Sonne betonte seine ausgeprägten usbekischen Wangenknochen und seine dunklen Mandelaugen. Als ich ihm Komplimente machte, weil er so gut sang und wie ein Schauspieler aussah, sagte er: »Ja. Wenn der Krieg nicht gekommen wäre, wäre ich ein großer Star geworden.«

Usman erklärte sich bereit, uns nach Mawmaii, einem der vier Dörfer, zu begleiten. An dem Tag, als wir zu dieser Expedition aufbrachen, tat Usman so, als befänden wir uns auf einer Vergnügungsreise durch ein friedliches Land. Er zeigte uns, wo wir den Kokscha-Fluss durchqueren mussten, ohne von den Taliban entdeckt zu werden. Und nachdem er uns vor den Landminen am Ufer gewarnt hatte, sagte er: »Ist Afghanistan nicht schön?« Und so war es auch. Der Kokscha-Fluss glitzerte in der Frühlingssonne und war klar wie geschmolzener Schnee.

»Dieser Fluss ist berühmt für seinen köstlichen Fisch«, sagte Usman wie ein echter Reiseführer.

»Dann hätten wir ja schon ein Mittagessen, oder?«

»Nein«, meinte er. »Wir mussten ein paar Granaten reinwerfen, um sie zu herauszufischen.

Wir durchquerten den Kokscha mit einem Floß aus Ziegenhäuten. Am anderen Ufer hatten sich Mawmaiis Dorfälteste versammelt und warteten auf uns. Sie winkten uns mit Papierfetzen zu, auf denen sie in der sorgfältigen Handschrift derjenigen, die kaum lesen und schreiben konnten, Listen mit den Namen der Menschen zusammengestellt hatten, die gestorben oder verschwunden waren.

»Vereinte Nationen!«, riefen sie bei unserer Ankunft. »Endlich seid ihr gekommen!«

In einer feierlichen Prozession schritten wir den Hügel hinauf, der noch vor sechs Wochen von den Leichen ihrer Söhne und Väter übersät war. Als die Taliban Mawmaii verlassen hatten, hatten sie in ihren Lastwagen einundfünfzig Männer als Geiseln mitgenommen. Für die letzten sieben Männer war kein Platz mehr, also erschossen sie sie.

Ein Mann mit ausdrucksvollen Augen nahm seinen Turban ab, um uns zu zeigen, wie sie die Toten gefunden hatten. Sein Freund, ein hässlicher Mann mit einem pockennarbigen Gesicht, band sich mit dem Schal die Hände hinter dem Rücken zusammen.

Während er gefesselt und weinend auf dem Feld stand, sagte er: »… und dann flehte ich sie an ›Verschont mich – denn ich habe mein Leben noch nicht gelebt.‹ Aber der Kommandeur der Taliban sagte: ›Nein. Ich verstehe deine Sprache nicht.‹ Dann hat er auf mich geschossen.«

Er ließ sich auf die Seite fallen und wälzte sich genau zu der Stelle, wo die Leiche seines Bruders gelegen hatte. Die anderen Männer wickelten ihn in einen *pattu* ein und trugen ihn weg. »Man kann das Blut immer noch sehen«, sagten sie.

Es war klar, dass die Männer des Dorfes auch heute noch

die Leichen der Männer sahen, wenn sie auf den Hügel blickten. Doch das Blut war sicherlich längst weggeschwemmt, dachte ich. Das Blut gehörte zu der toten Vergangenheit, der Vergangenheit, in der sie lebten. Aber sogar mir kam es inzwischen so vor, als ob ich die Stellen sehen könnte, wo die Körper, wie Embryos zusammengerollt, auf dem Abhang lagen. Und als ich genauer hinschaute, fand ich kleine Spiegel und Zigarettenschachteln, die aus den Taschen gefallen waren, und hier und da eine Salve Kalaschnikow-Kugeln.

Dann entdeckte ich, was sie mir zeigen wollten. In jeder Mulde zeichneten sich dort, wo das Blut die Erde genährt hatte, Umrisse aus dunklerer, festerer Erde und grünerem Gras ab.

»Seit dieser Zeit hat es mehrmals geschneit«, sagten sie, »aber das Blut hat seine Spuren hinterlassen. Blut ist sehr stark.«

Und dann gerieten wir in eine dieser Situationen, die dein Leben verändern und die du nie vergessen wirst.

Die Ältesten führten uns zu einem Haus. Und sobald wir den Hof betraten, wussten wir, dass hier etwas Schlimmes geschehen war. Wir alle spürten es. Es hatte einen Rückstand hinterlassen, den stechenden Geruch von Ammoniak. Er machte uns schwindelig.

In dem Hof hockte ein Mädchen, das Gesicht zur Mauer gekehrt. Es schaukelte auf und ab, zusammengekrümmt und stumm. An einer anderen Stelle war ein zweites Mädchen vor Kummer in der gleichen Haltung erstarrt. Sie versuchten nicht, sich gegenseitig zu trösten.

Ein alter Mann starrte ins Leere. Seine verblassten blauen

Augen blickten in eine andere Welt, als hätten ihn die Dinge, die er gesehen hatte, vernichtet. Als hätten sie seine Würde, seine Selbstachtung und seinen Lebenswillen zerstört.

Der alte Mann sagte, dass sich seine Töchter seit Wochen so verhielten, seit die Taliban in ihr Haus gekommen waren. »Ich war nicht hier, als die Männer kamen«, sagte er, als ob das etwas erklären könnte. »Sie hatten mich gefangen genommen.«

Ein drittes Mädchen kam in einem blauen Schleiertuch aus dem Haus. Sie erzählte etwas auf Usbekisch, einer Sprache, die ich nicht verstehen konnte. Ihre Stimme war klar und melodisch, wie der Klang einer Flöte. Sie war von einer unbeschreiblichen Reinheit.

Usman übersetzte, was sie sagte: »Die Taliban kamen zu unserem Haus und sagten: ›Wir werden hier unser Hauptquartier aufschlagen.‹ Sie befahlen meiner Mutter und uns Kindern zu gehen. Es schneite, und meine Mutter sagte: ›Wo soll ich denn mit meinen Kindern bei diesem Schneetreiben hin?‹ Ohne einen Augenblick zu zögern, hob der Soldat seine Kalaschnikow und erschoss sie, genau da, in diesem Hof.«

Ich war mir sicher, dass man ihnen etwas angetan hatte, nachdem ihre Mutter tot war, aber ich brachte es nicht übers Herz, das Thema anzuschneiden. Also fragte ich das Mädchen, das gesprochen hatte, nach seinem Namen. Sie hieß Fairuza, was türkis bedeutet, wie die Farbe ihres Schleiers. Wie alt war sie? Zwölf Jahre. Ihre ältere Schwester, Amina, war fünfzehn und ihre jüngere Schwester Fawzia neun.

Von ihren Schleiern – rosa, gelb und blau – verhüllt, saßen die Mädchen wie Vögel mit gebrochenen Flügeln in einer Reihe. Alles, was ich von ihnen sehen konnte, waren ihre riesigen, dunklen Augen. Dann erschien in einem der Augenwinkel eine stumme Träne und zitterte einen Moment lang widerstrebend, bevor sie zerplatzte und herabrollte. Ich mochte gar nicht daran denken, wie tief der Brunnen des Leids war, aus dem dieser eine Tropfen entsprungen war.

Wie lang blieben die Männer mit ihnen im Haus zusammen, während die Leiche ihrer Mutter im Hof lag? Der alte Mann wendete sich ab. Kein anderer afghanischer Vater würde mir gestatten, eine solche Frage zu stellen. Aber er fühlte sich ohnmächtig; er war nicht hier, als die Soldaten kamen.

Die Männer blieben zwei Tage bei den Mädchen.

Was haben die Soldaten während dieser Zeit mit ihnen gemacht? Bei dieser Frage bedeckte das älteste Mädchen, Amina, ihr Gesicht und fing wieder an zu weinen.

Fairuza, die einen starken Willen hatte, ließ sich nicht aus der Fassung bringen. Sie sah ihre Schwester an, wandte sich mir mit erhobenem Kinn zu und sagte in ihrem klaren, harmonischen Tonfall: »Sie wollten Wasser und Lebensmittel. Was sollten wir machen? Unsere Mutter war tot. Wir mussten tun, was sie von uns verlangten.«

Kapitel Achtzehn

Oktober 2001.

Aus ganz Amerika haben mir viele Menschen geschrieben. Herzzerreißende Briefe, vor denen ich mich inzwischen fürchte.

»Ich möchte die drei kleinen Mädchen aus Ihrem Film adoptieren«, heißt es in einem. »Machen Sie sich keine Gedanken darüber, dass ich in einem Wohnwagen lebe. Ich weiß, dass ich ihnen Liebe geben kann. Und darauf kommt es doch schließlich an.«

Es steht mir nicht an, mich über diese übertriebene Nächstenliebe lustig zu machen. Ich sollte inzwischen gelernt haben, dass das Meer menschlichen Leids unendlich groß ist. Und dennoch bin ich hier und versuche immer noch verzweifelt, die Menschen zu retten, die ich aus dem Fenster winken sah.

Nach dem 11. September wurde »Unter dem Schleier« wiederholt im CNN gezeigt. Obwohl wir den Film vor dem Angriff auf das World Trade Center gedreht hatten, benutzten westliche Politiker die Gesichter der drei Mädchen als Rechtfertigung, um Afghanistan zu bombardieren – und um seinem leidenden Volk Hilfe zu schicken. Den Mädchen war natürlich nicht bewusst, dass sie zu Ikonen dieses Kriegs geworden waren. Soweit uns bekannt war, lebten sie immer noch an der Kampffront.

Eine Woche bevor die Luftangriffe der USA begannen, kehrten James Miller und ich nach Islamabad zurück. Wir wollten hier die Fortsetzung von »Unter dem Schleier« drehen, mit dem Titel »Der unheilige Krieg«.

Wir hatten beschlossen, auf der Suche nach den drei Mädchen noch einmal nach Mawmaii zu fahren. Ich hatte meine Redaktion davon überzeugt, dass das Schicksal von Amina, Fairuza und Fawzia zu einem wirkungsvollen Symbol der Not in Afghanistan werden könnte. Doch wie gewöhnlich hatte ich auch mein eigenes Ziel im Auge. Ich hatte meine östlichen Tagträumereien gegen die praktische Vernunft des Westens eingetauscht. Ich war zwar nicht in der Lage, die Probleme des ganzen afghanischen Volkes zu lösen, aber ich hatte mich entschlossen, den Dokumentarfilm als Instrument einzusetzen, um diese drei Mädchen zu retten.

Man konnte der Welt nicht länger vorwerfen, Afghanistan zu wenig Aufmerksamkeit zu schenken. In Islamabad hielten sich derzeit so viele Journalisten auf, dass das Marriott-Hotel in der Turnhalle Schlafkabinen aufgestellt hatte. Zwischen Osten und Westen wurden die Fronten abgesteckt. Dennoch hatte ich das starke Gefühl, dass beide Seiten – auch wenn sie offiziell Gegner waren – an einem großen gemeinsamen Spiel teilnahmen.

Islamabads prachtvolle Alleen und breite Boulevards waren mit brennenden Reifen verbarrikadiert. Tränengas erfüllte die Luft. Die Menge rief: »Tod den USA! Lang leben die Taliban!« Der Countdown für die US-Luftangriffe hatte begonnen.

Ein Mann verkaufte T-Shirts mit der Aufschrift »Osama bin Laden, der Held unserer Welt«. Für Einheimische waren sie zu teuer. Sie waren für die Presse gedacht. Die Demonstranten säumten die eine Straßenseite, die Medienleute versammelten sich auf der anderen. Als die Protestierenden vorwärtsdrängten, wichen die Journalisten zurück. Sie sahen nicht wie zwei Gegner aus, sondern wie Tänzer, die ihre Schritte aufeinander abstimmten.

Eine brennende Kiste flog durch die Luft und verfehlte uns nur um wenige Zentimeter. Die Menge griff an, und plötzlich rannten wir um unser Leben. Sie warfen mit Steinen, die – und das war kein Spiel – hinter mir auf das Pflaster krachten. Während meiner Flucht platzte meine Handtasche auf, und mein Pass, mein Geld und alles andere purzelte in den Staub. Ich blickte zu meinen Verfolgern zurück; sie waren etwa fünfzig Meter entfernt und kamen näher. Es war wie in einem jener Angstträume, in denen man vor einem Feind flieht und doch irgendwie weiß, dass das Ganze nicht wirklich ist. Ich bückte mich nach meinen Wertsachen. Die Männer hörten auf, Steine zu werfen, und halfen mir. Als sie alles – sogar meinen zerbrochenen Kamm – aufgesammelt und zurückgegeben hatten, versetzte mir jemand einen Schubs. Meine Helfer warteten, bis ich einen kleinen Vorsprung hatte, und bewarfen mich dann wieder mit Steinen.

Einer der Demonstranten brüllte antiamerikanische Parolen. Er hielt sein Gesicht vor die Kamera und stieß ein wütendes Geheul aus, das dem eines verwundeten Tieres glich. Sein ganzes Gesicht verzerrte sich, und er fuchtelte mit der Faust in der Luft herum. Speicheltropfen flogen aus seinem

Mund und landeten auf den Linsen. Er sagte schreckliche Dinge: »Wir werden unsere Kinder opfern, um den Islam zu verteidigen, wir werden Amerika und die ganze Welt angreifen!« Sein Hass war überwältigend; er wurde von ihm regelrecht verzehrt. Doch dann drehte er ihn wie einen Hahn zu und fragte in die Kamera: »War das jetzt genug?«

Die Grenze war abgeriegelt, aber einigen Flüchtlingen war es trotzdem gelungen, nach Peschawar zu kommen. Ihre Gesichter hatten den erstarrten Ausdruck von Menschen, die alles verloren hatten. Für manche von ihnen war es das vierte Mal. Sie waren vor der sowjetischen Invasion geflohen, den Raketen der Mudschaheddin, den Gräueltaten der Taliban und jetzt auch vor den amerikanischen Bomben.

Eine fünfköpfige Familie – Vater, Mutter und drei Kinder – bewohnte einen Platz aus festgestampfter Erde vor dem Haus entfernter Verwandter. Sie waren den ganzen Weg von Kabul aus zu Fuß gegangen und hatten drei Tage gebraucht, um die Berge zu überqueren. Als Gegenleistung für diesen Schlafplatz auf nacktem Boden mussten die Kinder arbeiten. Unser Gespräch wurde durch das unaufhörliche Knallen eines Teppichklopfers unterbrochen. Das jüngste Kind, ein Mädchen von sechs oder sieben Jahren, hatte noch nicht die Schwielen, die man für diese Arbeit braucht – seine Hände bluteten. Es war sehr hübsch, doch jetzt war sein Rosenknospenmund vor Anstrengung aufgeworfen, die Stirn mit den grauen Augen gerunzelt, und das dichte, helle Haar hing wirr auf den Rücken herab. Während ich zusah, kam eine Frau aus dem Haus und schimpfte. Vielleicht wurde das Mädchen zu Hause ziemlich verwöhnt, weil es den Mund auftat, als wollte es etwas erwidern. Dann besann es sich und schaute seinen Vater an. Er blickte zur Seite.

Die Mutter des Mädchens wuselte herum und entschuldigte sich ständig. Wenn wir sie nur in Kabul besucht hätten, hätten sie uns anständig empfangen können. Sie hatten Möbel und ein richtiges Haus mit Bildern an der Wand. Sie besaßen Teppiche und Geschirr, alles. In Kabul wären wir willkommen gewesen, sie hätten uns bewirtet und zum Bleiben aufgefordert – doch hier konnten wir nur auf der bloßen Erde sitzen.

Die Frau erinnerte mich an Halima, bei der ich vor sechs Monaten in Kabul gewohnt hatte und die ich seit Wochen standhaft zu vergessen suchte: Halima und ihre Familie, die mitten in der Nacht an ihren Nähmaschinen arbeiteten; die im Dunkeln mit mir zusammensaßen und so taten, als ob sie etwas äßen. Halimas Tochter, die der Schock der Raketenangriffe taub und stumm gemacht hatte. Wenn die Luftangriffe wieder anfingen, würde sie schreckliche Angst haben. Wie konnte man ihr erklären, dass diese Bomben von Freunden abgeworfen wurden?

Eine erwartungsvolle Stille war eingetreten. Das Interview hatte begonnen, und sie warteten auf meine Fragen. Ich platzte mit der ersten Frage heraus, die mir in den Sinn kam: Warum waren sie hierher gekommen. Warum hatten sie so viel riskiert und alles zurückgelassen?

Mit der langsamen, deutlichen Stimme, die für die Einfältigen gedacht ist, sagte der Vater: »Die Taliban leben unter der Zivilbevölkerung. Wir befürchten, dass die Bomben, die die Amerikaner auf die Taliban werfen, vor allem uns Zivilisten töten werden.«

Seine Frau fügte hinzu: »Sehen Sie, wir wissen, was es heißt, bombardiert zu werden.«

In dieser Nacht verkündete Präsident Bush im Fernsehen, dass es gezielte Bombenangriffe auf Kabul, Kandahar, Masar-i-Scharif und Dschalalabad gegeben habe. Er versprach einen »andauernden« Feldzug. Mich bewegten widersprüchliche Gefühle. Das würde das Ende der Taliban bedeuten, aber auch, dass Halima und ihre Familie – fern von der Aufmerksamkeit der Weltöffentlichkeit – bombardiert wurden.

Mit den Kreuzzügen haben die nun schon achthundert Jahre währenden Konflikte zwischen dem Osten und dem Westen ihren Anfang genommen. Und das hier sah nach mehr als nur einigen Bombenangriffen gegen die Taliban aus; es hatte den Anschein, als würden wir auf eine Sache von großer Tragweite zusteuern. Ein Waffenhändler aus dem Volk der Afridi erzählte uns, dass die Preise für Stinger-Luftabwehrraketen extrem gestiegen seien. Er habe seinen Vorrat nach dem Abzug der Russen von den Mudschaheddin erworben – die CIA wollte sie zurückhaben, aber die Afridi seien schließlich lange genug in dem Geschäft, um Afghanistans Kriegszyklen und Marktkräfte zu verstehen. Jetzt habe er sie an die Verbündeten der Taliban verkauft. Im nächsten Monat werde er von den Gewinnen seinen Sohn auf eine Privatschule in Amerika schicken.

Abdul Haq, der ehemalige Kommandeur der Mudschaheddin, der vor vielen Jahren bei den Mudschaheddin, die mich töten wollten, vermittelt hatte, versuchte, die USA davon zu überzeugen, dass man die Taliban auf die alte afghanische Art besiegen könne – durch Pferdehandel und Verhandlungen. Als ich ihn in Peschawar besuchte, wimmelte es in seinem Garten von Paschtunen mit ernsten Mienen, den früheren Mudschaheddin-Kommandeuren, die jetzt einfache Soldaten der Taliban waren. Das sanfte Murmeln der Gespräche erinnerte an das Summen von Bienen. All diese Männer zu kaufen würde sicher weniger kosten als eine Bombe. Doch Abdul Haq, der Friedensstifter, schwamm gegen den Strom. Amerika war bereit, dem afghanischen Volk zu helfen, aber nur, wenn vorher Blut geflossen war.

In all den Jahren hatte Abdul Haq teuer für sein freundschaftliches Verhältnis zu den USA bezahlt. Die Führer der Taliban hatten versucht, ihn umzubringen. Sie schickten sogar Mörder in sein Haus in Peschawar. Da sie ihn nicht antrafen, erschossen sie seine Frau und sein Kind.

Er und ich waren einmal ungefähr gleichaltrig gewesen. Jetzt war er alt geworden. Er hatte zu viele Menschen sterben sehen, das hatte ihn erschöpft. Er sagte: »Warum will Amerika das nicht begreifen? Bomben werden Al Kaida nur in den Untergrund treiben. Ich könnte ihnen das ganze Netz ausliefern, ohne dass ein Schuss fallen würde.«

Unsere Begegnung war von kurzer Dauer; er war damit beschäftigt, einen größeren Krieg zu verhindern, und ich hatte es eilig, über die Grenze in die nordafghanische Provinz Kunar zu reisen, die von der Opposition kontrolliert wurde.

Pakistans Grenzregion war für Ausländer gesperrt, doch James und ich bestachen Einheimische, um uns hineinzuschmuggeln. Antiwestliche Gefühle hatten Hochkonjunktur. Nach kurzer Überlegung beschlossen unsere Führer, dass ich afghanisch genug wirkte, um mit einer einfachen Kopfbedeckung durchzukommen, dass James aber eine Burka tragen müsse, um nicht gelyncht zu werden.

Unwillkürlich verspürte ich einen Anflug von Freude, dass ich auf die östliche Seite gefallen war. Ich fragte mich, warum es mir immer noch so wichtig war, eine Afghanin zu sein. Bis zum heutigen Tag habe ich mich davor gefürchtet, dass mir jemand die Frage stellte: »Woher kommst du?« Warum hat es mir so viel ausgemacht, dass ich es niemals mit einem Wort beantworten konnte? Ich hatte mich immer danach gesehnt, an einen einzigen Ort zu gehören. Warum konnte dieser Ort nicht der Westen sein?

Jetzt schloss ich einen Pakt mit dem Schicksal ab. Wenn ich diese Mädchen retten konnte, würde das den Verlust meines mythischen Afghanistans aufwiegen. Dann hätte ich meinen kleinen Teil getan, um Ordnung in dieses Chaos zu bringen, und vielleicht – aber auch nur vielleicht – wäre es dann richtig, sich endlich zum Westen zu bekennen.

Auf der Straße nach Chitral hatten die Einheimischen eine warnende Botschaft an Amerika aufgestellt. Sie war schlicht und eindringlich: »Wir sehnen uns mehr nach dem Tod, als ihr euch nach dem Leben sehnt.«

Es wäre viel sicherer gewesen, nach Tadschikistan zu fliegen und von dort aus nach Afghanistan einzureisen. Aber dann hätten wir tagelang auf einen Flug warten müssen, und ich war ungeduldig. Jeden Augenblick konnte eine Bodenoffensive beginnen, und die Soldaten würden Mawmaii, das Dorf der Mädchen, angreifen. Dann wäre es nicht mehr möglich, dort hinzukommen.

Diese Berge hatte ich vor vielen Jahren auf meiner ersten Reise nach Afghanistan mit Zahir Shah überquert. Jetzt gab es dort keine Mudschaheddin mehr, nur noch Söldner. Wir hatten eine Gruppe von Männern aufgetrieben, die bereit war, uns über den Schmugglerpfad nördlich des Dorah-Passes zu führen. Die Reise war gefährlich – wir würden uns in einer Höhe von ungefähr 5 200 Metern bewegen, der Höhe des Basislagers des Everests –, und die Schmuggler verlangten für dieses Privileg eine horrende Summe. Es erschien mir angemessen, ich war das Gerede von Edelmut und Ehre leid und froh, die Angelegenheit auf westliche Art zu erledigen: mit klingender Münze.

Alles ließ sich gut an. Wir fuhren ungefähr eine Stunde. Dann schlichen wir um einen pakistanischen Kontrollpunkt herum, suchten uns einen Weg durch Hinterhöfe, schreckten schlafende Hühner und Ziegen auf und mahnten uns gegenseitig zur Ruhe, weil der Posten so nah war. Wir wagten es nicht, unsere Taschenlampen anzuknipsen, und konnten die Hand nicht vor den Augen sehen. Dann kehrten wir zum Wagen zurück und fuhren ein Stück weiter. Als wir den nächsten Grenzposten erreichten, kletterten wir auf einen Hügel. »Schnell, schnell«, sagte Khalil, der Anführer der Schmuggler. Hunde bellten. »Da ist der Kontrollpunkt.« Vor Aufregung kam ich ins Schwitzen. Meine Füße tauchten in einen eisigen Strom, und das kalte Wasser erfrischte mich. Auf dem Gipfel des Hügels setzten wir uns für einen Augenblick auf einen Stein. Der Mond war noch nicht aufgegangen, aber die Sterne traten jetzt deutlich hervor. Die ganze Milchstraße breitete sich über uns aus, als hätte man Puderzucker über den Himmel gestreut. Auf der Straße weiter unten blitzten Scheinwerfer vorbei. Wir duckten uns und hechteten dann auf die Straße. Es war, als befänden wir uns in einem Hollywood-Film.

Als wir wieder im Wagen waren, fingen James und ich zu kichern an und versicherten uns, dass dieser Job der beste auf der Welt sei. Mit meiner selbstgewählten Mission, die drei Mädchen zu retten, verblasste mein Gefühl von Hoffnungslosigkeit.

Ein paar Tage später passierte Abdul Haq heimlich die Grenze nach Afghanistan und lief direkt in eine Falle der Taliban. Man fand ihn an einem Baum aufgehängt. Er musste auch eine Mission gehabt haben, aber niemand wusste, wen er eigentlich retten wollte.

12. Oktober 2001. Elf Uhr abends.

Eine Wasserwand rollt auf mich zu. Langsam begreife ich, dass wir abstürzen. Die Zeit vergeht langsamer. Eine Ewigkeit schaukeln und schwanken wir. Meine Welt besteht nur noch aus Wasser. Irgendwie gelingt es mir, ans Ufer zu kommen. Dicht am Rand ist die Oberfläche des Stroms gefroren, darunter ist das Eis gallertartig.

Auf unserer Reise über die Berge ist mehr oder weniger alles schief gelaufen. Unsere Führer haben sich verirrt, und wir sahen uns gezwungen, durch einen eisigen Fluss zu waten. Als Khalil mich hinübertrug, fielen wir ins Wasser. Jetzt hat James seine Stiefel ausgezogen und stapft mit der Kamera weiter. Auch er verliert sein Gleichgewicht. Auf all unseren Reisen hat er niemals Angst gezeigt, aber jetzt ruft er: »Helft mir doch!« Seine Stimme klingt verzweifelt. Wir packen seine Kamera und ziehen ihn ans Ufer.

Wir sind beide bis auf die Haut durchnässt. Der kalte Wind dringt mir durch Mark und Bein. Meine Daunenjacke hat sich vollgesogen und ihre Wärme verloren. Niemand von uns hat Kleider zum Wechseln dabei. Ich ziehe meine Stiefel aus und drehe sie um. Eiswasser strömt heraus. James macht seine Kameratasche auf und gibt mir sein einziges Paar trockener Socken. Die Geste ist unglaublich rührend. Ich breche fast in Tränen aus.

Wir kriechen ein steiles Felsufer hoch und können uns nur an dornigen Zweigen festhalten, die uns die bloßen Hände zerkratzen. Wir haben Vorkehrungen getroffen, dass man uns mit Pferden abholt, die mit unserem Gepäck beladen sind, darunter auch die Ausrüstung für kaltes Wetter. Sie kommen nicht an. Unsere nassen Kleider kleben bretthart am Körper. Ich habe aufgehört zu zittern.

Ein Uhr morgens.

Wir treffen auf eine andere Gruppe von Schmugglern. Gegen Bezahlung erlauben sie uns, auf ihren Pferden zu reiten. Wir fühlen uns wie Asylanten, die in die Hände einer erpresserischen Mafia gefallen sind.

Mein Führer zieht mich rasch weiter. Vielleicht will er mich entführen.

»Lass uns eine Minute Pause machen.«

»Dort sind zu viele Grenzwachen.«

»Wo sind die anderen?«

»Dicht hinter uns.«

»Wie weit ist es bis zur Grenze?«

»Nicht weit – ungefähr sieben Stunden.«

Während ich bewegungslos auf dem Packpferd sitze, verliert mein Körper Wärme. Die Kälte fängt in den Füßen an und kriecht durch die Waden bis in die Knie. Sie tastet sich durch meinen Körper und begegnet den frierenden Händen.

Sie ist eine kalte Schlange, die mich vernichtet. Als ich einst auf die Gärten von Paghman zufuhr, wurde ich plötzlich von Angst ergriffen. Wenn es die Gärten nicht gab, würde ein Teil von mir auch nicht existieren. Genauso fühle ich mich jetzt – als würde ich verlöschen.

Drei Uhr morgens.

Ich kann den Schmerz immer noch fühlen, aber er hat sich von mir entfernt. Ich spüre ihn in den Bergen, dem Mond und der klaren Luft. Allmählich verschwindet auch das. Ich gebe auf. Meine Sinne gaukeln mir vor, dass an der Grenze ein riesiges Feuer lodert. Dann zerbreche ich, während der Wind mich zerfrisst, der kalte Mond über mich lacht, mein baumwollener *shalwar kamis* steif gefroren ist, und ich denke nur noch: »Sieben Stunden, sieben Stunden in der Kälte.«

»Hier sind zu viele islamische Extremisten«, meinte einst Professor Majrooh zu mir. »Ich werde mir etwas Rum in meine Coca-Cola gießen, auch wenn ich davon Bauchschmerzen bekomme.« Die Miniaturen an der Wand bewegen sich: Die Jäger und die Huris sind aus zahllosen Tieren geformt, die springen und sich gegenseitig in den Schwanz beißen.

»Ich werde die Wahrheit über Afghanistan herausfinden«, sagte ich zu ihm.

Der Professor schwenkte seinen Stock. »Woran willst du die Wahrheit erkennen?«, fragte er. »Weißt du noch nicht, dass sie aus tausend Formen und Gestalten besteht?«

Ich beschließe, mich zu wehren. Wenn ich nicht von diesem Pferd herunterkomme, wird mein Fuß erfrieren. Mein Führer weigert sich anzuhalten, aber ich springe trotzdem ab. Meine Beine knicken zusammen. Ich kann nicht laufen. Der Mann legt seinen Arm um mich und stützt mich, während ich vorwärtshumpele. Es ist so merkwürdig, auf tauben Füßen zu gehen. Ich stolpere über Steine, die ich nicht spüren kann. Ich will mich hinsetzen, mich an sie schmiegen und einschlafen. Ein Vers aus Saadis »Gulistan« geht mir durch den Kopf: »Die Rettung liegt vor dir, der Räuber ist hinter dir. Wenn du gehst, kannst du entkommen, wenn du schläfst, wirst du sterben.« Meine Welt ist genauso einfach wie diese Sätze. Ich darf nicht aufhören, einen tauben Fuß vor den anderen zu setzen.

Der Aufstieg ist erschöpfend und dauert endlos lang. In dieser Höhe fängt man zu schluchzen an, weil es einem den Atem verschlägt, und die Temperaturen fallen ins Bodenlose. Rauschende Ströme sind fest gefroren, und es weht ein eisiger Wind.

Wie dumm von mir, dass ich die heimtückische Natur dieser Berge vergessen habe. Seltsam, wie sich der Körper an das erinnert, was der Geist verdrängt. Wie einen jede Bewegung ermüdet. Wie man sich aufrecht hält, indem man drei Schritte vorwärts geht und dann zwei Herzschläge lang innehält. Wie dich nur eine kleine Pause aufmuntert und Schwindel, Übelkeit und Durst wieder anfangen, sobald du dich bewegst. Heutzutage weiß ich mehr über die Risiken, sich ohne Akklimatisierung in solchen Höhen aufzuhalten. Hirnödeme – Gehirnschwellung – können dich im Handumdrehen umbringen. Doch mein theoretisches Wissen hat mir nichts genützt: Ich habe es nicht beachtet.

Der afghanische Herrscher, Ibrahim ben Adhem, gab den Thron von Balkh auf, um sich mehr Wissen anzueignen. Eines Tages sah er einen Stein am Boden. Darauf stand: »Dreh mich um und lies«, also nahm er ihn auf. Auf der anderen Seite fand er geschrieben: »Warum strebst du nach mehr Wissen, wenn du das nicht beachtest, was du schon weißt?«

Meine Märchenkarte ist zerrissen. Ich habe meinen Gleichgewichtssinn verloren, als hätte ich mir ein empfindliches inneres Organ verletzt. Ich kann Träume nicht mehr von der Realität unterscheiden.

In dieser Höhe sind wir den Sternen nah. Ich neige den Kopf, weil ich Angst habe, sie zu berühren.

Kapitel Neunzehn

Als der Morgen graute, hielten wir an und ruhten uns auf einem Felsen aus. Wie Schiffbrüchige, die unverhofft an die Küste gespült werden, machten wir eine Bestandsaufnahme. Das Sprechen fiel uns schwer, unsere Wangen und Lippen waren blau gefroren. James hatte Frostbeulen an den Fingern; am Abend davor, als er versucht hatte zu filmen, waren sie an dem Metall der Kamera festgeklebt. Ich hatte Anzeichen von Erfrierungen an meinem rechten Fuß. Zwei meiner Zehen waren abgestorben und ihre Nägel grau. Ich fragte mich, ob sie abfallen würden. In meinem benommenen Zustand schien es mir nicht wichtig zu sein. Wir waren beide schwach und gebrechlich wie Invaliden. Ich humpelte zehn Meter und hatte nach dieser kleinen Anstrengung das große Gefühl, eine gewaltige Leistung vollbracht zu haben.

Noch in der Nacht hatten wir eine andere Gruppe von Schmugglern bestochen, uns ihre Pferde zu leihen. Doch plötzlich tauchten die Pferde, deren Ankunft wir zu Beginn der Reise sehnlich erhofft hatten, mit dem Gepäck und all unseren warmen Sachen wieder auf. Wir hatten am falschen Ort auf sie gewartet. Die Reiter verlangten viele tausend Rupien und sagten liebenswürdig: »Ihr seid Ausländer. Wir sind arme Afghanen und müssen so viel Geld von euch nehmen, wie wir können.«

Ich bezahlte sie ohne Murren. Vermutlich hatten sie ja in beiden Punkten Recht: Sie waren arm, und ich war eine Fremde.

Jetzt, wo uns nicht länger der Tod durch Erfrieren drohte, war es schön, durch die Berge zu reiten. Die Hufe unserer Pferde glitten auf dem Eis aus, aber sie verloren nie den Halt. Als wir an einem riesigen, einsamen See von überraschend kobaltblauer Farbe ankamen, wusste ich, dass wir in Afghanistan waren. Nirgendwo sonst konnte ein See so entschieden blau sein.

Wir passierten einen Außenposten der oppositionellen Nordallianz. Als wir zum letzten Mal hier gewesen waren, schien es nur noch eine Frage der Zeit, bis man ihre Truppen vernichtet hatte. Jetzt unterstützten die USA ihren Kampf gegen die Taliban. Der Kommandeur des Postens ließ uns mit einem Wagen abholen. Er bot uns Erfrischungen an, und ich machte mir zum ersten Mal klar, dass wir seit mehr als achtzehn Stunden nichts mehr getrunken hatten.

Wir tranken Unmengen von grünem Tee und stopften uns Bonbons in den Mund. Die Sonne schien recht warm, doch James und ich hüllten uns trotzdem fest in unsere wollenen *pattus* ein. Nachdem wir erlebt hatten, was wirkliche Kälte bedeutet, konnten wir nicht einmal mehr den leichtesten Wind ertragen. Wir waren empfindsam geworden, als hätten die Nächte in den Bergen unsere Eingeweide mit Gefrierbrand gezeichnet.

Ich hatte keine Lust zum Reden. Ich saß nur da und starrte an dem Mann mit dem unvermeidlichen schweren Maschinengewehr vorbei über den tiefblauen See auf den kahlen Abhang eines entfernten Hügels. Dabei dachte ich an einen anderen Fluss und einen anderen Berg in Mawmaii, dem Dorf der Mädchen.

Unser Fahrer, Noor, war unbeschreiblich schmutzig. Sein *shalwar kamis*, der Turban und die Weste hatten sich zu einem einzigen schmierigen Braunton vereinigt. Seine Brauen hoben sich kaum von der rußigen Haut ab. Nur seine Augen waren leuchtend und lebendig und erinnerten an ein Geschöpf aus dem Wald, das gelernt hatte, für sich selbst zu sorgen.

Als wir uns Faisabad näherten, der Hauptstadt von Badachschan, verloren die Berge ihre abschreckende Hässlichkeit und wurden majestätischer. Ein Mann auf einem kastanienbraunen Pferd galoppierte aus einem vor uns liegenden Feld, und James und ich riefen wie aus einem Mund: »Jetzt ist mir wieder eingefallen, warum ich dieses Land so liebe.«

Von Faisabad fuhren wir über die staubigste Straße, die ich je erlebt hatte, nach Chawdscha-Bahaudin im fernen Nordosten. Es müssen sechs bis acht Zentimeter gewesen sein, die wie feiner, weißer Schnee auf der Fahrbahn lagen. Der Staub drang wie Rauch durch die Belüftungsleitungen des Datsun und durch die Schweißnähte der Türen. Aus irgendeinem Grund schien es Noor zu bevorzugen, über das unbefestigte Gelände zu brettern, wo es sogar noch staubiger war.

Nachdem wir ungefähr fünf Stunden gefahren waren, wurden wir an einer Kontrollstelle der Nordallianz angehalten. Ich fragte die Soldaten, ob das hier die richtige Straße sei.

»Nein – Sie müssen den ganzen Weg nach Faisabad zurück. Chawdscha-Bahaudin liegt in der anderen Richtung.«

Als ich von Noor wissen wollte, warum er den falschen

Weg genommen hatte, sagte er ungerührt: »Weil die Straße nach Chawdscha-Bahaudin sehr staubig ist.«

Dieser ganze Sandstaub war der kostbare Mutterboden des Landes, den der Wind fortwehte. In Afghanistan herrschte Dürre. Die Führung der Taliban bestand darauf, dass es eine Strafe Gottes sei. Wie dem auch sein mochte, es hatte seit drei Jahren nicht mehr richtig geregnet, und jetzt konnte auch ein tüchtiger Guss die Dinge nicht mehr in Ordnung bringen. Eine Überschwemmung wäre für die erodierte Erde zu viel des Guten.

Auf der Straße, die in die Stadt führte, passierten wir einen langen Konvoi von Journalisten, deren Ausrüstung durch den Staub ruiniert war und die versuchten, das Land zu verlassen. Ein Lastwagen voller Wassercontainer war umgekippt und hatte den Staub in Schlamm verwandelt, und jetzt steckten sie alle in dem grässlichen Morast fest.

Als wir das letzte Mal hier gewesen waren, war Chawdscha-Bahaudin ein verlassenes, rückständiges Nest. Jetzt wurde es von der Aufmerksamkeit der Welt überflutet, als sei der Westen, wie Mutter Natur, nicht in der Lage, einen sanften Dauerregen zu erzeugen. Er brachte entweder Dürre oder Überschwemmung über das Land.

In die Häuser der Mitarbeiter der Hilfsorganisationen, in jedes Amtsgebäude, in alle Ecken und Winkel von Chawdscha-Bahaudin hatten sich Scharen von Journalisten eingenistet. Sie lagen in Schlafsäcken auf dem Fußboden des Gästehauses eines örtlichen Kommandeurs. Andere schwärmten in ihren Geländewagen durch die Straßen der Stadt. Ein amerikanisches Sendernetz hatte sich sogar in der Villa niedergelassen, in der die Schlüsselfigur der Nordallianz, Ahmad Shah Massud, kurz vor dem 11. September von Osama bin Ladens Männern ermordet worden war. Ihre Wände waren von der Explosion immer noch schwarz und rissig.

Chawdscha-Bahaudin lag kurz hinter den Linien der Nordallianz, und unter den Presseleuten brodelte die Gerüchteküche: »Hast du letzte Nacht gehört, wie die B-52er über unsere Köpfe donnerten? Es kann jetzt jeden Augenblick eine Bodenoffensive geben. Sie wollen über die Kampffront stoßen.«

Weil sie den Beginn des Bodenkriegs kaum erwarten konnten, hatten sich einige aus der Journalistenmeute mit kugelsicheren Westen in die Gräben gehockt und vorgetäuscht, dass man sie beschoss. Ein belgisches Fernsehteam erzählte uns, es sei an die Front gegangen, um dieses unverschämte Vorgehen aufzudecken, doch als sie dort angekommen waren, brach eine echte Artillerieschlacht aus. »Es war verrückt«, sagte die Reporterin. »Die Nordallianz begann, ihre Raketen abzufeuern, und die Taliban schossen zurück. Die Granaten schlugen ganz in der Nähe ein. Ich hatte wirklich Angst.« Sie sah mich verwundert und entrüstet an. »Warum haben sie das getan? Ich hatte es doch nicht herausgefordert, von ihnen beschossen zu werden.«

In den Städten erzählte man sich wilde Geschichten über den Inhalt der gelben humanitären Pakete, die die USA als Teil ihrer hastig organisierten Hilfsaktion aus der Luft abwarfen. Die Journalisten behaupteten, dass einige der Beutel Erdnussbutter und Pop Tarts enthielten. Die Einheimischen sollen sich zwar über diese seltsame Kost gewundert haben, aber den Journalisten hat es, wie man hörte, gut geschmeckt.

Wir beschlossen, auf direktem Weg nach Nawabad zu fahren. Dort konnten wir bei John Weaver wohnen, und es lag nur eine halbe Stunde von Mawmaii, dem Dorf der Mädchen, entfernt. In den Lagern von Nawabad war das Grün des Frühlings dem Braun des Herbstes gewichen; das sumpfige Berggras war längst verdorrt, und der Winter stand drohend vor der Tür.

Unter den Flüchtlingen herrschte nervöse Aufregung, neuer Lebensmut. Man sprach von seltsamen Ereignissen: den amerikanischen Hilfspaketen, die vom Himmel fielen. Am Abend zuvor waren die Flüchtlinge zu einer Abwurfstelle geeilt, doch sie wurden von Soldaten der Nordallianz empfangen, die auf sie schossen. Und nun, sagten sie, würde der Inhalt der Päckchen auf dem Basar verkauft.

Einige Familien hoben Gräben aus, bevor der Boden zu hart geworden war – im letzten Winter hatten sie kein richtiges Obdach gehabt, und viele Kinder waren erfroren –, doch die meisten Menschen sahen nicht ein, warum man sich noch solche Mühe machen sollte. Die Amerikaner würden sie retten. In spätestens einer Woche konnten sie alle zurückkehren. Es machte nichts, dass die Taliban ihre Häuser verbrannt hatten. Die Amerikaner würden neue bauen – ebenso wie Straßen und Schulen und Krankenhäuser.

In einem zerlumpten Zelt hockte ein kleines Mädchen auf dem Boden und erbrach sich. Aus seinem Mund tröpfelte gelbe Gallenflüssigkeit. Seine Mutter saß daneben und stützte ihm den Kopf. Alle Kinder waren krank. Sie hatten seit über einem Jahr nicht genug zu essen bekommen, und die Flüchtlinge wussten, dass die Kleinen sterben mussten, wenn die Kälte schlimmer wurde.

Nur ein Wunder konnte sie noch retten. Es war nicht überraschend, dass die Leute hier glauben wollten, dass solch ein Wunder unterwegs war.

Seit unserer letzten Begegnung war Usman zum Mann geworden. Im April hatte er an seiner ersten Schlacht teilgenommen. Bevor er uns nach Mawmaii zurückbrachte, bestand er darauf, uns den Schauplatz seiner Heldentaten zu zeigen. »Es ist nur fünfhundert Meter von einem Posten der Taliban entfernt«, brüstete er sich. »Viel Raketenbeschuss. Kein Journalist wagt sich dorthin.«

Einige Einheimische mit Unternehmungsgeist boten Kriegstouren für Journalisten an. Für zwanzig Dollar brachten ein Pferd und ein Reiseführer die Leute zur Front. Usman besorgte für James und mich Ponys und für sich selbst einen prächtig herausgeputzten Hengst. Sein Fell war honigfarben, die Mähne und der Schwanz flossen wie Milch herab. Während unsere Pferde nur ein Seil als Zügel hatten, waren sein Sattel und Zaumzeug von feinster Qualität. »Das ist ein Buskaschi-Pferd«, sagte Usman stolz und ließ das Tier herumtänzeln, um uns zu beeindrucken.

Wir ritten durch staubige Dörfer und dürre Felder mit verkümmerten Ernten. Usbekische Kinder mit rosigen Wangen in zerlumpten Seidenchapans und Offiziersstiefeln starrten uns mit offenem Mund an. Usman galoppierte in einer Staubwolke vorneweg, während ihn die heimischen Hunde mit wütendem Knurren verfolgten. In einem Dorf feuerte er mit seinem Heckenschützengewehr in die Meute und verfehlte sie.

Als wir auf eine weite, flache Ebene kamen, nahm der

Lärm der Artillerie zu. Dann hörte man das unverkennbare Zischen der Granaten. Instinktiv hielt ich nach Deckung Ausschau. James sagte: »Ich hasse dieses Geräusch.« Es dauerte eine Weile, bis wir realisierten, dass wir uns zwischen den Kampflinien bewegten – und dass die Granaten, die über unsere Köpfe flogen, von der Nordallianz kamen.

»Das ist die *jawab i hukmat* – die Antwort der Allianz«, sagte Usman. Ich gab zurück: »Und auf welche Frage?«, aber er verstand es nicht.

Dann erwiderten die Taliban das Feuer. Wir hörten das scheinbar endlose Wimmern ihrer Raketengeschosse in der Luft, die parallel zu uns auf der rechten Seite vorbeiflogen. Es war ein seltenes Erlebnis, weil wir fast während der ganzen Flugbahn das charakteristische Pfeifen hören konnten, das man gewöhnlich nur sehr kurz wahrnimmt, und nur dann, wenn sie in der Nähe einschlagen. Etwa vierzig Sekunden später krachten die Granaten mit einer dumpfen Explosion in die Stellungen der Nordallianz bei Ay Khanom, vielleicht fünf Kilometer hinter uns.

Ich konnte mich nicht erinnern, wo ich diese seltsame Kombination schon einmal gehört hatte – das lange Wimmern ohne richtige Detonation. Dann fiel es mir ein: So hatte es sich angehört, als vor vielen Jahren das Munitionslager in Islamabad explodiert war.

Wir kamen an einem breiten, schnell fließenden Strom an, der uns bis zur Taille reichte. Unbeirrt schritten die Pferde ins Wasser. Sofort löste sich der erstickende Staub in einer kühlen Brise auf, das Wasser reflektierte das Licht, und die rauschende Strömung übertönte die Geräusche am Ufer. Wir kamen an einem Mann vorbei, der einen Esel antrieb, und an ein paar Fischern, die lachten, während sie ihre Netze auswarfen – eine eigenständige, geheimnisvolle Welt mitten auf dem Fluss.

Als ich hinunterblickte, sah ich, dass das Wasser ein Schwindel erregendes Trompe-l'œil gebildet hatte. Es schien, als ob mein Pferd auf der Stelle treten, als ob die Strömung zweimal so schnell vorbeirauschen und uns für immer flussabwärts statt ans Ufer tragen würde.

Als wir die Anhöhe hinaufstiegen, tauchten unten auf der Straße, die wir gerade verlassen hatten, in der Nähe einer Gruppe von Soldaten der Nordallianz zwei dicke Wolken Artillerierauch auf. Die Männer begannen zu tanzen und zu jubeln. »Sie zeigen, dass sie keine Angst vor dem Tod haben«, sagte Usman.

Ein Mann mittleren Alters kam uns entgegengelaufen. Usman stellte uns vor: »Das ist mein Kommandeur. Kommandeur – nimm die Taschen dieser Leute und trag sie hinauf. Wie entwickelt sich die Schlacht?«

»Alles ist ruhig«, sagte der Kommandeur. »Die Taliban schießen auf uns, und wir feuern zurück.«

Wir gingen an den Gräben der Kampffront entlang. »Wenn man hier seinen Kopf herausstreckt, schießen sie aus dem Hinterhalt«, sagte Usman, aber keiner der Männer duckte sich.

Der Posten, den Usman uns zeigen wollte, lag nur ein paar hundert Meter weiter auf der anderen Seite des Tals. Vier oder fünf dürre Gestalten, Taliban, starrten in unsere Richtung. Mir fiel auf, dass das Leben der Männer in diesen zwei feindlichen Stellungen sehr ähnlich sein musste: Sie kauerten in ihren Gräben, schossen und wurden beschossen. In Usmans erster Schlacht im letzten April hatte die Nordallianz die gegnerische Stellung eingenommen, hundertundfünfzig Taliban getötet (so Usman) und eine Menge Waffen erbeutet. Es kostete sie das Leben vieler ihrer eigenen Männer. Leider antworteten die Taliban ein paar Tage später mit einem Gegenangriff, und jetzt lag die Front wieder dort, wo sie sich vorher befunden hatte. Als ich fragte, was das alles für einen Sinn hätte, schauten mich die Soldaten verständnislos an und sagten: »Das ist Krieg. Hier ist Afghanistan.«

Der jüngste Soldat, der an der Schlacht teilnehmen sollte, sah nicht älter als zwölf aus, aber er hatte schon gelernt, sich wie ein Macho aufzuspielen. »Ich habe brennende Panzer, explodierende Granaten und sterbende Menschen gesehen, Menschen ohne Hände, ohne Augen, ohne Köpfe – na und?«, sagte er.

Ich fragte ihn, was er tun würde, wenn der Krieg zu Ende wäre, und er sagte mit der leiernden Stimme eines Kindes, das seine Lektion gut gelernt hat, dass jeder Mann zu *kar i khud* – seiner eigenen Arbeit – zurückkehren würde, wenn der Frieden gekommen sei. Was war seine Arbeit? Er wusste es nicht. War er zur Schule gegangen? Nein. Konnte er lesen? Nein. Wusste er noch, wie man Landwirtschaft betreibt? Nein, der Bauernhof seiner Familie war schon längst zerstört.

Usman führte uns zur Seite, damit uns sein Kommandeur nicht mehr hören konnte, und sagte: »Dieses Land ist voll von Männern, die nichts weiter gelernt haben, als Krieg zu führen. Sie können sich ihren Lebensunterhalt auf keine andere Art verdienen. Sie haben viele Waffen und werden versuchen, in jedem Fall weiterzukämpfen.«

Als wir zurückkehrten, hatten sich die Männer um ihr Zweiwege-Funkgerät versammelt und lauschten mit verzückten Mienen einem Taliban in der gegnerischen Stellung, der für sie vom nächsten Berg ein schönes Lied sang. James versuchte, diese friedliche Szene zu filmen, aber sobald die Soldaten die Kamera sahen, stellten sie das Gerät aus und huschten durch die Gräben. Mit theatralischen Gebärden spähten sie auf die andere Seite und zielten wild entschlossen mit ihren Waffen auf den Feind, der ihnen kurz zuvor ein Lied gesungen hatte.

Kapitel Zwanzig

Am nächsten Tag brachte uns Usman nach Mawmaii, damit wir die Mädchen suchen konnten. Diesmal wartete am Ufer des Kokscha-Flusses niemand auf uns. Mawmaiis Straßen waren verlassen und staubig wie ein Buch, das man seit langem nicht mehr aufgeschlagen hatte. Es war bedrückend still. Wir konnten das dumpfe Geräusch unserer Schritte hören. Die Lehmhütten waren geplündert, ihre Wände zerbröckelt; die Dächer waren eingefallen, und sogar die Holztüren fehlten. Waren wir zu spät gekommen? Niemand von uns ließ sich seine Angst anmerken, aber wir stapften immer langsamer durch den weichen Sand zum Haus der drei jungen Mädchen.

Unwillkürlich dachte ich an die belaubten Gassen des Dorfs in Kent, wo ich aufgewachsen war. Als ich im Alter dieser Mädchen war, kannte ich auch keine andere Welt als mein eigenes kleines Dorf. Ich fragte mich, ob sie jemals davon träumten, irgendwie von hier wegzukommen.

Ein paar Männer kamen mit schwer beladenen Eseln langsam auf uns zu. Die Köpfe der Tiere und der Männer waren vor Müdigkeit gebeugt. Wir hielten an, wie es Reisende in Afghanistan zu tun pflegen, um sich zu begrüßen und Nachrichten über den Krieg auszutauschen. Einer von ihnen war der Mann, der, mit seinem eigenen Turban gefesselt, auf dem

Hügel gestanden und erklärt hatte, wie er die Leiche seines Bruders gefunden hatte.

Die Menschen verließen Mawmaii, sagte er. Nicht wegen des Kriegs oder des Massakers der Taliban. Sondern weil ihre Ernten zum zweiten Mal in diesem Jahr verkümmert waren. Im Dorf herrschte Hoffnungslosigkeit. Erst am Vortag hatte sich ein Mann im Kokscha-Fluss ertränkt, weil er die hungrigen Augen seiner Kinder nicht mehr ertragen konnte.

Diese Männer hatten sich über die Front nach Taloqan geschlichen, das von den Taliban gehalten wurde. Sie waren zu Fuß nachts über die Berge gewandert, trotz der Landminen und der Taliban. Jetzt waren die Tragekörbe ihrer Esel mit Bratöl und Pepsi-Cola gefüllt, die sie auf dem Markt in Nawabad verkaufen wollten. Davon konnte man nicht leben, aber was sollten sie sonst machen? »All diejenigen, denen noch etwas Geld oder ein bisschen Mut geblieben ist, haben Mawmaii verlassen«, sagte er.

Wir fragten sie, ob die Mädchen noch hier waren, aber sie wussten es nicht. Sie hatten ihre eigenen Probleme. Als wir uns verabschiedeten, dachte ich darüber nach, ob die weite Reise, die wir unternommen hatten, um diese Menschen zu finden, umsonst gewesen war.

Wir trafen Fairuza, Amina und Fawzia genau dort an, wo wir sie verlassen hatten. Sie saßen in dem Hof, in dem man vor ihren Augen ihre Mutter umgebracht hatte. Sie hatten Angst, ihn zu verlassen, weil sie fürchteten, dass draußen Soldaten im Hinterhalt liegen und auf sie warten könnten.

Es war sehr heiß an diesem Tag. Die Sonne brannte auf den Lehmboden und prallte von den hohen Wänden ab, die schützend auf drei Seiten standen. Das Haus der Familie riegelte die vierte Seite ab. Dieses Viereck aus rissigem, ausgetrocknetem Lehm und dieses zweizimmrige Haus waren ihre ganze Welt.

Das überwältigende Gefühl von Leid hatte sich verflüchtigt. Der Hof schien leerer zu sein. Es gab keine Hühner mehr, die auf der Erde herumpickten, keine Ziege, die an einem Pfahl angebunden war, und selbst der winzige Gemüsegarten war verdorrt. Auch das Haus wirkte kahler, als ich es in Erinnerung hatte. Beim letzten Mal hatten überall bunte Decken auf dem Boden gelegen, doch jetzt war hier nur noch die gleiche festgestampfte Erde wie im Hof zu sehen.

Die Familie war sehr arm geworden, weil die Mädchen immer noch Angst hatten, allein zu bleiben. Das bedeutete, dass ihr Vater keine Waren aus Taloqan schmuggeln konnte, um Geld zu verdienen, und so hatten sie, Schritt für Schritt, alles verkauft, was sie besaßen. Ingesamt waren sieben Kinder zu ernähren – neben den drei Mädchen gab es noch vier jüngere Brüder und Schwestern im Alter von ungefähr zwei bis sieben Jahren.

Die Mädchen betraten wortlos das Haus und setzten sich eng zusammengedrängt hin. Meine Anwesenheit schüchterte sie ein. Ich sah sie an und suchte nach einer Art von Verbindung zwischen uns. Ich dachte, dass sie sich erst dann öffnen würden, wenn wir einen Weg fänden, uns näher zu kommen.

An der Wand hing ein Foto. Es war vermutlich bei einer Familienfeier aufgenommen worden, in den siebziger Jahren, bevor die Sowjets das Land überfielen und die Katastrophe über Afghanistan hereinbrach. Die Männer trugen westliche

Kleidung und Schnauzbärte, die Frauen waren unverschleiert. Alle waren sehr jung und sahen so unbeschwert aus, wie ich es heute bei Afghanen nur selten beobachten konnte. Ich blickte von den verschleierten Mädchen über die hungrigen Gesichter der kleinen Kinder auf den Hof mit seinem leeren Pfahl und versuchte, sie und das Bild in Einklang zu bringen. Aber es gelang mir nicht.

Ihr Vater deutete auf eine Frau auf dem Foto und sagte: »Das war meine Frau, die man getötet hat, und das bin ich.« Er sah meine überraschte Miene und fügte hinzu: »Ich bin kein alter Mann, wissen Sie. Ich bin erst vierzig – mein Bart ist durch den Krieg grau geworden.«

Die Frau auf dem Bild hatte ein ausdrucksvolles, ebenmäßiges Gesicht und schaute direkt in die Kamera. Ihr Blick war gelassen und herausfordernd. Ich konnte mir gut vorstellen, dass sie ein Mensch war, der den Taliban Widerstand leisten würde. Als ich Fairuza ansah, verspürte ich in ihr den gleichen Geist, unterdrückt, aber noch lebendig. Ich fragte sie, was sie sich wünsche, und wieder hörte ich diese klare, melodische Stimme: »Wir haben Krieg und Revolution erlebt. Wir wollen nur, dass in unserem Land wieder Frieden herrscht.« Traurig blickte sie ihre beiden Schwestern an. »Bis dahin werden wir unser Leid still und leise ertragen. Wir werden weiter leiden und schweigen.«

Dieses Kind war bemerkenswert – irgendwie rein und stark. Sie hatte noch nicht aufgegeben. Wenn sie jetzt nur eine kleine Chance bekäme, könnte aus ihr alles Mögliche werden – Lehrerin, Botschafterin, einfach alles. Und dann fiel mir ein, wie ich ihnen helfen konnte. Ich würde einen Weg finden, sie in die Schule zu schicken.

Fairuza gefiel die Idee. »Ich weiß, dass Menschen, die zur Schule gehen, viel lernen und große Dinge tun«, sagte sie. Dann hielt sie inne und sah mich mit dem gelassenen, offenen Blick an, den ich auf dem Foto ihrer Mutter wahrgenommen hatte. »Aber hier in der Gegend gibt es keine Schule. Wo sollen wir denn etwas lernen?«

John Weaver meinte, dass keine verantwortungsbewusste Hilfsorganisation eine Schule in Mawmaii bauen würde, solange das Dorf an der Front lag – was im Grunde bedeutete, solange wie sich Afghanistan im Krieg befand. Doch dann erzählte er uns, dass er durch einen ungewöhnlichen Zufall gerade eine Mädchenschule in Nawabad gegründet hatte, nur ungefähr vierzig Minuten Fahrzeit von Mawmaii entfernt.

Als wir die Schule besuchten, kamen die Mädchen gerade zum Unterricht an. Sie flatterten wie ein farbenfroher, kreischender Vogelschwarm durch die Tore. Alle trugen die gleichen bunten Tücher, die Fairuza, Amina und Fawzia so verstört um sich geschlungen hatten; doch diese Kinder rannten herum, kreischten und rempelten sich an, und ihre Schleier wehten hinter ihnen her wie prächtige Federn.

Die Schulleiterin war eine große Frau im mittleren Alter, die niemals schön gewesen sein konnte. Aber wenn sie von ihren Mädchen sprach, leuchtete ihr Gesicht auf. »Die meisten der Mädchen, die Sie hier sehen, leben in Flüchtlingslagern«, sagte sie. »Sie haben ein sehr schweres Leben. Wenn es kalt ist, müssen sie zum Beispiel Lehm mit Wasser mischen, um ihre Zelte vor dem Regen zu schützen. Sie sind viel zu jung für diese Arbeit, ihre Hände sind noch so klein und zart.«

Sie zeigte uns, wie die Mädchen auf dem Betonfußboden saßen und sich zu viert oder fünft ein Lehrbuch teilten. In einer Klasse wurde ein Text aus dem »Mathnawi« von Dschaladdin Rumi gelesen, und ich blieb stehen, um der schönen persischen Sprache einer Fabel zu lauschen, die mir gut bekannt war:

> Ein Kaufmann hielt in einem Käfig einen Papagei gefangen. Eines Tages fragte er, ob er ihm ein Geschenk aus Indien mitbringen solle, der Heimat des Vogels. »O bitte, könntest du wohl meine Verwandten im Dschungel besuchen und ihnen sagen, dass ich hier gefangen bin«, sagte der Papagei. Doch als der Mann von seiner Reise zurückkehrte, berichtete er: »Ich fürchte, ich habe schlechte Nachrichten. Ich stand im Dschungel und rief den Papageien dort zu, dass du bei mir in einem Käfig lebst. Einen deiner Verwandten muss der Schock umgebracht haben, denn er stürzte vom Baum und fiel zu meinen Füßen nieder.«
> Sobald er diese Worte hörte, ließ sich der Papagei des Kaufmanns stocksteif auf den Boden seines Käfigs fallen. Betrübt nahm der Mann seinen toten Liebling auf und legte ihn auf das Fensterbrett. Doch als der Papagei die Freiheit spürte, erholte er sich und flog davon.

Mein Herz fühlte mit Amina, Fairuza und Fawzia, Gefangene in ihrem eigenen Käfig in Mawmaii. Und dann begann die Schulleiterin in einer Weise zu sprechen, wie ich es noch von keiner Frau in Afghanistan gehört hatte: »Die Mädchen in meiner Klasse träumen davon, Ärztinnen oder Ingenieurinnen oder sogar Journalistinnen zu werden. Ich bringe ihnen bei, dass sie, wenn sie erwachsen sind, versuchen müssen, unser unterentwickeltes Land, in dem Frauen keine Rolle spielen, zu verändern. Afghanische Frauen sind mutig – sie lassen sich nicht unterkriegen, so schwer es auch im Augenblick für sie ist. Wir sind optimistisch und blicken voller Hoffnung in die Zukunft.«

Die Schule war um einen Hof herum gebaut, der vom dissonanten Lärm der Übungen widerhallte, die die Mädchen aus jedem Klassenzimmer brüllten. Dort verweilte ich eine Zeit lang und lauschte mit geschlossenen Augen. Der staubige Hof verschwand, und ich stellte mir vor, dass ich in einem kühlen, dunklen Urwald stand, wo Abertausende bunter Vögel von den Bäumen herabstießen, sangen und vor Freude kreischten.

Kapitel Einundzwanzig

In den achtziger Jahren war ich mit einer Gruppe deutscher Mitarbeiter einer Hilfsorganisation unterwegs, die gehört hatten, dass in einem unzugänglichen Teil Nordafghanistans die Cholera ausgebrochen sei.

Sie beluden Kamele mit dem lebensrettenden Impfstoff. Wir selbst ritten die ganze Strecke auf Pferden, damit wir schneller vorankamen. Obwohl es ein Einsatz war, der über Leben oder Tod entscheiden konnte, war die Reise idyllisch. Meine Stute hatte ein Fohlen, das neben uns hertrabte, weil es zu jung war, um allein zurückzubleiben. Es war Frühling, und von den Bergflanken rauschten die Flüsse herab, während kleine Kinder auf den Abhängen spielten. Mir ging durch den Sinn, dass dieses Land viele Touristen anziehen müsste, wenn es hier endlich Frieden gäbe. Ich wollte anhalten und mich ein wenig neben einem Wasserfall ausruhen – es war so schön, und das Fohlen war erschöpft vom Laufen –, doch die Deutschen ermahnten mich mit strenger Miene, dass es auf jede Sekunde ankäme. Wenn sich die Krankheit verbreitete, würde sie ganze Gemeinden auslöschen. Es blieb keine Zeit, neben Wasserfällen zu verweilen.

Die Mitarbeiter der Hilfsorganisation genossen die Reise nicht. Sie hielten sich mit Salamischeiben aufrecht, die sie mitgebracht hatten, und beklagten sich über die vagen Angaben unserer Führer. Man hatte uns gesagt, dass wir unser Ziel in einer Woche erreichen könnten, aber diese Information war wie gewöhnlich hoffnungslos irreführend. Es dauerte zehn Tage, bis wir schließlich ganz erschöpft in das Dorf kamen, wo die Krankheit angeblich ausgebrochen war.

Die Dorfbewohner begrüßten uns begeistert und überrascht. Alle waren wohlauf. Es hatte nie eine Epidemie gegeben, es handelte sich nur um eines dieser afghanischen Gerüchte. Die Deutschen wollten nicht über Nacht bleiben. Also packten wir unseren Impfstoff ein, bestiegen unsere Pferde und ritten nach Haus.

Ein Jahrzehnt danach gesellte ich mich nun auch zu jener Fraktion des Westens, die diese Art von gezielter Hilfe befürwortete. Ich wollte drei junge Mädchen retten; die USA und ihre Verbündeten strebten nach einer Lösung für ganz Afghanistan. So wie ich hatten sie ein Problem erkannt und wollten es jetzt in ihrem Sinne regeln. Jeden Tag dröhnten amerikanische Jets durch die Luft mit dem Ziel, Osama bin Laden aufzuspüren und die Taliban zu besiegen. In jeder Nacht warfen ihre Flugzeuge Lebenmittel ab, um dem notleidenden afghanischen Volk zu helfen. Ich nahm sie kaum wahr. Ich hatte eine eigene Mission und wollte sie so schnell wie möglich zu Ende bringen.

Während all der Aufregung um die Pakete aus der Luft und den Beginn eines Bodenkriegs hatte John Weaver unbeirrt an seinen eigenen kleinen Hilfsaktionen festgehalten. Ich hatte das unbestimmte Gefühl, dass er sich auf dieser unseligen Cholera-Expedition an dem besagten Wasserfall aufgehalten hätte oder zumindest eine Weile in dem Dorf geblieben wäre.

Eines Morgens jedoch hörte ich beim Aufwachen, wie John, den so leicht nichts aus der Ruhe bringen konnte, wütend etwas auf Dari in das Funkgerät brüllte. Am Tag zuvor waren einige hundert Flaschen Bratöl aufgetaucht, mit der dringenden Anweisung, einen Vorrat für vier Monate an die bedürftigsten Familien auszugeben. Doch als John die Flaschen näher in Augenschein nahm, sah er, dass das Verfallsdatum des Öls in einem Monat ablief.

Die unbekannte Person am anderen Ende der Leitung musste vorgeschlagen haben, dass er es trotzdem verteilte – schließlich waren sie nur Flüchtlinge –, denn John rief zornentbrannt aus: »Das kann ich nicht machen. Das Verfallsdatum ist schon einmal verlängert worden. Das Öl ist nicht mehr brauchbar. Was ist, wenn jemand – Gott behüte – krank werden sollte? Wie könnten wir damit leben?« Doch als er das Funkgerät zurücklegte, konnte ich an seinem Gesichtsausdruck erkennen, dass er dieses Öl nicht wegwerfen würde. Für die ärmsten Familien konnte ein Tropfen Öl in diesem Winter über Leben oder Tod entscheiden.

Also schmiedete er einen Plan. Er beschloss, einen Ölvorrat für nur einen Monat an eine viel größere Zahl von Familien auszuhändigen, als ursprünglich vorgesehen war. Er wusste, dass es die ärmsten Familien sofort verbrauchen würden, weil sie so wenig hatten. Aber sein Vorhaben war nicht einfach durchzuführen. Die Menschen hatten keine Nahrungsmittelkarten, und John musste einen Weg finden, die Familien davon abzuhalten, sich zusätzliche Ölflaschen zu besorgen, um sie zu horten.

Am nächsten Tag fuhren wir im Morgengrauen auf das Feld, wo das Öl verteilt werden sollte, und erblickten eine große, weiße Staubwolke – ein bewegtes Meer. Witwen flitzten in gebauschten Burkas wie Segelboote vor dem Wind über das Gelände, alte Männer trieben ihre Esel mit der Peitsche an; barfüßige Jungs rannten durch die Menge, kleine Mädchen schleppten noch kleinere Kinder hinter sich her. Hunderte – vielleicht auch Tausende – von Menschen warteten schon auf uns, und mit jeder Sekunde wurden es mehr.

Über Nacht hatte John Botschafter in die Lager der Vertriebenen und in ausgewählte Dörfer geschickt. Er hatte Listen von den ärmsten Familien erhalten, aber aus dem Umkreis von mehreren Meilen waren alle ohne Ausnahme erschienen.

Schon der Anblick dieser gewaltigen Menge erschöpfte mich. Mit dieser Aufgabe hatte sich John sicherlich übernommen. Wir kletterten hinten auf den Lastwagen, der mit Öl beladen war. Der Staub hüllte uns selbst auf dieser Höhe ein. John begann, aus einer Liste Namen vorzulesen. Jeder Name, den er aufrief, führte zu einem Tumult. Raufereien brachen aus, weil immer mehrere Leute behaupteten, der Glückspilz zu sein. Inzwischen riefen einige aus der Menge hoffnungsvoll ihren eigenen Namen, während sich andere verzweifelt bemühten, die Antworten auf Johns Fragen zu erraten.

»Wie heißt dein Vater?«

»Abdullah!«

»Nein.«

Dann trat ein anderer Mann vor. »Noor.«

»Nein«, und so ging es weiter.

Während dieses Durcheinanders bewies John eine Engelsgeduld. Mit seinem blonden Bart und den blauen Augen sah er inmitten der Menge tatsächlich wie ein Prophet aus alten Zeiten aus, der eines seiner alltäglichen Wunder vollbrachte.

Die Flüchtlinge erzählten uns, dass es letzte Nacht einen weiteren Fallschirmabwurf der USA gegeben habe. Die Hilfspakete landeten auf einem einsamen Berghang, wo ein Mann gerade auf der Jagd war. Der Glückliche lud sich mehr als zweihundert Päckchen auf seinen Esel und versteckte sie irgendwo.

John versuchte, sich diplomatisch zu verhalten, wenn es um die amerikanischen Hilfsaktionen ging, aber es war klar, dass es ihn frustrierte, wenn er sah, wie diese Beute direkt in die Arme von Soldaten und Glücksrittern fiel, während er darum kämpfte, dass ein paar Flaschen altes Bratöl die Menschen erreichten, die es am nötigsten brauchten. »Wenn sie mir diese Pakete geben würden, könnte ich sie bestimmt besser verteilen – und billiger«, sagte er.

In all diesem Chaos erkannte mich einer der Flüchtlinge wieder. Ich hatte wahrscheinlich mit ihm gesprochen, als ich vor sechs Monaten hier war, und er erinnerte sich nach dieser langen Zeit immer noch an meinen Namen und meine Herkunft. Er erzählte allen von mir, die Kinder riefen »Saira! Saira!«, und bald war ich von Menschen umringt.

»Dein Vater stammt aus Paghman?«, riefen die Flüchtlinge. »Dann bist du ja eine Landsmännin! Und woher kommt deine Mutter? Wie heißt dein Vater? Das ist doch ein afghanischer Name!«

Zuerst wehrte ich ab und erklärte, dass ich nur zur Hälfte aus Afghanistan stammte, aber sie ließen nicht locker. »Nein,

nein. Dein *Vater* kommt aus Paghman. Das macht dich zu einer ganzen Afghanin. Das hier ist deine Heimat.« Sie waren außer sich vor Freude und stolz darauf, eine afghanische Frau zu sehen, die dort oben auf dem Lastwagen stand und Hilfsgüter verteilte. Meine Augen füllten sich mit Tränen. Als sie sich endlich beruhigten, sagte James spitzbübisch: »Sie kommt wirklich aus Paghman.«

»Paghman!«, schrien die Flüchtlinge abermals. »Aber das ist ja in Afghanistan! Sie ist eine Afghanin!« Und das Ganze fing wieder von neuem an.

Wir hielten uns nicht lang an dem Ort auf, wo John Lebensmittel verteilte, weil ich gleich nach Mawmaii weiter wollte. Ich wusste nicht, ob die Mädchen jeden Tag zur Schule fahren oder lieber nach Nawabad umziehen wollten, aber ich war mir sicher, dass ich, wenn nötig, die wenigen Habseligkeiten der Familie zusammenpacken und sie noch am selben Tag mit dem Floß über den Kokscha bringen könnte.

Wir schritten zuversichtlich durch den Staub von Mawmaii. Der Vater der Mädchen hatte mir versichert, dass er seine Töchter gern zur Schule schicken würde; er glaubte allerdings nicht, dass wir es ermöglichen konnten. Wir lächelten uns verstohlen an, als wir daran dachten, wie dramatisch wir das Leben dieser einzelnen Familie verändern würden.

Ich konnte meine Erregung kaum zügeln, als ich dem Vater der Mädchen von der Schule in Nawabad erzählte. Doch statt vor Freude in die Luft zu springen, sah der alte Mann verwirrt und besorgt aus.

»Ich bin schon einmal in Nawabad gewesen«, sagte er. »Das ist ein anderes Land.«

Auf einmal erkannte ich, dass die Stadt, die für mich bloß eine halbe Stunde entfernt lag, für ihn eine fremde und erschreckende Welt war. Man konnte von ihm nicht erwarten, die Reise jeden Tag zu machen. Er hatte nicht einmal ein Auto, und selbst wenn wir ihm eines zur Verfügung stellten, würden es die Soldaten beschlagnahmen. Außerdem konnte er gar nicht fahren. Dazu gab es noch viele andere Schwierigkeiten, an die ich überhaupt nicht gedacht hatte. »Die Mädchen leben in *purdahl*, in Geschlechtertrennung – wie sollen sie mit einem Floß fahren, auf dem Männer sind?«, fragte er.

Ich erzählte ihm, dass der Fernsehsender, für den wir arbeiteten, die Transportkosten, den Lebensunterhalt und die Miete für ein zweites Haus in Nawabad bezahlen würde. Er konnte jederzeit nach Mawmaii zurückkehren. Der alte Mann schüttelte den Kopf. Wenn sie ihr Haus verließen, selbst nur für ein paar Tage, würden sie riskieren, es zu verlieren. Es würde geplündert oder zerstört werden, wie die anderen verlassenen Häuser im Dorf. Bei diesem Gedanken sah er wieder so verloren aus wie zu dem Zeitpunkt, als wir ihm zum ersten Mal begegnet waren.

»Ich kann mein *qom* nicht verlassen – meine Sippe. Sie sind alle hier in diesem Dorf. Im Winter, wenn wir Brennholz brauchen, können wir uns immer auf die Hilfe der Nachbarn verlassen. In Nawabad werden wir unser ganzes Leben lang Fremde bleiben.«

Er blickte sich in dem Haus mit den Lehmwänden um und suchte nach einem Weg, es mir zu erklären. »Wir haben dieses Haus eigenhändig gebaut und das Wasser in Eimern vom Fluss heraufgetragen«, sagte er. Das ist unsere Heimat.«

Nach einer Weile ließ ich die Hoffnung fahren, dass ich den alten Mann überzeugen konnte, Mawmaii zu verlassen, und konzentrierte mich darauf, seine Töchter von hier loszukriegen. Bald hatte ich mir einen neuen Plan ausgedacht: Ich schlug vor, dass wir uns eine vertrauenswürdige Frau suchen sollten, die sich um die Mädchen kümmerte – vielleicht die Schulleiterin. Dann könnten sie in der Woche in Nawabad bleiben und an den Wochenenden zu ihrem Vater zurückkehren.

Je mehr ich mich ins Zeug legte, desto stärker drückten seine Augen Verwirrung und Misstrauen aus. Die Diskussion bewegte sich im Kreis, und der alte Mann legte meinen Argumenten ständig Steine in den Weg. Vielleicht kam es ihm seltsam vor, dass ich so viel Anteil am Schicksal seiner Töchter nahm. Aus welchen Motiven auch immer, er widersprach jedem Vorschlag, den ich machte, bis allmählich deutlich wurde, dass er die Mädchen überhaupt nicht zur Schule gehen lassen wollte.

Usman sagte: »Das Problem ist, dass er nicht zur Schule gegangen ist; vielleicht macht er solche Schwierigkeiten, weil er nicht will, dass seine Töchter gebildeter werden als er selbst.«

Schließlich sagte der alte Mann, dass er die Mädchen – nach dem Tod seiner Frau – für die Hausarbeit und die jüngeren Kinder bräuchte. Was er wirklich wolle, sagte er, sei eine Frau, die die ersetzte, die er verloren hatte. Wenn wir ihm das Geld gäben, um sich eine neue Frau zu kaufen, dann würde er es sich vielleicht – aber auch nur vielleicht – überlegen, die Mädchen in die Schule zu schicken.

Wir riefen unsere Produktionsfirma an. Es war nicht das

Geld, um das es ging – wir hatten freie Hand, die Familie umzusiedeln, einen Lehrer anzustellen oder eine Schule zu bauen –, aber es kam überhaupt nicht in Frage, sich daran zu beteiligen, eine Frau zu kaufen.

Zwei Seelen wohnen, ach, in meiner Brust, und in diesem Augenblick wurde mir klar, dass sie sich wahrscheinlich nie versöhnen lassen. Ich bewundere meinen Vorfahren, Jan Fishan Khan, weil er das Rote Fort eingenommen hat, aber ich trauere um den Verlust seiner Söhne. Ich liebe die unergründlichen Stimmen im Radio, aber ich verstehe nie, was sie sagen. Ich hatte versagt. Afghanistan hatte mich verwirrt, ebenso wie es den Westen immer verwirrt hat.

Langsam gingen wir zum Kokscha-Fluss zurück. Auf unserem Weg umklammerte ein kleines Mädchen, nicht älter als drei oder vier, einen gelben Plastikbeutel, der die Aufschrift trug: »Humanitäre Hilfe – ein Geschenk des amerikanischen Volkes«. Er war offenbar von einem Flugzeug abgeworfen worden. Mich plagte die Neugierde, ob die Geschichten von den Amerikanern, die Pop Tarts und Erdnussbutter abwarfen, der Wahrheit entsprachen. Plötzlich musste ich unbedingt wissen, was in dem Beutel war. Doch als ich meine Hand ausstreckte, um einen Blick hineinzuwerfen, hielt das Kind mit all seiner schwachen Kraft seine Trophäe fest.

Ich war nicht in der Stimmung aufzugeben. Es konnte doch nicht schwer sein, dachte ich, den Beutel mit Gewalt zu nehmen. Eine Weile zogen wir mit ungleichen Kräften hin und her. Es muss ein komischer Anblick gewesen sein, wie eine Erwachsene in der westlichen Uniform für kaltes Wetter – gefütterter Jacke, Goretex-Stiefeln und spezieller Bergausrüstung – mit einem fünfjährigen Mädchen kämpfte, das mit Lumpen bekleidet war. Keiner von uns wollte nachgeben. Einige Soldaten, die vorbeikamen, lachten über uns und lösten die Finger des Kindes.

Doch als ich den Beutel öffnete, sah ich, dass die Rationen verschwunden waren. Die Eltern hatten den leeren Behälter auf dem Markt gekauft, und das Mädchen benutzte ihn, um Brennmaterial zu sammeln. Er war voller Ziegendung.

Am Flussufer hielt sich ein großer, geistesgestörter Mann auf, der herumhüpfte und uns verspottete, als wir das Floß bestiegen. Es schien ein passender Abschied von den Menschen in Mawmaii zu sein.

Als wir Nawabad erreichten, war John gerade von seinem Ölgeschäft zurückgekehrt. Er war schmutzig und staubig und sah völlig erschöpft aus. Doch der Glanz in seinen Augen verriet mir, dass er es geschafft hatte. Er hatte dafür gesorgt, dass jede einzelne Flasche Öl in die richtigen Hände kam.

Ich erzählte ihm, wie der alte Mann unsere Hilfe abgelehnt hatte, wie er darauf bestanden hatte, dass er die Mädchen für die Hausarbeit bräuchte, und sogar von uns verlangt hatte, dass wir ihm eine Frau kauften. Ich erwartete, dass John genauso empört reagierte wie ich. Aber er sagte auf seine bedächtige Art nur: »Wenn ihr Vater wieder heiraten würde, bekämen diese Kinder wahrscheinlich eine Mutter. Es scheint mir, dass der alte Mann vor allem eine Frau braucht.«

An unserem letzten Abend lud uns Usman zu einer anspruchsvollen Dinnerparty im westlichen Stil ein. Er wollte, dass alles perfekt war. Wir sollten nicht vor halb sieben ankommen – genau wie es im Westen üblich war.

Noor, unser Fahrer, war entsetzt. »Ich kann so spät am

Abend nicht fahren, weil es mir mein Arzt verboten hat«, sagte er.

Aber wir wollten Usman nicht enttäuschen. Noor fuhr unbekümmert drauflos. Die Räder des Datsun wirbelten hohe Staubwolken auf. Im Scheinwerferlicht sahen sie wie Schneeschauer aus.

An einer Straßensperre hielt uns ein Soldat an. »Es ist doch schon dunkel«, sagte er fassungslos. »Zeit zum Schlafengehen. Dein Freund liegt bestimmt schon im Bett.«

Bei unserer Ankunft war Usmans Haus tatsächlich schon verschlossen. Ein alter Mann rieb sich den Schlaf aus den Augen, als er das Tor öffnete. Es hatte einen Notfall gegeben: Usman war unterwegs, um einen Arzt für einen kranken Verwandten zu holen. Wir sollten in seinem Gästezimmer warten. Mit einem triumphierenden Seitenblick folgte uns Noor ins Haus und legte sich auf einem Haufen Kissen schlafen.

Wir warteten eine Stunde. Als wir gerade aufbrechen wollten, kam Usman erschöpft nach Hause. Er war überrascht, aber heilfroh, dass er uns noch antraf. Er kramte in einem Blechkoffer herum und holte eine raubkopierte Kassette mit westlicher Musik heraus. Um die richtige Atmosphäre zu erzeugen, fummelte er an der Sturmlaterne herum. Eine Zeitlang drehte er sie größer und kleiner und beobachtete die Wirkung. Unsere Blicke trafen sich, und ich sah ein kurzes Aufflackern von Unsicherheit in seinen Augen, bevor er die Lampe mit der Gebärde eines Mannes, der nicht kleinlich sein wollte, um den richtigen Effekt zu erzielen, kurz entschlossen auf die unterste Stufe herunterdrehte.

In der nächsten halben Stunde saßen wir im Dunkeln und

hörten pakistanischen Versionen von Ibiza House Music zu. Das Gespräch verlief schleppend: James und ich fragten uns, wann wir mit Anstand gehen konnten. Usman sah aus wie ein Mann, dessen Traum ihm unter den Händen zerrann.

Seine Frau brachte uns das Abendessen. Sie stand schüchtern vor der Tür und reichte Usman die Gerichte, ohne dass man sie sehen konnte. Er sprang auf und ging hinaus. Ich gewann den Eindruck, dass er sie bat, die Gesetze der *purdah*, der Geschlechtertrennung, zu brechen und uns Gesellschaft zu leisten, um den Abend zu retten. Fünf Minuten später kam er allein zurück.

Dann begann er – wie wenn er sich für etwas entschuldigen müsse – zu erzählen, wie er sich verliebt hatte:

»Der Vater meiner Frau war gegen die Verbindung«, sagte Usman. »Wir durften nicht miteinander sprechen und schrieben uns heimlich Briefe. Ihre kleine Schwester hat sie überbracht. Zwei volle Jahre lang hatten wir eine reine Briefbeziehung. Wir verhielten uns wie normale Paare, hatten keine Geheimnisse und redeten über Gott und die Welt. Manchmal stritten wir uns sogar. Dann versöhnten wir uns wieder und sandten uns gegenseitig Küsse.

Eines Tages sagte meine Mutter zu mir: ›Du musst begreifen, dass ihr Vater einer Heirat niemals zustimmen wird.‹ Ich war so unglücklich, dass ich eine Woche lang weinte. Meine Eltern schickten mich nach Tadschikistan, doch ich wurde krank, weil ich immerzu an sie dachte und mich fragte, ob sie sich mit einem anderen verloben würde. Ich wusste, dass es mein Tod wäre, wenn ich sie nicht heiraten könnte.

Als ich wieder zu Hause war, überredete ich sie, sich heimlich mit mir zu treffen. Wir picknickten auf einer Wiese.

Doch hier ist Afghanistan. Ein Schäfer sah uns allein zusammen und nahm an, dass ich sie verführen wollte. Er ging nach Haus, holte sein Gewehr und sagte, indem er es auf mich anlegte: ›Wer bist du, und wer ist diese Frau?‹

Ich erhob mein Gewehr und sagte: ›Das ist meine Freundin.‹

›Deine Freundin? Bist du Kommunist? Dafür werde ich dich erschießen.‹

Da standen wir nun, mitten auf dem Feld, und zielten aufeinander. Niemand wollte seine Waffe zuerst niederlegen.

Dann hatte ich plötzlich das Gefühl, als sei mir ein Licht aufgegangen. Ich warf mein Gewehr zu Boden und sagte: ›Erschieß mich, wenn du willst – du wirst mir einen Gefallen tun, weil ich es vorziehe zu sterben, wenn ich diese Frau nicht heiraten darf. Liebe ist nicht nur ein Wort, sie verändert dich für immer. Ich liebe diese Frau und bin zu jedem Opfer bereit.‹«

Ich hatte Usman noch nie so sprechen hören, und jetzt sah ich, dass ihn das bloße Reden über die Liebe verändert hatte. Im schwachen Licht der Sturmlaterne hatte sein Gesicht den draufgängerischen Ausdruck verloren; es war weich und beseelt geworden. Ich schaute zu Noor hinüber, der immer noch schlief. Auch seine Härte hatte sich im Schlaf aufgelöst. Friedlich auf dem Boden zusammengerollt, sah er aus wie ein verträumter Hippie. Ich war so damit beschäftigt gewesen, die drei Mädchen zu retten, dass ich keinen Gedanken an diese Machos verschwendet hatte. Jetzt fragte ich mich, was unter ihrer harten äußeren Schale verborgen lag. Was für ein Leben sie sich gewählt hätten, wenn sie in Frieden aufgewachsen wären.

Usman schien den Eindruck zu haben, dass der Abend noch nicht verloren sei. Er kramte wieder in seinem Koffer und holte einen Schatz heraus: eine Flasche Whiskey – Schmuggelware aus Tadschikistan. Dann erzählte er mir, weil ihn das Thema der Liebe nicht losließ, eine Geschichte:

Es war einmal eine Frau, die drei Freier hatte. Bevor sie sich für einen von ihnen entscheiden konnte, wurde sie krank und starb. Einer der jungen Männer zog in die Welt hinaus und schwor, einen Weg zu finden, sie ins Leben zurückzurufen. Der zweite tröstete ihren alten Vater. Der letzte warf sich auf ihr Grab und rührte sich nicht mehr von der Stelle.

Nun begab es sich, dass der in der Welt herumwandernde Freier einen weisen Mann rettete, der in einen Brunnen gefallen war. Der Weise wusste, wie man eine Salbe herstellte, die die Toten zum Leben erweckte. Aber dazu brauchte er die Wurzel eines bestimmten Baumes, der von einem grausamen Ungeheuer bewacht wurde. Der junge Mann besiegte das Monster und nahm sich die Wurzel; er bereitete die Salbe zu, rieb den Körper der Frau damit ein und erweckte sie zum Leben.

Jetzt bedrängten die drei Freier die Dame und baten um ihre Hand.

»Ich habe deinen Vater in seinem Kummer getröstet«, sagte der erste junge Mann.

»Ich lag auf deinem Grab und verzehrte mich vor Liebe«, sagte der zweite.

»Aber ich habe die Salbe gefunden, die dich gerettet hat«, sagte der dritte.

Die Frau sagte: »Der Freier, der sich um meinen Vater gekümmert hat, war für ihn wie ein Sohn. Derjenige, der die Salbe gefunden hat, ist ein Menschenfreund. Aber der Mann, der sich weinend auf mein Grab legte, als es keine Hoffnung mehr gab – dieser Mann hat sich wie mein Geliebter verhalten, und nur ihn werde ich heiraten.«

Früh am nächsten Morgen verließen wir Afghanistan. Usman begleitete uns zum Abschied. James und ich sprachen auf dieser kurzen, staubigen Reise an die nördliche Grenze von Afghanistan kein Wort. Wir fühlten uns so erstickt und bedrückt wie die holprige Straße, die vor uns lag.

An dem baufälligen Grenzposten schaute der Beamte mehrfach auf meinen Pass und sagte: »Aber das ist ein afghanischer Name. Kommen Sie aus Afghanistan?« Ich erzählte ihm, dass mein Vater aus Paghman stamme, und fügte, um ihn von den üblichen stürmischen Begrüßungen abzuhalten, barsch hinzu: »Aber *ich* komme aus Großbritannien. Ich bin aus dem Westen.«

James, Usman und ich standen verlegen am Ufer des Oxus-Flusses herum. James beobachtete, wie das eiserne Pontonboot langsam auf uns zufuhr. Usman starrte sehnsüchtig über das Wasser auf die hellen Lichter Tadschikistans auf der anderen Seite.

Meine eigenen Gedanken waren bitter. Ich erinnerte mich daran, dass während meiner ganzen Kindheit eine Fahne an der Wand meines Schlafzimmers hing. Nicht die des heutigen Afghanistans, sondern die alte königliche Standarte – das Sinnbild eines Staates, den es nicht mehr gab. Sie strotzte vor

Symbolik: schwarz für die Familie des Propheten, rot für das Blut unserer Märtyrer und grün für den Islam. Wenn ich mich nur einmal gefragt hätte, wo mein Afghanistan – das Land, für das ich zwei Kontinente durchquert hatte – wirklich lag, hätte ich mir viel Mühe ersparen und auf diese Flagge zeigen können.

Was das reale Afghanistan betraf, so hatte ich angenommen, dass ich mit ihm beliebig umspringen könnte, dass ich mir aussuchen konnte, wen ich retten wollte. Ich hatte es nicht einmal geschafft, drei Mädchen in die Schule zu schicken. Liebe, hatte Usman gesagt, bedeutet, sich um den anderen zu sorgen, auch wenn es keine Hoffnung mehr gibt. Als Menschenfreund hatte ich versagt. War ich stark genug zu lernen, wie man dieses Land einfach liebt?

Ich betrat das Pontonboot und hatte ein schlechtes Gewissen, weil ich froh war, Afghanistan zu verlassen. Während sich zwischen mir und der Küste ein Streifen schlammbraunes Wasser auftat und die Entfernung zu meiner Heimat immer größer wurde, wehte eine zuversichtliche Stimme vom Ufer herüber, das ich gerade verlassen hatte:

»Sie sieht vielleicht wie eine *feranghee* aus, eine Fremde, doch ihr Vater stammt aus Paghman und ihre Mutter aus … Indonesien. *Az khude-ma ast.* Sie ist eine von uns. Sie ist eine Afghanin.«

EPILOG

Der Baum der Erkenntnis

> Ich diene all denen, die nicht denken, dass ihre Reise an der nächsten Station beendet ist.
> Viele Karawansereien muss der Reisende hinter sich lassen, bevor er sein Ziel erreicht hat.
>
> *Dschalaluddin Rumi, Mathnawi*

Am nächsten Tag besuchte ich meine Tante Amina in London. Sie ist jetzt über achtzig und immer noch in guter Verfassung. Wir sahen uns die Feiern in Kabul an, wo man die Taliban endlich vertrieben hatte. Der Fernsehkommentator sagte triumphierend: »Es ist vorbei. Afghanistans Albtraum hat ein Ende gefunden ...« Und wieder einmal waren die Straßen der Hauptstadt von jubelnden Menschen erfüllt. Trotz aller Illusionen und bitteren Enttäuschungen hatten sie die Hoffnung in ihren Herzen bewahrt, die sich wie das Wunder des Frühlings aufs Neue regte. Jetzt brauchten sie ein Wunder aus dem Westen. Um die irreparablen Schäden zu reparieren, reichten humanitäre Absichten nicht aus. Es erforderte die Geduld und Hingabe eines Liebenden.

Amina und ich wagten kaum zu hoffen, dass Afghanistans Elend tatsächlich bald ein Ende haben könnte. Also fingen wir an, von den alten Zeiten zu sprechen. Bald schüttelten wir uns vor Lachen, als wir uns daran erinnerten, wie sie Tante Karima den Marsch geblasen und mich vor vielen Jahren davor bewahrt hatte, meinen entfernten Cousin Jimmy zu heiraten. Natürlich, sagte Amina, habe ihr dabei die eigene Erfahrung, arrangierten Ehen zu entkommen, geholfen. Wie gewöhnlich dauerte es nicht lange, bis sie noch ältere Geschichten erzählte und in der riesigen Fundgrube aus Erkenntnissen und Erfahrungen herumstöberte, die meine Familie seit Tausenden von Jahren über Generationen hinweg angesammelt hatte.

> Es war einmal ein mächtiger König, der eine schöne Frau, ein friedliches Königreich und unermessliche Schätze besaß. Er dachte, dass er alles hätte, bis er hörte, dass es im fernen Indien einen Baum von solcher Wunderkraft gab, dass jeder, der von seiner Frucht aß, ewig lebte. Der König dachte nur noch an diesen Baum. Er schickte seinen treuesten und zuverlässigsten Höfling aus, um ihn zu finden.
>
> Der getreue Diener suchte überall nach der magischen Frucht. Einige sagten, sie hätten nie davon gehört; andere machten sich über ihn lustig, und wieder andere schickten ihn in die falsche Richtung.
>
> Nach zwanzig Jahren glaubte der Mann nicht mehr, dass es so einen Baum gab. Er beschloss, dass er es dem König sagen und sich seinem Zorn stellen müsse. Bevor er nach Hause zurückkehrte, besuchte er einen uralten Weisen, um sich von ihm segnen zu lassen.
>
> Als der alte Mann die Geschichte des Höflings erfuhr,

fing er an zu lachen. Er lachte und lachte und lachte, bis ihm die Tränen über seine runzligen Wangen rannen. Als er wieder sprechen konnte, sagte er:

»Oh, mein armer Freund! Du wirst diese Frucht niemals an einem realen Baum finden. Was du suchst, wird manchmal ein Baum genannt, manchmal eine Sonne, manchmal ein See und oft auch eine Wolke. Es ist ein und dasselbe – auch wenn es tausend Formen hat. Vergiss die Formen und achte auf den Inhalt. Der Baum, den du gesucht hast, ist der Baum der Erkenntnis, seine Frucht ist die Weisheit – und die unbedeutendste seiner Formen ist das ewige Leben!«

Diese Geschichte stammt aus dem »Mathnawi« von Dschaladdin Rumi, und als sie mir mein Vater vor vielen Jahren zum ersten Mal erzählte, fügte er hinzu: »Geschichten sind wie ein Baum, der am Horizont wächst. Geh auf den Baum zu, und er wird dich geradeaus führen. Aber der Baum selbst ist nicht dein Ziel. Wenn du ihn erreicht hast, musst du ihn zurücklassen und dir weiter hinten einen neuen Punkt suchen.«

Ich habe das mythische Afghanistan, nach dem ich so viele Jahre lang gesucht habe, nie gefunden, aber die Suche hat mich an Orte geführt, von denen ich am Anfang kaum eine Vorstellung hatte. Und am Ende habe ich auch noch den wahren Wert des Vermächtnisses meines Vaters erkannt. Ich trage seine Geschichten in meinem Herzen, die immer bei mir sind, wenn ich ihnen zuhöre.

Quellenangaben und Danksagung

Sämtliche Texte aus den Werken von Idries Shah wurden mit Genehmigung der Nachlassverwaltung von Idries Shah wiedergegeben, zitiert oder nacherzählt.

Zitate aus Saadis »Gulistan« beruhen auf den Übersetzungen von Edward Eastwick (mit Genehmigung des Sufi Trust) oder auf Übersetzungen aus den Manuskripten von Idries Shah (mit Erlaubnis der Nachlassverwaltung von Idries Shah). Zitate aus Rumis »Mathnawi« sind den Übersetzungen von E.H. Whinfield entnommen (mit Genehmigung des Sufi Trust) und unveröffentlichten oder veröffentlichten Übersetzungen von Idries Shah (mit Genehmigung der Nachlassverwaltung von Idries Shah). Zitate aus anderen Werken von Dschalaluddin Rumi stammen aus publizierten und nicht publizierten Übersetzungen von Idries Shah (mit Erlaubnis der Nachlassverwaltung von Idries Shah).

Zitate von Bobo sind ihren unter Pseudonym verfassten und leicht fiktionalisierten Memoiren entnommen: »My Khyber Marriage« und aus dem »Valley of the Giant Buddhas« von Morag Murray Abdullah. Mit Erlaubnis von Octagon Press Ltd.

Aus Sicherheitsgründen habe ich Namen verändert (sogar Codenamen) und geringfügige Details, die die Mitarbeiterinnen und Operationen von RAWA (Revolutionary Association of the Women of Afghanistan – Revolutionäre Vereinigung der Frauen Afghanistans) gefährden könnten.

Die Namen einiger Personen in diesem Buch sind ebenfalls verändert worden.

Die Liste der Danksagungen ist sehr lang – und ich entschuldige mich schon jetzt bei denen, die ich vergessen habe.

Zuerst einmal geht mein Dank an meine Weggefährten: an James Miller – den außergewöhnlichen Menschen und Freund – für seine herausragende Begabung und Ausdauer während der Arbeit an »Unter dem Schleier«* und »Der unheilige Krieg« und für seine grenzenlose Großzügigkeit und Unterstützung bei der Entstehung dieses Buches; Cassian Harrison – einen hervorragenden Produzenten und Regisseur -, der mir ein Freund geworden ist, als wir »Unter dem Schleier« drehten; und Beat Kraettli,mit dem ich so viele Abenteuer bestand.

Außerdem möchte ich den vielen Menschen danken, die mir in Pakistan und Afghanistan geholfen haben, deren Namen ich zum Teil nicht nennen darf und oft auch nicht kenne. Wie zum Beispiel den tapferen Frauen von RAWA; Homaira Usman; Usman Najand; JohnWeaver; Samiullah; Kamal und Jamal Hyder und all denjenigen bei UNOCHA.

Besonderer Dank gebührt David Henshaw von Hardcash Productions, Produktionsleiter von »Unter dem Schleier« und »Der unheilige Krieg«, der mir in den Jahren 2000 und 2001 ermöglicht hat, nach Afghanistan zu gehen. Ebenso Dorothy

* Der Dokumentarfilm »Unter dem Schleier« wurde im deutschsprachigen Raum unter dem Titel »Im Reich der Finsternis« ausgestrahlt.

Byrne von Channel Four Television, die das Risiko einging, »Unter dem Schleier« zu senden, und die mich nach dem 11. September wieder zurückschickte, um »Der unheilige Krieg« zu drehen. Und auch David Lloyd, gleichfalls von Channel Four Television, der mich so oft und so lang unterstützt hat.

Insbesondere danke ich Jennifer Hyde bei CNN, die sich vor dem 11. September für »Unter dem Schleier« einsetzte, und den übrigen Mitarbeitern von CNN, vor allem Vivien Schiller;

meiner Lektorin im Goldmann Verlag, Claudia Negele, die Nerven wie Drahtseile hat;

meinem wundervollen Agenten, Patrick Walsh, der mich überredet hat, über Afghanistan zu schreiben, und der dieses Buch schon vor Augen sah, bevor ich es tat;

meiner Mutter, die sich jahrelang Sorgen um mich gemacht hat; meinem Bruder und meiner Schwester, die mich Jahre ihres Lebens deckten und schützten.

Ich danke all meinen Verwandten in Peschawar, Indien und Afghanistan, die mir hoffentlich eines Tages vergeben werden.

Und ganz besonders bin ich den Geschichtenerzählern verpflichtet: meiner Tante Amina, meinem Großvater Sirdar Ikbal Ali Shah – und vornehmlich meinem verstorbenen Vater, der mir beigebracht hat, dass man nur das wirklich besitzt, was man nicht bei einem Schiffsunglück verlieren kann. Ihnen verdanke ich alles, und ohne sie wäre dieses Buch nie entstanden.